U0580082

新 史 学

观 古 今 中 西 之 变

杨念群 著

中层理论

东西方思想会通下的中国史研究 （增订本）

北京师范大学出版集团
BEIJING NORMAL UNIVERSITY PUBLISHING GROUP
北京师范大学出版社

再版序言 "中层理论"应用之再检视：
一个基于跨学科演变的分析

一、"中层理论"在跨学科意义上的运用限度

自社会学家罗伯特·K·默顿发明"中层理论"以来，这一理论虽屡受争议，却还是发生了跨学科意义上的广泛影响力。比如在中国史学界就出现了应用"中层理论"分析个别或局部区域历史的新观念。① 但从跨学科角度移植"中层理论"的过程中也遇到诸如"中层"的边界如何设定，"中层理论"的西方属性对中国学术传统的正负面影响等需要重新审视的问题。本文拟对这些问题进行一些初步讨论。首先即涉及如何准确理解默顿对"中层"范围与内涵的界定这个关键问题。

默顿曾经发表过一段有关"中层理论"的定义化描述："中层理论既非日常研究中广泛涉及的微观但必要的工作假设，也不是尽一切系统化努力而发展起来的用以解释所能观察到的社会行为、社会组织和社会变迁的一致性的统一理论，而是指介于这两者之间的理论。"他又说："中层理论原则上应用于社会学中对经验研究的指导，中层理论介于社会系统的一般理论和对细节的详尽描述之间。社会系统的一般理论由于远离特定类型的社会行为、社会组织和社会变迁，而难以解释所观察到的事物，而对细节的详尽描述则完全缺乏一般性的概括。当然中层理论也涉及抽象，但是这些抽象是与观察到的资料密切相关的，是结合在允许进

---

① 杨念群：《中层理论：东西方思想会通下的中国史研究》，南昌，江西教育出版社，2000。

行经验检验的命题之中的。中层理论涉及的是范围有限的社会现象，正像它的名称所表现的一样。"① 这段话里多处提及"社会"一词，显然是专指社会学意义上的研究对象，但是如果我们把它置换成"历史"或其他领域的观察对象，似乎也同样能够适用。

中国历史学自 20 世纪 80 年代以来开始了新的一轮变革，其主要特征是逐步摒弃为论证政治合法性需要而建构起来的单一宏大叙事，自此中国史学界面临两个重要转向，一是不少学者打着复原历史真相的旗号，开始重归琐碎细致的考辨风格。但此派倡导精细的考辨技术并非为了一味寻究所谓历史的"真实"，而是有目的地针对宏大叙事中刻意建构起来的若干政治命题和价值预设发起挑战，故所谓"复原真相"的做法又被称为自由派的修正主义史学观点，与老左派支配下的政治史观之间在维系特定意识形态立场方面有一体两面的效果。这一派学人仅仅寄望于从宏大叙事退回到细碎的史料解读层面，以消极的姿态对抗政治权力的控制，却缺乏自己明晰可靠的历史观念，相当于默顿批评的"完全缺乏一般性的概括"。

中国史学界发生的另一个转向是开始过度重视历史叙事中的场景再现，其对历史细节不厌其烦的呈现几乎与小说的叙述技巧相差无几。这显然受到了"后现代思潮"的深刻影响。场景再现固然在表面上消解了宏大叙事对历史真相的粗暴绑架，使得历史本身似乎能展演出其丰富细腻之故事性的一面，如史景迁讲述明末文人张岱晚年际遇的新作《前朝梦忆》中开头一段就把张岱家乡开办灯会的场面刻画得淋漓尽致，细部情境化描写越来越接近小说。读这段文字犹如重温风俗作家汪曾祺的小说《晚饭花》，里面一段有关元宵节灯会的"深描"，简直与史景迁对风俗状物的纤细敏感如出一辙，对比两段描写，人们读后的印象几乎完全可以模糊史学与文学的界线。然而，历史叙事中"场景再现"技巧的回归显然不能单独支撑起史学方法论变革的重任，却有可能遮蔽一些必须直面的历史问题的讨论。过度琐细的描写甚至有可能使读者沉溺流连于局部的场景而忘却了历史展开的复杂逻辑。

---

① 默顿，罗伯特·K.，《社会理论和社会结构》，唐少杰、齐心等译，51 页，南京，译林出版社，2008。

还有一个例子是针对黄仁宇名著《万历十五年》引发的争议，《万历十五年》的叙事逻辑是想说明明朝失败的原因乃是在于过度依赖中国传统的道德控制思维，其背后的真正动机是为了证明西方资本主义进行数字化管理的正当性，这是一种典型的现代化史观，因为黄仁宇早已预设了中国未来前途必须寄望于走规范化的西方道路，这就基本放弃了从中国传统中汲取养分的希望，与目前史学界致力于从传统中发掘方法论意义的变革趋向是背道而驰的，故已遭到了严厉的批评。可是大多数读者却津津乐道其中的好看故事，而没有丝毫察觉其历史写作背后的唯目的论动机。

当然，中国史学界也有人早已不满足于仅从考辨史料和场景复原的角度解读历史的琐碎化倾向，力求创建出全新的整体叙事逻辑。这种倾向在社会学界也同样存在，针对那些不甘沉溺于搜索经验细节，迫不及待地想重新建构宏大解释理论的做法，默顿同样提出了批评，他说："有些社会学家似乎仍然是抱着这种希望在著述，即这种社会学一般理论足以囊括观察到的社会行为、组织和变迁的所有细节，并且足以指导研究者注意经验研究的一系列问题。我认为这是一个不成熟的和有害的信条。我们还未准备好，还没有做出充分的准备工作。"[1]

默顿回顾社会学的发展经历时说，早期社会学受 19 世纪哲学家创立总体体系风气的影响，比如康德、黑格尔和谢林、费希特的研究都是对事物、自然和人之全部的整体认识的个人探索，社会学如孔德和斯宾塞的研究，都富有"体系精神"，成为范围广大的哲学之一部分，以建立普遍的最终的框架为己任。[2] 默顿对已往社会学家拥有的"体系精神"在当下延续产生的效果明确表示疑虑。

这使我们想起，中国近代其实不乏胸怀创构宏大史观勃勃雄心的史家，梁启超在揭橥"新史学"旗帜之始，其历史观念就具备了一种"体系癖"的特征。竭一生之力写出一部体系庞大、贯穿千古的"中国通史"，一直是晚清到民国初年的中国史家萦绕于怀的个人理想。民国闻人梁任公和杨度都曾想撰写一部中国通史而未果，最终撰写通史的任务还

①　默顿，罗伯特·K.，《社会理论和社会结构》，57 页。
②　默顿，罗伯特·K.，《社会理论和社会结构》，58 页。

是由马克思主义史学家依凭唯物史观的解释框架才得以完成的。其他的例子还有如胡适与冯友兰对中国哲学史体系的系统建构等尝试。这些努力都对中国现代史学的发展做出了贡献，却又遭遇了种种难以解决的困惑。

据我的理解，默顿提倡"中层理论"是基于两个出发点：一是对传统社会学中的"体系癖"患者提出质疑，力求使概念的生成更多植根于经验研究的发现。默顿心目中够得上"中层理论"的具体研究标本有越轨行为、目的性活动的非预想结果、社会知觉、参考群体、社会控制、社会制度的相互依存等课题，这些题目的研讨都不是直接寻求建构一种总体的概念结构。默顿提出的两个要求对于历史学同样适用：第一个要求是创立可以推导出能够接受经验研究的假设的特殊理论；第二个要求是逐步地而非一蹴而就地发展出概括性的概念体系，即能够综合各种具体理论的概念体系。①

默顿的第二个出发点是提醒学者要警惕过度地依赖经验研究导致资料运用的碎片化，强调必须使"中层"概念的应用尽可能与对整体的社会结构的解释发生关联，以成为其合理的组成部分。针对有些人批评"中层理论"可能导致经验研究碎片化的观点，默顿坚持说："恰恰相反，中层理论统一了而不是割裂了经验发现。例如我曾努力用参考群体理论来表明这一点，这一理论把来自人类行为如此分离的领域，如军事生活、民族和种族关系、社会流动、青少年犯罪、政治、教育和革命活动的种种发现结合起来。"②

默顿认为韦伯的《新教伦理与资本主义精神》及迪尔凯姆的《自杀论》都是运用"中层理论"的杰出典范。他们论述的就是一个严格限定的问题，正好可以用来说明一个特定历史时期对其他社会和其他时期所具有的意义。③ 宗教责任感与经济行为相互联系的方式所展现的就是一种有限的理论。真正的中层理论如失调理论、社会分化理论或参考群体理论，都具有很高的概括性，远远超出特定的历史时代或文化。但是这

① 默顿，罗伯特·K.，《社会理论和社会结构》，64页。
② 默顿，罗伯特·K.，《社会理论和社会结构》，81页。
③ 默顿，罗伯特·K.，《社会理论和社会结构》，79页。

些理论不是来源于一个唯一的综合理论体系。在一定范围内，它们与许多不同的理论取向是可以相互协调的，为许多不同的经验资料所证实。如果把这个理念挪用到中国历史研究之中，就会发现，有些学者已经意识到了长时段的结构分析问题多多。如美国史学家柯文在探讨如何从中国内部观察历史变化时就提出采取"一纵一横"的方式解构宏大的中国历史叙事，"一纵"就是"眼光向下"，不拘泥于对上层历史的观察，而关注基层民众日常生活；"一横"就是分解庞大的中国整体空间，以便对之做出区域性的详细考察。柯文①的问题意识源自于对"西方冲击—中国回应模式"的反应，仍属于美国中国学内部的学术演变脉络，但其对"空间"问题的敏感同样启发了中国学者的研究思路。

　　20世纪90年代"区域社会史"的研究兴起，其主要目的就是用"空间"的阐释消解"时间"叙事的霸权。中国政治意识形态支配下的历史研究，主要就是构建起了一个融通今古的时间解释序列，用诸如"五种生产形态"，"三大高潮，八大运动"等固化概念界定不同历史时期的特质，最后把这些要素拼贴在一起，构造成一种政治合法性论述模式。这套解释其实就是社会学宏大理论传统的一种再现形式。"区域社会史"研究者则认为，以"时间"的因果相续为主轴建立起来的巨型结构过于庞大，过度依赖于马克思主义宏观社会学理论的分析框架。这种巨型模式也因为过度强调"时间"的递进演化线索而日益遭到质疑。

　　"区域社会史"研究力图在"空间"上重新界定历史考察的范围，并使用一系列的"中层"概念予以描述，如"宗族""庙宇""祭祀圈"等，这些"中层"概念的一个共同特点是，针对研究对象构成一种"空间"性的指涉关系，隐隐含有解构以时间序列安排历史演变内涵的大叙事取向。比如华南地区研究者对"沙田"这个特殊经济单位与"宗族"组织之间关系的考察，对民间信仰与重构地区历史记忆之关系的解读都是基于对某个特定"地区"（空间）具体形态的认知。

　　"区域社会史"关注儒学在底层的具体实践过程，基本上不涉猎有关儒学教义的抽象讨论，这就和"新儒学"与中国哲学史的研究方法拉开

---

　　①　柯文：《在中国发现历史：中国中心观在美国的兴起》，林同奇译，北京，中华书局，1989。

了距离。但仅仅讨论相对抽象的儒家教义与具体关注其区域实践的研究路向之间也容易出现一些缝隙。我当年曾提出"儒学地域化"的研究思路，就是想从"中层理论"的角度尽量弥合此缝隙。"儒学地域化"研究思路强调儒学内部也曾存在"官学""私学"之分，"私学"在南宋以后呈地域化分布的格局，散落为"地方性知识"，经过多年的演变，其中一些流派的主张又反向渗透进"官学"，成为主流思想意识，然后再借助官府权力完成了对基层组织的下渗。这个过程既不是"新儒学"形成的内在理路所能解释，也不是单纯的"自下而上"的人类学底层视角所能完全概括的①。

二、西方中国史研究应用"中层理论"之得失

西方（主要是美国）的中国史研究由于受到现代社会科学理论的支配性影响，经常习惯性地引入一些社会学人类学概念考察中国历史的变迁。经过几代学者的努力，逐渐形成了一套独特的解释风格。其中有些研究颇可视为运用"中层理论"的典范性著作，以下我们可略举数例简要予以评述。首先我们要对黄宗智有关华北和长江三角洲地区农业"过密化"的论点加以讨论。黄宗智的"过密化"理论一般认为是对经济史研究者艾尔温提出的中国历史发展始终处于"高水平平衡陷阱"这个"中层"判断所做出的修正和回应。

作为经济史专家，艾尔温提出"高水平平衡陷阱"理论主要是想回应中国社会经济演变异于西方的原因是因为没有经历资本主义发展阶段。他突出人口压力在两方面对中国发展停滞的影响，即首先是人口增长过快蚕食了小农农场维持家庭生计以外的剩余，使小农无法积累"资本"；其次是把传统农业推到了一个很高水平，但对新式投资却起着抑制作用。② 黄宗智则提出用吉尔兹的"农业过密化"理论替代"高水平平衡

---

① 杨念群：《儒学地域化的近代形态——三大知识群体互动的比较研究》，北京，生活·读书·新知三联书店，1997。

② Elvin, Mark, *The Pattern of the Chinese Past*. Stanford: Stanford University Press，1973.

陷阱"的解释。他认为，农业总产出往往在以单位工作日边际报酬递减为代价的条件下扩展。因为中国的农业密集化是由人口增长推动的，但在既有技术水平下，人口压力迟早会导致边际报酬随着进一步劳动密集化而递减。

在我看来，黄宗智对艾尔温理论的修正，其贡献并不在于在经济史范围内解读人口增长对农业结构的制约，因为在人口增长与农业发展有密切关系这个观点上两者的看法是基本一致的，两者的差异恰恰在于，黄宗智把"过密化"这个"中层"概念有效地运用于更广泛问题的探讨。比如他批评艾尔温只在农业部门内部解释发展问题，而没有考虑农业部门以外的因素。

具体而言，黄宗智把"过密化"的适用度扩展到了社会组织构造的观察之中，延伸到了对 20 世纪自然村与国家政权关系变化的认识方面。例如他注意到赋税制度这一村庄和国家之间的主要交叉点值得深入解析。地方政府权力的扩张和对乡村的渗入和榨取，其强度都超越了清代鼎盛时期。伴随着半无产化过程而来的是紧密内聚村庄的日益松散化，自耕农转化为部分或完全脱离土地所有，每年还会出现以部分时间外出佣工的贫农，意味着许多村民与村庄整体关系逐渐疏离，也伴随着紧密村庄向较松散的社团转化的趋向。这个判断直接影响了后来乡村社会组织"中层理论"的建构路向。如杜赞奇"文化的权力网络"概念的提出，就明显受到黄宗智重视自然村本身凝聚作用的启发。①

此外，黄宗智有关社会组织的判断也是对以往中国学研究中的一些类似"中层"性质的分析所做出的批判性回应。比如他曾对影响巨大的施坚雅"中心地"模式提出了尖锐批评。施坚雅把中国社会的最基本单位定位于一种基层集市，或称"基层市场共同体"，它被拟定为农产品工艺品流动贸易、农村消费、秘密社会、宗教组织等的空间活动范围。施坚雅后来又把早期分析区域市场经济的模式加以延伸，扩展成为"六大区域"，各区域围绕其中心都市布局，构成一个类似正六边形的规范模型。施坚雅还在空间之外兼顾时间，把市场结构和区域系统上溯到历经

———————————

① 黄宗智：《经验与理论：中国社会、经济与法律的实践历史研究》，12～18页，北京，中国人民大学出版社，2007。

数世纪的"周期节奏"。① 黄宗智则试图证明"自然村"仍然应该是分析中国基层的基本单位。②

又如对"士绅社会"这个"中层理论"的反思。"士绅"角色的作用在 20 世纪 30 年代就曾受到费孝通等社会学家的重视,而且提出把"双轨制"作为理解基层组织与上层政权关系的"中层"认知框架。其要点可表述为,中国社会结构的上层由皇权官僚所控制,而基层乡村社会则由乡绅统领,行政职能的作用被限定在县一级,县以下由乡绅组织操控。"士绅社会"理论后来由瞿同祖③、张仲礼④等旅美学者继续深化发展为一种对中国历史的诠释模式。在美国中国学兴起的区域研究热潮中,魏斐德⑤对华南社会组织的观察与孔飞力⑥对湖南地方势力崛起的分析都曾得益于"士绅社会"的研究方法。20 世纪 90 年代,周锡瑞进一步扩展了"士绅"功能的多重分析⑦。对此研究转向,黄宗智则认为,只把乡村组织的领导核心认定为是"士绅"阶层是有问题的,应更进一步延伸到对士绅以外统治势力的理解。⑧ 杜赞奇继承了这个问题意识,提出"文化的权力网络"这个更为广泛的"中层"概念,明显拓展了基层领导核心的组织内涵。

我们从以上两个例子观察"中层理论"在中国史解释过程中所发生的变化及其效果,可以发现,到底是以"市场共同体"还是"自然村"

---

① 关于施坚雅的"中心地"理论,参见施坚雅:《中国农村的市场和社会结构》,史建云、徐秀丽译,虞和平校,5~40 页,北京,中国社会科学出版社,1998。

② 黄宗智:《经验与理论:中国社会、经济与法律的实践历史研究》,20~21 页。

③ 瞿同祖:《清代地方政府》,282~331 页,北京,法律出版社,2003。

④ 张仲礼:《中国绅士:关于其在 19 世纪中国社会中作用的研究》,上海,上海社会科学院出版社,1991。

⑤ 魏斐德:《大门口的陌生人:1839—1861 年间华南社会的动乱》,王小荷译,北京,中国社会科学出版社,1988。

⑥ 孔飞力:《中华帝国晚期的叛乱及其敌人:1796—1864 年的军事化与社会结构》,谢亮生、杨品泉、谢思炜译,北京,中国社会科学出版社,1990。

⑦ Esherick Joseph W. & MaryRankin, *Chinese Local Elites and Patterns of Dominance*. University of CaliforniaPress,1990.

⑧ 黄宗智:《经验与理论:中国社会、经济与法律的实践历史研究》,22~23 页。

作为基层分析单位,涉及的其实是在什么样的"空间"尺度中能够更为合理地理解历史现象,这无疑是个"中层"的问题。有关"士绅社会"与基层统治权分配格局的争议涉及的则是乡村社会中存在的是单一还是多元的统治角色问题,这也是发生在"中层"场域的历史现象。

黄宗智对"商品化"涵义的重新理解也是对历史学"中层理论"建构的一个贡献。一般中国经济史研究者均遵循亚当·斯密和马克思的古典经济学理论,认为商品社会的来临必然导致小农经济发生质的变化,换言之,"商品化"是导致资本主义产生的决定性因素。但斯密主要依据的是英国的历史经验,而没有机会观察到中国存在"没有发展的商品化"现象。长江三角洲的历史记载表明小农经济能在高度的商品化条件下持续存活。换句话说,小农生产能够支撑非常高水平的市场扩张,商品化必然导致资本主义发展的经典认识明显是不对的,因此需要把商品化与质变性发展区分开来。①

美国中国学每当出现新的研究概念,往往都构成对以往"中层"理念的挑战,比如杜赞奇提出的"文化的权力网络"概念,就是力图超越以往"乡绅社会"和"儒家思想"等若干"中层"解释对农村历史相对狭窄的界定。他主张把"文化"的理解扩充到大众文化的层面,而不仅仅视之为以"乡绅"或"儒学"为主导的体系。他对"文化网络"有如下定义:"文化网络由乡村社会中多种组织体系以及塑造权力运作的各种规范构成,它包括在宗族、市场等方面形成的等级组织或巢状组织类型。这些组织既有以地域为基础的有强制义务的团体(如某些庙会),又有自愿组成的联合体(如水会和商会)。文化网络还包括非正式的人际关系网,如血缘关系、庇护人与被庇护人、传教者与信徒等关系。这些组织既可以是封闭的,也可以是开放的,既可以是单一目的的,也可以是功能复杂的。总之,其包容十分广泛"。②

"文化权力网络"对"中层理论"的推动表现在其扩大了我们对"乡村权威"旧有认知的范围。传统的"士绅社会"模式将乡绅视为国家与

---

① 黄宗智:《经验与理论:中国社会、经济与法律的实践历史研究》,33 页。

② 杜赞奇:《文化、权力与国家:1900—1942 年的华北农村》,王福明译,13~14 页,南京,江苏人民出版社,1996。

乡村社会之间的中介，起着无可替代的平衡作用。在王权鼎盛之时，绅士平衡着国家与乡村社会的利益，在动乱和王朝衰落之时，绅士们便倾向于代表地方及自身利益。但有学者发现，绅士集团也是个高度分化的阶层，平衡国家与社会的力量不仅应该包括绅士控制之外的各种渠道，而且应该包括大众文化中国家的象征及其他因素。也就是说，乡村"权威"的结构应该重新得到厘清。比如祭祀制度与水利组织就不完全是由士绅所控制，它提示我们，"乡村社会"中的权威不是为上层文化所批准的儒家思想的产物，也不是某种观念化的固定集团所创造的。乡村权威产生于代表各宗派、集团以及国家政权的通俗象征的部分重叠及相互作用之中，各集团争逐这些权力象征从而给权威赋予一个共同的框架。①

　　杜赞奇把乡村权威的范围做了一个貌似无限扩大的解释，当然会引起不小的争议。一个突出的问题是，这个网络由于包含了过度庞杂的各类角色，因此它的伸缩作用是不断漂移的，到底如何界定其边界是件相当困难的工作。这也喻示着"中层理论"范围的不确定性。我们常常会发现"中层"边界范围忽大忽小，难以有效确认。空间界定过大如"基层市场共同体"理论，就会显得过度僵化而缺乏灵活性，界定范围过小如"自然村"模式则又显得有些狭小拘谨，而与其他"中层"理论之间难以建立起关联，同样会影响其解释力。

　　另一个借用"中层理论"分析方法的著名例子是有关中国历史上是否存在类似西方的"公共领域"和"市民社会"的争论。自从哈贝马斯的名著《公共领域的结构转型》在20世纪80年代被译成英文以来，美国中国学家就试图以此为据观察中国近代社会转型过程中是否存在着类似的制度变化，以证明中国历史内部始终隐藏并逐渐昭显出西方式的"早期近代"影子。在这个意义上，"公共领域"和"市民社会"现象在中国历史上的再发现较为符合"中层理论"的规范要求。

　　与某些学者认为近代中国的国家权力不断扩大，并通过向基层无止境地强力渗透摧毁了传统文化网络这个论断正好相反，一些受哈贝马斯影响的中国史研究者如罗威廉和玛丽·兰金等教授均认为在中国的城市

---

　　① 杜赞奇：《文化、权力与国家：1900—1942年的华北农村》，王福明译，29页。

乃至乡村中均出现了类似西方那样独立于官僚控制的社会发展空间。例如罗威廉即认为汉口在 18 世纪就涌现出大量行会和其他一些自愿团体如善堂、同姓团体、庙宇社、神社等组织，它们发挥着类似于西方大宪章或市镇章程的组织功能，这样就有力反驳了韦伯当年断言中国城市只具备官僚行政化性能的传统观点。①

兰金则认为太平天国起义标志着中国国家精英与地方精英之间的权力平衡结构发生重大改变，这又导致了有关地方福利、教育，较低程度上还有治安等主要创议从官僚阶层转向了社会方面，商品化也促进了乡绅与商人角色的部分融合，共同开始作为能动主义者而在急剧扩大的公共领域中扮演一种新的管理角色，这个现象又被称为"精英能动主义"（eliteactivism）。②

尽管在近代中国城市中发现了一些疑似西方近代组织转型的迹象，但作为"中层理论"加以使用的"公共领域"和"市民社会"概念，其在解释中国历史中的适用性仍然遭到了广泛批评和质疑。

首先一个问题是，哈贝马斯所说的"公共领域"与西方现代"市民"身份的发生密切联系在一起。"市民社会"是一种由个人组成的社会形式，这些个人已经脱离了对传统网络和关系的忠诚，他们的生活领域与履行传统忠诚无关，但与互惠的一致性需求相关。市民社会存在于以功利、契约关系为特征的中产阶级社会之中，其生活准则基于西方文化所假定的个人理性原则以及个人对社会的优先权。③ 在中国我们无法找到与此相对应的现象，即使有也是后来模仿西方的结果，并非中国内部自发生成的。相反，有些貌似"公共领域"的表现特征恰恰可能是传统关系网络的复制和延续。

---

① 罗威廉：《汉口：一个中国城市的冲突和社区（1796—1895）》，鲁西奇、罗杜芳译，马钊、萧致治审校，北京，中国人民大学出版社，2008。

② 兰金，玛丽：《中国公共领域观察》，武英译，杨念群、罗琳校，见黄宗智主编：《中国研究的范式问题讨论》，196～219 页，北京，社会科学文献出版社，2003。

③ 赵文词：《公共领域，市民社会和道德共同体——当代中国研究的研究议程》，武英译，杨念群、罗琳校，见黄宗智主编：《中国研究的范式问题讨论》，229～230 页，北京，社会科学文献出版社，2003。

魏斐德就对此看得很清楚，在他看来，欧洲那种"公共领域"和"私人领域"截然对立的两极化发展趋势在中国是不存在的，即使一些貌似独立于国家控制之外而具有近代特征的法人社团和自愿结社等组织其实也都是旧有系统网络的延伸而已，不但罗威廉所特别提到的由盐商组织自主控制的"匣费"（保险基金）实际上是一种官方报单项目——它并非一般意义上由盐商掌握的基金，而是在特定意义上由官方任命的头商所控制，而且是与盐务道台共谋使用的财富，实际上仍无法脱离官僚的掌控；甚至士绅行为也往往必须通过精英网络或正式特权得到官僚的庇护才能发生作用。至于晚清城市管理项目的实施，也很难将绅士实施善事的传统习惯与新的绅士能动主义所从事的事务分辨开来。① 甚至属于"公"领域的"清议"也不过是士绅传统的另外一种表达形式。

三、如何从中国传统观念中摄取"中层理论"的资源

从以上分析可以得知，中国的历史研究自近代以来就受到西方思想模式的持续制约和影响，有时会下意识地不自觉挪用西方观念作为分析工具，而完全没有深究这些概念在西方文化传承中的原始本意如何，最为普通的例子就是对"意识形态"这个概念的使用。我们在考察一段中国历史时，常常会不假思索地直接借用"意识形态"这个概念对某个历史事实加以定性和判断。其实即使检视西方有关"意识形态"的形形色色理论，似乎也一直存在着较大的歧义，并没有达成统一的认识。比如曼海姆就认为，意识形态不仅与阶级有关，而且也和各种各样的社会集团、各民族、各历史时代有关，任何时代、民族、阶级、社会集团都有自己的意识形态，但又受制于社会——历史条件，所以都有其局限性和偏见，无法和"社会实在"保持一致。②

---

① 魏斐德：《市民社会和公共领域问题的论争——西方人对当代中国政治文化的思考》，张小劲、常欣欣译，邓正来校，见黄宗智主编：《中国研究的范式问题讨论》，139 页，北京，社会科学文献出版社，2003。

② 伊格尔顿曾从众多的"意识形态"定义中总结出六点含义，参见 Eagleton, Terry, *Ideology*: *An Introduction*. London，Verso 1991, pp. 28-30.

　　阿尔都塞指出，意识形态的实践—社会功能重于理论功能；哈贝马斯则发展了马克思的"意识形态"虚假论，认为"意识形态"不是指人类具体的思想成果，而是指统治权力为了给自己提供合法性根据对它们的歪曲利用；人类学家吉尔兹则认为，意识形态与宗教、哲学、美学、科学一样，是一种文化象征系统。[①] 这些对"意识形态"某一面相的阐释都有一定道理，但又似乎与中国历史难以产生贴切的关系。即使我们认识到"意识形态"的根本作用在于为权力提供合法性根据和辩护，这正是意识形态产生歪曲和掩饰作用的根本原因，而且在中国历史上也许存在过类似现象，我们却仍然无法获知，这种歪曲作用在中国历史中到底是如何发生的。

　　因此我们就必须了解"意识形态"在西方发展脉络中的具体含义及其在历史研究中被加以使用的两个特定背景：其一，"意识形态"概念的提出是一场启蒙运动的后果，这场运动的目的是把人们从神秘迷信和非理性的思维中解放出来，从对上帝、贵族和专制君主的虚伪膜拜中解脱出来，恢复理性的、自我决定的存在所应有的尊严。也就是说，"意识形态"是反抗宗教压迫过程中高扬世俗与科学理性的新时代产物，这种情况在中国历史中并没有真正出现过，因为中国从未有过宗教势力替代世俗王权居于核心地位的历史时期，故所有在中国历史上被刻意摘出的那些貌似"启蒙"的言论不过是对西方观念的一种模仿。

　　其二，"意识形态"被认为是"阶级社会"的产物。如马克思就认为，意识形态错觉不仅是扭曲了的思想观念或"虚假意识"的产物，而且也可以说是阶级社会本身的物质结构所固有的东西。[②] 但是在中国是否存在如西方那样的严格"阶级"划分一直是个疑问。由于"意识形态"的发生是政教分离的结果，而中国的政教关系恰恰是一个相互渗透和彼此依存的复杂结构，所以西方的"意识形态"分析框架很难直接用于解读中国历史的政教关系形态。

---

　　① 张汝伦：《意识形态和学术思想论——兼与余英时先生商榷》，载《中国社会科学季刊》1994 年春季卷。
　　② 张汝伦：《意识形态和学术思想论——兼与余英时先生商榷》，载《中国社会科学季刊》1994 年春季卷。

在具体分析中国历史中学术思想与王权的关系时，一旦使用"意识形态"作为分析工具，也很容易预先假设"意识形态"具有虚假性，然后用以证明中国学术思想本身具有超越性和纯洁性。余英时先生就曾经专门讨论过"意识形态"与"学术思想"之间的区别问题。他认为，学术思想即"学统""思统"，不但能超越"意识形态"的"虚假性"，而且可能成为"意识形态"的基础。这样的说法根本无法解释统治阶层的思想意识和权力控制的问题。统治阶层作为"意识形态"的实施者显然是对学术思想有所选择的，即使如朱熹这样的大思想家，其倡导的非官方化的"地域化儒学"，虽几经周折，终于成为元明清王权的钦定正统思想，但大多数的地域儒学流派如阳明学和其支流如"左派王学"等仍无法有效进入主流思想系统，相反却数度成为反抗王权的工具。所以在历史研究中，我们恰恰需要观察上层王权是如何操控利用学术思想乃至"道统"和"学统"的，对此过程的透视可能会令人沮丧，却恰恰与西方"意识形态"的构造过程有比较接近的地方，我们甚至应该多多关注士人与王权通过对"学统""道统"的甄别而达成的"合谋"效果，而不宜只强调"学术思想"独立于王权的单面状态。

其实对学术思想纯洁度的迷恋显然已经成为旧的时尚，福柯就曾认为权力的无所不在应该成为我们讨论历史问题的前提和基础，尽管有人觉得福柯把"权力"概念使用得过于宽泛，似乎如水银泻地一般无所不在，但在中国历史中，"政治""思想""学术""道德"以更加复杂的形态纠缠混合在一起，以至于很难加以辨别，这与西方历史有着很大差别。既然作为中层理论的"意识形态"概念并不适用于对中国历史现象的分析，那么，我们意欲何为呢？我的看法是，应尽量争取从中国历史典籍的传统表述中发掘更贴切的书写手段，经过重新诠释和阐发，以求成为构造未来"中层理论"的依据和基础，以下略举数例对此理念加以申述。

(1)"道统"。"道统"这个概念自唐代韩愈明确构造出一个传承谱系后，逐渐成为宋明新儒学奉行的思想信条和仪轨，一直延续到近代中国的思想界。当然，近代以来对"道统"的奉信行为无疑常被贬为保守僵化，与科学理性的历史观截然对立。据我的观察，当代"新儒学"对"道统"的复兴抱有过度乐观的期待，其问题并不在于是否持有一种保守立场，而在于过度把"道统"仅仅理解为一种"思想"观念，而忽略其行为实践的意义。现代学院专科划分体系中的"中国哲学史"专业又进一步把"道统"强行嵌入了一种纯概念的分析系统，使之彻底丧失了活力，只有个别海外历史学家如余英时先生延用了钱穆先生传承下来的对"道统"的鲜活理解，把它置于"士"阶层演化的脉络之中加以把握，使之具有了社会史的意涵，约略显现出"中层理论"的样貌。但在诠释"士"阶层以"道"抗"势"的独立身份，以彰显"道统"价值的同时，余先生似乎又过度强调了"道统"在历史发展过程中所拥有的纯洁和超越性的一面，从而使之固化为一种理想状态。特别是没有处理好政治权力与"道统"实施之间的复杂张力关系，把两者仅仅简化为一种相余先生曾经在"士"阶层研究中反复证明的其思想具有的"超越性"，即对儒家"道统"的继承拥有一种使命感，甚至为了对应西方宗教的"外在超越性"，而构造出了"内在超越"的理念，这种比较诠释的无效性乃在于，中国学者总是反复纠结于中国"儒教"不具备西方宗教的超越性，故一定要找出个理由证明中国自身也有相似的历史面相。结果发现，所谓"超越性"一定应该有一个外在的标准对之加以衡量，在西方这个标准就是上帝的旨意和安排，人类只有在上帝面前寻求平等，才能在超人类的层次感受上帝的存在，从而体会出某种超越感，除此之外谈何"超越"？所谓"内在超越"仅仅以"内心"的自觉为衡量尺度，那么，"内心"超越的依据在何处？在伟人还是庸人？是群体还是个人？如无法确认，一味浪求，就如揪着自己的头发离开地球一般，难免显得虚妄。仅靠个人内心的强大达于与天地合一之境的人不是没有，只是过于稀少，难以构成一种文化传承和效仿的模式。尽管如此，对"道统"传承的阐释一旦与各种制度分析结合起来，特别是不必刻意回避"道统"演变与王权之间的复杂关系，以为思想史研究的参照，则仍有可能作为观察中国历史"中层"演变的基础。①

(2)"政教关系"。中国的"政教关系"产生的年代很早，可追溯至两汉时期，儒术渐为王者所用之后。但与西方的"政教关系"大有区别

---

① 余英时：《士与中国文化》，1～112页，上海，上海人民出版社，1987。

的地方在于，中国"政"与"教"的关系渐趋紧密和发生变化并非"宗教"与"世俗"王权的博弈状态所能解释的。南宋以后，"政"与"教"不是渐趋分离而是渐趋合流。其相互激荡交融的过程恰与"道统"被强化为一种信念的过程合辙合流，也与政治权力对"道统"的不断渗透改造密不可分。

尽管"道"与"势"相抗衡的局面偶有出现，如北宋神宗与王安石变法时代即是显例，但从王权治理技术的演进角度观察，"士"阶层与其所持守的"道统"仍渐被笼罩于王权控驭之下，至清代在乾隆帝的倡导下，更是形成了"学者型官僚"阶层，与"技术型官僚"的治理功能相互补充。"学者型官僚"强调从软性教化入手推行政治方略，使两者尽量融为一体，构成互补关系。乾隆帝更是提倡"政"（政治）"教"（教化）"养"（经济）的联动关系，形成了新型的治理技术观。

这套"政教"体系由科举制度予以维系和强化。我们过去总是狭隘地把科举制度单纯理解为一种考试制度，印象中保留的基本是《儒林外史》中的科举士子颠沛于考场的落魄形象，实际上科举制度更是一种"政教合一"的身份分配制度，它有序而又相对合理地把获得进士、举人、秀才等功名的士子均匀分配至社会的各个层面，担负起在基层社会实施教化和治理的使命。最终由于西方教育体制的节节渗透，这类政教体系在晚清终趋瓦解，出现了"政"与"教"相脱节的残局，科举制度的消失，使得教育体制的目标转向"政"而忽视"教"，而且学堂教育普遍限定为对行政化官僚或技术人员的培训，"教"的功能淡化甚至消失。在实施地方治理时，也明显缺乏"教化"一环，如清末民初政府倡导的"地方自治"就完全是一种行政治理的思维，成为现代国家势力向基层渗透的一种延展机制，而缺乏真正的"自治"色彩。由此可见，从"政教关系"入手考察中国制度之变迁不失为一个从"中层"切入的合理视角。

（3）"大一统"。"大一统"观念最早出现于《公羊传》中，但在以后的典籍中，对"大一统"概念的使用大多受到"尊王攘夷"观念的制约，主要仍是从古代"封建制"的角度理解其中蕴藏的意义，或仅仅单纯从疆域空间的拓展这一维度解释"大一统"的内涵。如果要从"中层理论"的角度重释"大一统"之义，就须把它置于18世纪发生的政治治理技术的剧变过程之中予以理解。福柯曾经发现，到 18 世纪，"人口"而不是单个的人或成群的人才开始成为国家治理的对象和目标，甚至影响到知识的建构形态。如西方的"政治经济学"就是治理技术转变的产物，这种叫作"政治经济学"的新科学，是从这样一种认知模式中产生出来的，即对人口、领土、财富之间连续而多样的关系所构成的新型网络的认识。与此同时，形成了以治理为特征的干预，即经济和人口领域的干预，简单地说，在 18 世纪，治理的艺术转向了政治科学，统治权支配的政体转向了治理技术支配的政体，这个转向是围绕着人口而发生的。①

中国在 18 世纪也面临类似的局面，中国人口数量到 18 世纪已突破了三亿大关，在短短的近百年时间里，清朝人口增长了数倍，远远超过了历史上任何一个时期的人口增长总量。与此同时，乾隆时期真正实现了中国有史以来对最广阔疆域的实际控制，对空间的广泛占有与惊人的人口增长速率相互匹配，如此规模的"盛世"导致乾隆朝治理技术也必然随之发生相当大的转变，说明福柯所敏锐做出的 18 世纪治理技术发生突变的判断也同样适用于清朝统治的区域，应该是个世界性的趋向。这也证明，当清朝真正实现了以往只在理想情境中存在过的"大一统"目标时，我们从"中层理论"的角度对"大一统"本身的古典含义所产生的变化，及其在世界格局中所应占有之位置的认识仍然是很有限的，需要进一步拓展出一种新的观察视野。

（4）"文质之辨"。"质文论"也是中国古代文论和政治论辩中经常使用的一个概念。在先秦典籍如《论语》中即已对"质""文"的互动消长态势有频繁的讨论。对于"文质之辨"，前人和当今学者亦有不少研究。但我以为，对"文""质"关系的理解似更应从"文明史观"的角度予以定位。如有学者已意识到，"质""文"这一对概念，以及由此构成的文明与进化理论，在中国传统思想中占有重要地位，甚至已积淀为人们的一种基本思想方法。②

---

① 福柯：《安全、领土与人口：法兰西学院演讲系列，1977—1978》，钱翰、陈晓径译，33、89~90 页，上海，上海人民出版社，2010。

② 阎步克：《魏晋南北朝的质文论》，见《乐师与史官：传统政治文化与政治制度论集》，292 页，北京，生活·读书·新知三联书店，2001。

引人注目的是，"质""文"这对概念不仅在先秦和秦汉时期即已出现，而且从魏晋延伸到明清，一直被文人频繁使用，各种典籍中对此有大量讨论，需要从"文明史观"的新角度切入加以贯通式阐释。当然，这种阐释应在"中层理论"设定的限度之内。"质"和"文"在文明史观意义上表现出的含义颇为复杂。从表面上看，由"质"趋"文"是一种从野蛮走向文明的过程，但并非与西方现代单线进化论的走向完全吻合，而表现出更为复杂的演化态势。在某个阶段，"质"指称的社会状态不一定会低于"文"，如道家就主张"反朴""反质"。在《论语》中，孔子虽主张"质胜文则野，文胜质则史。文质彬彬，然后君子"，跟从的是周朝的"尚文"风气，但有些史家却认为正是因为东周礼仪的繁琐，使人们的生活方式过于"文饰"而发生变异，遂间接导致了秦朝的灭亡，所以到汉初才崇尚"黄老之学"，推崇简约的生活方式，又返回了"质"的状态。如果把"文""质"变异视为一种历史观，则"质""文"并非截然对立，"文质"的交替出现往往与中国历史上"一损一益"的现实状态密切配合，其中充满了变数。"质"往往与"损"相应，"文"往往与"益"相当，但不可简单贬之为一种"历史循环论"，而应视为对历史中礼仪设置与生活习俗风气演变的变通分析框架，具有特殊的历史智慧，较宜于从"中层理论"的视角予以体会。

（5）流品、品度与伦际。近代中国史学方法受西方影响甚大，一个突出的表现是直接挪用西方的史学概念套用到中国历史之中予以比附式分析。突出的例子可以举出"阶级分析法"。"阶级分析法"拥有一个貌似"中层理论"的外表，它假设中国拥有和西方一样泾渭分明、多极对立的等级秩序，可以直接使用"阶级"的概念进行分层阐释。实际上，中国并非没有等级秩序，只不过明显不同于西方阶级构造的特点，无法直接机械套用"阶级"概念。最为明显的例子是科举制的运行造成了士人上下层的流动性，使得底层的中国人多少能够获得进入上层社会的机会，尽管机率很小，却毕竟不时破毁着固化僵硬的等级秩序。

那么，从"中层理论"的理念出发，我们能否从中国历史自身的观念架构中寻究出某种替代的途径呢？前人已提出了一些初步的设想和尝试，钱穆先生就曾指出，西方社会有阶级，无流品，中国社会则有流品，无阶级。表面上看中国人阶层秩序分明，其实当中有很微妙的"清浊"之分，"雅俗"之辨，唱戏、种田和读书人同样是职业，行业与行业之间以及行业内部却有流品的差别。"流品"中体现出的文化韵味很难翻译成西语。"流品"观念在科举制度中也有反映，比如士子身份有"清流""浊流"之分，进士及第是"清流"，秀才举人则变成"浊流"，沉淀于社会底层，但都发挥着贯穿上下教化功能的作用。① 在舆论界，也有人根据对时事的看法将一些士子归类为"清流党"的传统，对人品与政治观点的评鉴依据也是"流品"观念，直至晚清也是如此。在19世纪晚清宫廷官场的政治格局中，甚至以是否反对"洋务"为清流浊流之分，表现出在舆论中进行"流品"划分的趋向。②

有一些传统表述则比较适合描摹中国风俗的演变，如"品度""伦际"等概念，这些概念的表达与"中层理论"对研究对象和范围的要求较为契合。如关于"品度"这个概念，邓子琴先生曾经概括南北朝之"品度"特征为"谐谑""歌咏"和"游陟"；唐末五代以"无父""无君""无夫妇"为特征；北宋被视为"士气中心时代"，有"宽厚""沉静""淡泊""好学"的说法；明代"品度"以"刚劲""强毅""刻苦"为标志；清代风气则转向"雍容""细密""推延""条理"，恰与考据学术风靡的格调相一致。所谓"伦际"说的是一种人伦关系的组合形式，也与"品度"的变化基本对应。③

子琴先生的论断虽属一家之言，描摹时态的笔调也不一定十分准确，但他所揭示的从中国传统概念本身中寻求风俗演变之轨辙的做法，却体现出"中层理论"研究方法之精髓所在。

以上我们尝试着从中国传统脉络中梳理出若干可以作为"中层理论"依据的古典概念，其目的是尽量回避盲目引入西方社会科学的规范概念所导致的理论偏失，但并不意味着我们会一味地拒绝西方观念的借鉴和

---

① 钱穆：《中国历代政治之得失》，124、128页，北京，生活·读书·新知三联书店，2001。
② 杨国强：《晚清的士人与世相》，146~210页，北京，生活·读书·新知三联书店 2008。
③ 邓子琴：《中国风俗史》，成都，巴蜀书社，1988。

利用，否则就会陷入传统主义抱残守缺的僵化困境。一个突出的例子是，中国考古学体系的建立、发展和演变所带来的启示。现代意义上的科学考古学源自西方，而中国考古学的起源则围绕着殷墟发掘而展开，以重建"古史"为目标，具有鲜明的"证史主义"倾向，即极力通过考古遗址的发掘验证文献记载中中国文明起源的精确性，比如将考古学文化的相对年代体系与文献记载的王朝更迭的绝对编年体系进行对应式和互证式研究，就在逻辑上充满循环论证的风险。正如有学者指出，这种倾向性在一定程度上可能会破坏考古学研究方法的系统性，严重的会导致考古学被束缚于史学研究的范畴，沦为"证经补史"的附庸。① 因此，考古学也需要从人类学、民族学等现代社会科学中汲取养分，建构有自身特色的"中层理论"诠释框架。由此可知，通过对"中层理论"内涵的重新检视，中国史学的未来目标应该是在吸取西方社会科学与中国传统观念资源之间寻找到一种新的有效平衡。

---

① 张海：《中国考古学的历史主义特征与传统》，载《华夏考古》2011 年 4 月号。

自 序

　　"历史有什么用？"当面对儿子的突然提问时，从事了那么多年史学研究的法国年鉴派大师马克·布洛赫仍显示出了一丝犹疑和紧张。但他镇定下来之后所做的回答，对西方人来说应属正常，但却会令中国人感到不适甚至震惊。因为布洛赫说，对于个人而言，"历史有什么用？"永远都是个假问题，因为历史对于个人应该完全是一种令人销魂的爱好，是兴趣聚集酝酿的源泉，与是否有用毫无关系：

　　　　历史自有其独特的美感，它思接千载，视通万里，千姿百态，令人销魂，因此它比其他学科更能激发人们的想象力。①

　　布洛赫对历史学功用的激情演绎，鼓舞着人们打破求真实证的幻想，置单纯之爱好于追求知识之前，让富有诗意的想象旗帜飘扬在职业化历史的废墟之上。虽然读《历史学家的技艺》已是多年以前的经验，但布洛赫的警告仍嗡嗡鸣响在笔者的耳际：

　　　　我们要警惕，不要让历史学失去诗意，我们也要注意一种倾向，或者说要察觉到，某些人一听到历史要具有诗意便惶惑不安，如果有人以为历史诉诸感情会有损于理智，那真是太荒唐了。②

　　这是多么让人动心动情的感叹！历史学是社会功能运作上的一个齿轮，还是培养个人精神感悟力的智慧体操，当然是境界截然不同的两种答案。在西方历史学家的眼中，历史学永远是个人感情和想象力的最初

---

　　① 马克·布洛赫：《历史学家的技艺》，9页，上海，上海社会科学院出版社，1992。

　　② 马克·布洛赫：《历史学家的技艺》，10页。

起飞点和泊锚处。历史要真正体现价值，就要通过将通俗的曲调升华为一种普遍的象征，展示出其中包含有怎样的一个深刻有力而美丽的世界，而这需要一种伟大的艺术才能，一种从某一高度出发的创造性眼光。尼采为此区分了"工匠"与"工程师"，"博学者"与"大师"。他说：

> 没有人可以既是一个伟大的历史学家、艺术家，而同时又是一个浅薄之士。融合各种材料的史学工作者永远成不了伟大的历史学家，但我们不可以因此而轻视他们，我们更不可以将他们与伟大历史学家们相混淆，因为他们是些必需的泥瓦匠和为师傅服务的学徒。……这些工作者即使很博学，也无法成为大师，因为非常博学和非常浅薄在同一人身上总是结合得相当好的。①

但是千万不要误解，好像在布洛赫和尼采的眼中，历史仅仅是个人的消遣。其实他们话中的意思是，让历史成为艺术只是个人抉择的起点。当"历史有什么用？"这个问题变成了一个群体式的提问时，历史学家的回答自然不会仅仅从个人的艺术想象力出发，而必须在社会需求的功能层面上对历史学予以重新定位。那么，在这个群体式的提问中，历史学应该如何体现其意义呢？简单归纳一下，我们大致可以得出以下几种说法：

(一) 历史学是文化储藏的容器

文化的各种形态在现实延续的价值内涵需要历史学做出判断与解释。这说起来容易，做起来难，因为历史学家要想让文化价值得以保存，往往会难以和现实利益的拥有者达成妥协和共识，其结果常常以冲突告终。

(二) 历史学是寻求社会发展演变规律的学科

这是最主流的看法，目前所有大框架、大趋势的解释都与此"功能论"的定位有关，这个选择建立在 20 世纪以来进化论、目的论的哲学观基础之上，成为挥之不去的情结。

---

① 尼采：《历史的用途与滥用》，50～51 页，上海，上海人民出版社，2000。

(三) 历史学是资治的源泉

这是个传统的命题，自古中国史学就有"资治"传统，但"资治"并不等于意味着历史学仅仅是政府政策和文件的注脚，而是应有自足的判断力和解释能力。从目前的研究水平来看，中国史学尚未解决好这个问题。

(四) 历史学是反思社会现象的一面透镜

"透镜说"的提出肯定是有些不合时宜，因为我们的史学基本还停留在针砭时弊的层次上，如果反思的标准仅仅停留在这个水平上，恐怕历史和新闻的区别就不大了。真正反思的意义在于如何转变我们认识现实的态度，包括反思我们原来自身解释历史的基本立场和认知框架，探讨这种立场与各种社会现象与政治支配之间的复杂关联性，并以之作为思考历史问题的前提。它是批判型知识分子产生的动力与源泉。

(五) 历史学是个人审美的工具

布洛赫和尼采把它作为历史研究的出发点，历史由此被置于充满想象和个性的缤纷叙述中。这恰恰是我国史家最忌讳的，人们更愿意把治史的个人化动机深深隐藏于对历史趋势和规律的叙述之中。

以上开列的五种选择远远不能从方法论的意义上概括历史学的当代图景，而只是概括勾勒出一幅粗糙的鸟瞰式图像，这幅图像昭示的是一种历史研究的若干基本态度，在这些态度选择中弥散着无以计数的具体方法和认知准则。这些态度均和中国史学家有关，只是有的关系多一点，有的少一点；有的是刻意选择和尊崇，有的是有意回避或拒斥。这本书既然要讨论一些态度，兼及一些方法，就要首先辨明中国史学家以什么样的态度作为治史前提，又无意或刻意回避了哪些基本立场和选择。

约略而言，受中国传统和近代思潮的双向影响，中国史学家大多服膺于第二、第三种选择，即对历史演变规律的探求和"资治"传统的延续和承担。前者衍生出了"革命史叙事"和"现代化叙事"，以及仍受以上框架制约的相关社会史、文化史研究；后者秉持的是传统的治史方法应与政治保持互动协调这个基本原则，而第四、第五项选择基本没有被纳入当代中国史家的视野。当代历史学也讲反思，但是这些反思所瞄准的对象长期以来并不包括自己的认知框架和前提，比如他们不会质疑传统"革命史叙事"和"现代化叙事"中可能出现的谬误，或者可能出现的对另一类历史现象的有意误读，特别是这些叙事中所实施的遮蔽行为与某种权力支配运作之间的关系，所以这样的"反思"有可能仅仅是既有政治解释框架限定下的思索，往往只可作为对策性研究的一种补充形态，更像是对当前政策的一种历史验证和说明。

与前面的选择相比，当代中国史学的视野里基本没有第五项选择的影子，历史研究不可能作为个人审美的事情予以对待，它的底线至少也应是职业化的选择。这样做的结果往往是，我们的历史作品已很少有能力如司马迁写史那样闪现出人性美的熠熠光辉，历史人物很容易就成为大框架、大趋势下可随意摆布的棋子。我们提倡了多年眼光向下的研究策略，可如果我们在刚出发的时候就无法使自己的风格更加个性化一点，那么一提笔写文，一开口说话，就仍可能把普通民众的日常生活史偷换成了精英史的另一种表述语式。现在的许多社会史、文化史研究怎么看都像是政治事件史的另一种说法，很像是舞台上唱戏，演员只是把面具换了，亮相的身段却没有变。理由倒是有一些，有人说是材料稀缺，有人归结为史家自身的疏懒。在我看来，观念不改，材料摆在面前也可能视而不见。我们实际面临的最严峻挑战，就是如何从大叙事的空泛结构中打捞出民间残存的碎片，然后把它拼贴成人的活动图像。

如何促成"人的发现"？如何协调和重新定位史料与解释之间的关系？这些已经成为史家无法回避的尖锐问题。笔者在本书中尝试在"中层理论"这个层面重新思考在中国历史研究语境下面临的相似困境。"中层理论"这个概念借自于美国社会学家默顿（R. K. Merton）。概要地说，"中层理论"的建构对于中国史研究的意义至少可表现在两个方面：一是尽量可使我们摆脱宏大叙事的纠缠。目前许多历史著作行文叙述总是宏阔而不细致，概论式的判断比比皆是，本质主义式的断语草草形成，里边唯独看不到日常生活状态下人的踪迹，人变成了冷冰冰的趋势与规律的符号表征。二是讨论如何改变史学界只拉车不看路的工匠型治史方式。这种方式习惯于置解释创新的思考于不顾，标榜以"求真"为天职，遏制想象，埋首钩沉之术，使史学渐趋琐碎和平庸，或者成为尼采嘲谑的泥瓦匠式的史家。

"中层理论"的纠偏作用在于指明：没有出色理论背景观照下的史料收集，只能更加忽略历史的真相和常态，即使琐碎也可能琐碎得不是地方。其结果常常是搞不清到底哪些史料应予重视，哪些史料恰恰应该舍弃。实际上，中国当代史学的求真传统中也隐含着大叙事的背景。正因如此，问题可能就显得更加严重，因为标榜追求客观真相的原则一旦被应用于基层社会史的研究时，如果研究者的视野仍然被圈围在事件史的规则之内，那么可能收集到的史料不过只是更加强化了精英史的写作合法性而已。这样不但对社会史的研究没有推进作用，反而会让人们误以为，用另一种姿态进行的变相政治叙事和精英史研究，描述的就是下层社会生活的常态。

在中国史研究的各种流派中，美国中国学研究者在运用"中层理论"解释中国历史方面无疑表现得最为自觉，也积累起了丰富的经验。本书中的相当篇幅讨论到这种解释传统的得失。美国理论界被视为欧洲前沿思想的中转站，欧洲思想界的原创性理论往往在相当短的时间内就会被移植进美国，然后迅速成为解释相关具体问题的工具，对中国问题的研究自然也不例外。许多解释框架都是搬用欧洲社会理论的新潮模式，这种搬用虽然在具体研究中由于特别注意了历史语境的背景而时常有所变通，却仍然由于经常露出"西方中心论"的马脚而屡遭批评。但是美国中国学有两个鲜明的特点值得借鉴：一是其"中层理论"的建构具有相当强烈的反思能力，尽管其理论模式的过快转换总是给人以眩晕难辨的感觉。比如早期从"冲击—回应"说的冷战式叙述，转向地区史研究时，美国中国学家就已经注意到了如何更好地处理理解与评价之间的均衡问题，这对更加贴近中国历史的现场尤为重要，从而进一步淡化了本质主义式的定性分析。二是最新社会理论如性别研究、文化研究的勃兴和发展强化了美国中国学在"中层理论"方面的分析能力，同时促成了史料甄别选择方面的革命性变革。以往处于主流史学视野之外的史料迅速被纳入了史学研究的视线，并大有分享主角作用的趋势。主流史料与边缘史料的相互位置遭到质疑并发生置换效应，虽然还不能从根本上改变精英替代下层民众发言的格局，但"声音考古"与弱势群体身份研究所拼贴出的精细图像，仍然呈现出了历史所具有的丰富而又多元的面相。

尽管谈了不少美国中国学的特征和动态，本书仍然不能算是一本美国中国学研究的述评著作，它的主旨是想通过对美国中国学（也部分包括一些其他的汉学流派如日本中国学）与国内史学习用的理论前提进行双向比较和相互参证，试图探索建立中国史学研究"中层理论"的可能性，这个工作可以说是迫在眉睫。笔者发觉，中国史学界与西方中国学界的沟通存在着相当大的障碍，原因固然十分复杂，但其中一个重要原因是我们没有建立起自己的"中层理论"概念化解释体系。这个体系应是灵活和开放的，具有迅速吸纳和转换最新社会理论并使之本土化的能力，否则我们就很难找到双方对话和讨论的前提。显然，仅有"封建社会为什么延续了这么长""资本主义萌芽何时产生"或"八大运动、三大高潮"之类的宏观解释架构肯定是不够的。

本书采取在语境互动中进行交叉评述的方法，也就是把美国中国学（部分涉及日本中国学）研究的一些基本概念和命题变迁放在我国史学研究的传统脉络里呈现其特征，并评估其价值；反过来，也把中国史学研究的方法置于美国中国学思潮的背景下反观其得失，最终是想突破现有史学方法或流于玄想空谈，或流于细屑琐碎的两极状态的制约，尝试寻找中间性的出路。出路的寻找当然并非易事，肯定要靠相当数量的具体研究的支持和点滴细致的命题积累才能实现突破。本书最重要的目的是尽可能清醒地反思一些习以为常的理论前提，以及这些前提背后的表述模式对史料搜集的支配作用，然后尝试评价这种作用和一些相关社会因素之间的互动关系，以便为将来具体的史学研究与理论建构之间的沟通提供一个可以以资讨论的背景框架。

最后需要说明的是，本书涉及了大量东西方关于中国史研究的具体成果，并力求相对公允地加以论述，但本书不是一部综述式的著作，而主要是围绕与"中层理论"的建构有所关联的研究作品进行讨论，所以在评述中难免挂一漏万地忽略了很多有价值的著作，凡知我罪我或有教于我者，本人均愿诚心受教。

目　录

第一章　现代中国史研究"正统观念"
　　　　　的源起及其反思

一、"国民史学观"的兴起与现代国家的创构

作为本书的开篇，笔者并不打算全面评析 20 世纪以来中国历史研究所形成的所有诠释理路和既定命题，而是尝试把它们放在一条"问题史"的相关脉络里，细究不同类别的历史解释框架如何在不同时代的社会语境和思想状况支配下累积起自己的问题意识和表述这种问题的方式。更为重要的是，笔者要特别关注不同时段问题累积所表现出的相悖性如何在一种现代性理念的控制下达成了一致的效果，以及尝试探讨我们应通过何种方法把这种效果离析出普遍性的定见以转化成"中国问题"的可能性。笔者个人以为，如果仅仅单纯从方法论引进的层面上分析历史学变革与社会理论结合之得失关系，而忽略了各种阐释方式与中国社会所面临的各种特殊问题之间处于怎样的纠葛状态，就无法真正洞悉中国历史研究的发展轨迹和其需要选择的未来走向。也就是说，我们应该问：什么人，为什么在某一特殊的年代选取了这样一种设问历史的方式？

众所周知，中国历史具有现代意义的阐释框架和问题意识的形成与民族—国家建构形式的选择过程密不可分。"中国史学革命之父"梁启超把传统史学的病源首先诊断为"知有朝廷而不知有国家"而斥之为帝王家谱的总汇，由此造成一般人民无法合理地确定自己所处之空间位置，不但不知家以外还有国，更不知国以外还有世界。新史学研究的意义由此被定位在对普遍懵懂无知的民众进行所谓"国家意识"的启蒙与塑造上。根据这一需要，梁启超首次提出史学作为"国民资治通鉴"或"人

类资治通鉴"的定义,他解释道:

> 今日之史,其读者为何许人耶?既以民治主义立国,人人皆以国民一分子之资格立于国中,又以人类一分子之资格立于世界;共感于过去的智识之万不可缺,然后史之需求生焉。①

在梁启超看来,普通民众之国民身份意识的确立是史学发生作用的第一步,也是新史学与传统史学认知出发点根本区别之所在,只有身份的清晰才能确保世界资格的产生。与之相应的是,梁启超在《中国历史研究法》中所标举出的新史学大纲,其切入点恰恰在于寻找中华民族在世界历史中的确切位置。这种位置感的确定需通过勘定文明起源,辨别民族身份,关照阶级制度与经济条件的构成形式,以及和世界文化的沟通状况等一系列由内到外的探究才能达致。② 特别值得注意的现象是,当年梁启超是以政治鼓动家的身份兼扮"新史学"的掌门角色,他所设计的种种"内部研究"的详细蓝图往往只是图解"民治"目标的过渡性诠说,他没有时间也没有精力通过经验研究的手段去检验许多他所设想的"内部研究"的合理性,其政治活动家的身份反而使他把主要精力放在了对中国如何认同于世界性的民族—国家标准的宏观历史考察上,因为以往的传统史学太过于关注中枢系统以成为"皇帝教科书",而通过中枢理念构造而成的"夷夏之辨"的文化共同体意识,显然不足以建构起中国与西方资本主义国家的现代关系框架,所以对于民族—国家意识的边界建

---

① 梁启超:《中国历史研究法·史之意义及其范围》,见《梁启超史学论著四种》,109 页,长沙,岳麓书社,1985。

② 参见梁启超:《中国历史研究法·史之意义及其范围》,见《梁启超史学论著四种》,111 页。关于梁启超等人从"种族主义"者向"国家主义"者的转变过程,可以参见 Pamela Kyle Crossley, *Chaos and Civilization*, "Imperial Sources of Post-Imperial Models of the Polity",载《思与言》第 36 卷第 1 期,1998 年 3 月,119~190 页。与梁启超同时代的一些学者也意识到了史学研究与建构民族主义意识的关系,如留日学生曾鲲化在由东新译社出版的《中国历史》首编"总叙"第 1 章"历史之要质"中指出:"今欲振发国民精神,则必先破坏有史以来之万种腐败范围,别树光华雄美之新历史旗帜,以为我国民族主义之先锋。"参见俞旦初:《20 世纪初年中国的新史学思潮初考》,见《爱国主义与中国近代史学》,46 页,北京,中国社会科学出版社,1996。

构就成为国民身份确立的一个无法逾越的步骤，但这一"边界建构"的过程，往往只是服务于国民身份和意识认同的一种中介手段，或者是进行现代民族—国家自我确认的政治命题的历史表现形式，而并不具备自足性的解释标准。也就是说，"边界建构"的设计与民族自主意识等历史观念的发生，一直是晚清以来以民族—国家建构为特征的政治社会运动的一个组成部分，或者说是进行政治社会动员的另一种舆论表达方式，它根本无法从它自身所处的政治语境中剥离出来，去反观评说其存在场域的历史渊源与特征，从而达到批判现代社会的效果。梁启超作为政治人与学术人角色的频繁互换，也昭示出 20 世纪初叶的史学革新与社会运动诸多命题之间存在着不解之缘和复杂关系。

中国现代史学的产生过程与中国从古老的文化帝国向现代民族—国家的转型过程相叠合，预示着中国历史研究从一起步就可能与各种社会运动面临的问题发生错综复杂的纠葛关系，甚至有可能是某种政治话语的直接表现或代言形式。与此同时，新史学不但要解决"后帝国时期"的"边界建构"的确认问题，而且还须解决在资本主义全球化扩张日益严重的局面下，如何面对民族—国家的"边界建构"被逐步消融的问题。后一问题实际上直接导致了 20 世纪 30 年代社会史解释模式的出现。

戴福士（RoSer V. Des Forges）曾经把中国历史与外界的关系比拟为三个阶段：即"中国在中国""中国在亚洲"和"中国在世界"。"中国在中国"时期是自商代勃兴到汉代衰落，在这一草创时期，中国文化主要是自生自长于它固有的疆域之中。"中国在亚洲"时期起自汉衰，一直延伸到明末。此时，中国相当广泛地与亚洲国家往来相交，其最重要的特征是，南北朝时期受到了印度佛教的影响，并遭到北方少数民族的入侵。印度的宗教经过本土化过程，产生了禅宗这样的新形态。"中国在世界"时期是从明末至今，中国一直承受着更大的外来压力，特别是现代化西方的压力、欧洲的文化冲击波——从 17 世纪的基督教到 19 世纪的马克思的社会主义，可谓连绵不绝。中国从西方、西方化了的日本和美、苏分别引进了不同的思想模式以改造自身的文化。但戴福士仍然认为，中国的历史处于自身与西方都无法轻易改变的胶着状态，中国在 19 世纪和 20 世纪的经历，与其说是一种"大过渡"（great transformation），毋宁说是一种以文化的延续和变化的继承模式进行的"大强化"（great intensification）。① 戴福士的结论性意见似乎显得有些牵强，特别是他依据这三个时期，又细分出五个阶段："统一""英雄""动乱""集权"和"民众"。这种对数螺旋，每绕一周，时间就更短，空间就更宽。如此描述显然有过于简化中国历史复杂性之嫌，然而戴福士的描述策略仍具有启发意义。他提示我们，中国人有可能随着中国在世界历史时空中位置的一波一波移动而不断调整着自己观察历史的视点，从而导致了历史编纂学视野的伸缩变化。比如当进入"中国在世界"这个阶段以后，中国历史学家就日渐淡化了自主本位意识，经常以西方历史发展框架为参照确立自身的道德评判标准，慢慢被融入了世界历史的总体解释系统中，即使偶尔强调中国传统本位的重要，也已丧失了"中国在亚洲"的历史敏感性。这与日本学者有所不同。日本近代史家特别提倡在西方紧逼的历史氛围中发掘"亚洲价值"的历史活力作为对抗的资源。当然这种发掘活动始终具有以日本为核心的地理扩张性质，与中国史家处理观念与地理边界之关系的内敛方式明显有所区别。

关于现代中国与世界体系的关系，可以说基本符合沃勒斯坦所论及的"融入"（incorporation）和"边缘化"（peripheralization）这两个相关的过程。所谓"融入"是指资本主义世界体系之外的国家和地区不断进入体系的过程，而"边缘化"则指世界体系不断包容新的国家和地区并重新安排它们的空间位置。② 但是资本主义体系向东方国家的渗透过程和强度实际上包含着政治秩序和经济秩序两个前后相续的阶段，而资本主义在相当根本的意义上是经济秩序而非政治秩序，所以它才能介入原本无法实行政治支配的纵深区域之内。吉登斯曾经评论说，这种解释特别强调政治和经济制度的"域化"（regionalization），而且由此它还强

---

① 参见 R. V. 戴福士:《中国历史类型:一种螺旋理论》，载刘东等译:《走向未来》第 2 卷第 1 期，1987 年 3 月。

② 参见王正毅:《世界经济、历史体系与文明——评沃勒斯坦的"世界体系论"》，载《中国书评》1996 年 5 月，144 页。

调社会组织和社会变迁的空间特征。① 具体到中国历史的研究之中，中国知识界对资本主义世界体系中政治秩序和经济秩序渗透的直接感受确实存在着一个时间差的问题。也即是说，晚清至第一次世界大战的中国知识分子，首先面临的是如何把原有的帝国形态转化成一个现代资本主义政治秩序所认可的民族—国家的问题，因为所谓"现代国家"自从产生以来就一直不是一个完全独立的政治实体，所有国家从其一开始就存在于国家体系（interstate system）之中。所谓"国家的主权"并不意味着完全自治，而是意味着合法性的相互制约。② 因此，民族—国家作为一种创制过程，必然影响到现代中国史家对以往中国文明和社会形成的基本估价，而对国与国之间政治秩序形成的敏锐关注，正是构成中国知识界"近代国家"观念形成的基础。

第一次世界大战以后特别是五四运动时期，中国思想界出现了一个重大的转折，从"近代国家"之理念观察中国与世界的互动关系已经远远不能解释历史发展的未来走向。因为一批持论激进的知识分子已经意识到，"近代国家"的形成并非自足性的行为，也不是平等交往的理想关系所能制约。近代国家已越来越离不开世界资本主义权力体系的控制，这种控制并不仅仅表现为争夺政治秩序安排权的"边界战争"，而是通过经济秩序的渗透突破了国家边界的外表限制，在新兴民族—国家结构的内部创构出社会层面的不平等局面。资本主义的一体化借用经济垄断权力的扩散，日益把国与国之间的关系整合为一个"没有边界的世界"。③由于初步意识到了这一转变的深刻含义，到 20 世纪初叶，梁启超、陈独秀等早期的"国家主义"崇拜者均比较一致地认为，仅仅从政治秩序的安排如组建和选举政党的上层民主策略和制衡原则，或者启发普通民众效忠于现代国家体制，实际上并不能阻挡西方经济势力的入侵，相反，

---

① 参见安东尼·吉登斯：《民族—国家与暴力》，胡宗泽等译，205 页，北京，生活·读书·新知三联书店，1998。

② 参见王正毅：《世界经济、历史体系与文明——评沃勒斯坦的"世界体系论"》，载《中国书评》1996 年 5 月，第 147 页。

③ 参见三好将夫：《没有边界的世界·从殖民主义到跨国主义及民族国家的衰落》，见汪晖、陈燕谷主编：《文化与公共性》，484 页，北京，生活·读书·新知三联书店，1998。

国家政权还可能转化为世界资本主义体系进行权力控制的间接工具，从而给基层民众带来不平等的境遇。当时的李大钊、李达和陈独秀等早期共产党人都已经指出，经济变动早已是世界的而非国别的了。即使是反对社会主义思潮的梁启超也强调：中国不能实施社会主义的原因是因为缺少劳动阶级，而并不否认资本主义一体化的等级秩序对中国社会造成的巨大影响。① 十月革命被理解为一种社会革命而不是通常意义上的国家革命。伴随着马克思主义的适时传入，知识界更加强化了这种空间意识的转换。就历史学的方法论而言，把国家形成与世界范围内的经济政治发展联系起来加以考察，直接导致了把中国历史视为属于世界历史总体发展之一个组成部分的现代性进化理念的出现。② 中国社会史学界终于开始从早期强调"边界建构"的"民族史观"进入了强调"边界消融"的"世界史观"的新阶段。

具有现代意义的社会史观的产生，由于与当时的激进知识分子对全球资本主义向中国社会渗透的新认识密切相关，特别是受到马克思主义传入的影响，与早期强调塑造国民意识的"新史学"相比，这一时期的社会史观主要服务于对社会革命对象的选择与定位，实际上已经变为社会革命话语的一个组成部分。比如在选择革命对象时就存在主要针对封建势力还是资本主义这样两派意见。当时位居文坛要津的陈独秀就曾坚持认为，应把中国革命的对象定位在对资本主义的攻击和批判上，从而把发生在西方资本主义社会的现象直接移植到中国农村，以作为确定革命策略的普泛化标准。这种有意无意的时代错置，显然是"一战"以后全球资本主义经济秩序重组所造成的劳资对抗局面直接波及的一个结果。陈独秀曾经明确指出：自国际资本主义侵入中国以后，资本主义的矛盾形态伸入了农村，整个的农民社会之经济构造都为商品经济所支配，封

---

① 参见程农：《重构空间：1919 前后中国激进思想里的世界概念》，载《二十一世纪》（香港）1997 年 10 月号，58～69 页。

② 参见 Arif Didik, *Anarchism in the Chinese Revolution*, University of California Press, 1991. pp. 3-9. 又可参见 Arif Dirlik, *Revolution and History：The Origins of Marxist Historiography in China, 1919—1937*, Berkeley, 1978. 特别是其导论部分。

建阶级和资产阶级的根本矛盾如领主农奴制，本质上已久不存在，因此剥削农民，就已成为他们在经济上、财政上的共同必要。也就是说中国革命的对象不是封建势力，而是资产阶级，因为中国封建制度早已崩坏，现在只有封建残余的残余，不起什么作用。① 这一时期历史概念运用的特点是：无论是封建主义范畴还是资本主义范畴其实都已经被意识形态化，基本上是一种政治论辩的工具。社会史研究不是为了揭示客观实证的学术命题，而是被当作标示政治立场的风向标。比如一些激烈反对陈独秀"封建主义消失论"，坚持中国农村存在封建主义与资本主义历史对抗关系的学者，实际上是为以农民为主体的社会革命而非以资产阶级为主体的城市革命提供历史性的解释依据。

二、社会史的表述方式与世界体系的关联性

"五四"以后的社会史研究者虽多有现代学院出身的背景，但均具有相当鲜明的激进政治身份，所以各种相关社会史命题的提出，往往并非是学术共同体在学院内部氛围互动创生出的知识生产结果，而是社会运动的参加者通过直接具体的政治行动或通过政治身份意识带动下的自觉导向所做出的反应。从这个意义上观察，所谓"社会史"的表述方式与历史实证主义对"真相"的追求，其实基本没有什么关联。这一时期为社会史设计的一套叙述话语，关键要求是否能有效地把"社会"这一概念与全球通用的历史演变语式迅速接通，或通过研究社会在世界范围而非仅仅是民族—国家框架制约下的表述方式，以便为即将发生的社会运动提供直接的舆论准备。所以在这一代历史学家的眼中，研究中国社会史的目的并不是为了探究某种自然发生的特殊历史演变特征，当然更不是依循古旧的循环论以阐释某种自生自发性的时序状态，而是考虑如何从历史起源时态起就开始逐步把中国社会对应和纳入世界历史发展格局的现代话语创构程序之中。

如果把这一判断落实到具体的社会史研究中，我们会发现这一时期

---

① 参见郭湛波：《近五十年中国思想史》，91～92页，济南，山东人民出版社，1991。

的历史学家特别强调所谓中国与世界"历史关联性"的重要。20世纪30
年代"中国社会史论战"发生后,马克思主义史学家均更为强调要以社
会一般发展规律作为研究历史的前提,而中国历史发展的特殊性均是为
此普遍性服务的。历史特殊性的表现形式在时间伸缩上可能有长有短,
在空间展布上可能发生部分迁徙,但在总体框架的解释方面必须符合目
的论的建构标准。比如对封建社会形态发生时间的定位,范文澜和郭沫
若就明显有分歧:郭氏以战国为封建时代开端,范氏以东周为封建时代
开端,可时间长短的定位却并没有影响两人在社会性质的确定方面保持
高度一致。关于空间上的迁徙与总体史的关系,翦伯赞则认为,历史学
家必须同时研究各个时代和各个地域的特殊法则,因为这些特殊法则正
是"各别民族历史的具体内容的构成之重要契机"①,但各民族发展的内
部又与世界历史的发展具有时空关联性,其交互作用也需符合"一大历
史运动行程中诸历史阶段相续发展的诸过程"②。这一空间定位的强调又
使得民族史的特殊表述被重新归位于世界史的集体叙事脉络之中。

就研究方法而论,三四十年代以来的中国社会史研究者基本上都以
生产关系而非生产力作为自己分析历史的一贯性范畴,何干之甚至把两
者的区别作为区分是否属于"托派"阵营的重要尺度。③ 他们认为,只
有从生产关系的角度才能透彻分析中国社会阶级的构成形式,并在现代
的语境下衡量资本主义势力的渗透程度,只有深入分析生产关系中由于
资本主义进入所造成的普遍不平等性和非正义性,才能为革命的社会动
员寻找到一个理论支点。而对生产力发展的分析只能为陶希圣那样倡导
中国封建社会早已灭亡和商业资本主义早已发达的"特殊主义"历史解
释提供资源。

不应否认,30年代以来的社会史研究传统曾经积累起了大量经验研

---

① 罗梅君:《政治与科学之间的历史编纂——30和40年代中国马克思主义历
史学的形成》,187页,济南,山东教育出版社,1997。

② 罗梅君:《政治与科学之间的历史编纂——30和40年代中国马克思主义历
史学的形成》,73~76页。

③ 参见郭湛波:《近五十年中国思想史》,91~92页,济南,山东人民出版社,
1991。

究的资料和相关的成功解释，但相当一部分经验研究却被埋没在了如何
使中国史符合"五阶段论"式的世界史叙事的游戏解说中。比如郭沫若
在《中国古代社会研究》一书的导论即"中国社会历史的发展阶段"中，
不但把中国社会历史与中国社会革命阶段的划分一一加以对应，比如把
殷周之际对应于奴隶制的革命、把周秦之际对应于封建制的革命、把清
代末年对应于资本制的革命，其至为了符合"五阶段论"的诠释步骤，
不惜寻求有利于己的相关史料并使之纳入既定框架，削足适履地弥补
"五阶段论"社会发展公式在中国历史脉络中遗留下的缺环。例如郭沫若
曾经明确认为，如果视周代的社会是封建制度，就与马克思规定的社会
进展的程序不合：

> 因在氏族制崩溃以后，如无外来影响，必尚有一个奴隶制度的
> 阶段，即国家生成的阶段，然后才能进展到封建社会。就我所见，
> 周代的上半期正是奴隶制度。认西周为封建社会者只是狃于儒家托
> 古改制的各种虚伪的历史，虚伪的传说，以及数千年来根深蒂固的
> 传统观念而已。①

郭沫若曾经引用马克思在 1859 年发表的《〈政治经济学批判〉序言》
中的话说："亚细亚的、古典的、封建的和近代资产阶级的生产方法，大
体上可以作为经济的社会形成之发展的阶段。"② 也正是在这句话中，马
克思对"亚细亚社会"的定义一直被中国史学界所误解，或者是对其有
意加以误读。实际上马克思从来没有把"亚细亚社会"作为全球社会发
展的普适性一环来加以认识，而是把东方社会（包括印度、中国）看作
一个有别于西方的停滞社会。马克思、恩格斯对亚洲大陆社会的认识没
有实地经验性研究作为基础，而是完全依赖早期欧洲的东方学家诠释东
亚的传统谱系所提供的资料。这一资源的核心观点是，亚洲（特别是印
度、中国）在历史流程中发展起来的村落共同体结构，通过村落手工业
和农业高度整合为一种自给自足的封闭体系。它排斥外来影响，能够处
理自身的事务。战争和饥馑虽然不时袭扰威胁这一共同体的存在，但国

---

① 郭沫若：《中国古代社会研究》，225 页，北京，人民出版社，1954。
② 郭沫若：《中国古代社会研究》，133 页。

家的疆域、统治者是谁和他的身份则是无关紧要的事，村落能够经受住任何外来变化而依然故我。而从大河流域发展起来的亚细亚社会，因为降雨农业已被大规模的灌溉农业所替代，这就需要中央集权和国家机构实施集中调控。与这种社会结构相适应，东方不存在私有财产的权利观念。根据这些基本的传统判断，马克思、恩格斯始终相信亚洲大陆社会是一成不变的，只有从外界楔入亚细亚社会的分裂行动才能结束这种停滞状态。马克思在《纽约每日论坛报》上发表的一些文章就明确地指出，英国对印度的占领，"破坏了这种小小的半野蛮半文明的公社，因为这破坏了它们的经济基础，结果就在亚洲造成了一场最大的，老实说也是亚洲历来仅有的一次社会革命"。[①]

印度的例子意味着亚细亚的古老社会体系必须予以摧毁，以便在亚洲为西方式的社会奠定物质基础。在马克思的眼里，西方文明明显优于东方文明，所以英国人在侵入印度时不会像他们之前的阿拉伯人、土耳其人、鞑靼人和莫卧儿人那样被印度化，因为他们是发展程度高于印度的征服者，印度文明无法影响他们。有的学者由此评论道：马克思认为印度人完全能够在世界上起作用和由他们来发展一个有生气的文明，但只有他们在欧洲化的情况下才能做到。

值得深思的是，著名的美国中国学家魏特夫也正是借用马克思对

---

① 参见唐纳德·特雷德戈德：《苏联历史学家对"亚细亚生产方式"的看法》，杨品泉译，载《史学理论》1987年第2期。相反的意见可以参见克雷莫夫：《马克思主义关于社会形态的学说和对亚细亚形态说的批判》，载上引同期《史学理论》。日本学者也认为马克思所说的"亚细亚生产方式"是某种"东方停滞论"的表现，如谷川道雄就指出："在马克思曾经主张的东洋专制主义理论中，认为东方国家的社会基础是缺乏社会发展契机的村落共同体。另外，马克思把亚细亚生产方式置于古典奴隶制、封建制、近代资本制等相继而起的生产方式的最初阶段。马克思的亚细亚社会论，就成了中国社会停滞论的理论根据。"参见谷川道雄：《战后日本的中国史论争·总论》，见《日本学者研究中国史论著选译》第2卷，316页，北京，中华书局，1993。无独有偶，爱德华·W·萨义德（Edward W. Said）也曾经指出，马克思一方面对东方社会遭受英国殖民侵略的现状充满同情，另一方面又认为英国在印度发动了一场真正的社会革命，因此在马克思关于东方的社会经济理论思想中，最终占据上风的却仍然是浪漫主义的东方学视野。参见萨义德：《东方学》，王宇根译，197~203页，北京，生活·读书·新知三联书店，1998。

"亚细亚社会"长期停滞化的理解，特别是没有土地私有制和国家治水这两个核心要素来构筑其复杂的东方"治水社会"理论的。当然我们不是要在此苛责马克思理解东方社会时表现出的"西方中心论"倾向，因为马克思当时所处的时代不可能使其有机会在掌握经验材料的基础上深入细致地研究东方社会的构造形态，其论据切入点也不可能完全摆脱已累积数百年之久的欧洲汉学传统的影响。这里所关注的是马克思的"亚细亚社会"的概念如何被不同类型、不同政治立场的学者释读为有利于自身历史观构成的"话语分析"（discourse analysis）形式。

　　有趣的是，如果对比一下郭沫若与魏特夫对"亚细亚社会"的不同理解，我们就会发现，这一概念在各个不同的论域中被语境化乃至曲解化了。郭沫若完全参照斯大林式的社会进化"五阶段论"框架来安排"亚细亚社会"的历史位置，他把马克思的意图完全理解为按生产方式的递进更替界定社会发展形态。按此标准衡量，"亚细亚社会"不过是奴隶制社会以前存在的一个历史阶段而已。实际上社会形态完全不等于生产方式，因为按马克思的原义，任何一种社会形态都应是多种生产方式或经济形式的结合体。① 然而郭沫若却做出了如下理解：

　　　　他这儿所说的"亚细亚的"，是指古代的原始公社社会，"古典的"是指希腊罗马的奴隶制，"封建的"是指欧洲中世纪经济上的行帮制，政治表现上的封建诸侯，"近世资产阶级的"那不用说就是现在的资本制度了。②

郭沫若坚持说：

　　　　这样的进化的阶段在中国的历史上也是很正确的存在着的。大抵在西周以前就是所谓"亚细亚的"原始公社社会，西周是与希腊罗马的奴隶制时代相当，东周以后，特别是秦以后，才真正地进入

---

　　①　参见何顺果：《社会形态不等于生产方式》，载《读书》1999 年第 6 期，89～91 页。

　　②　郭沫若：《中国古代社会研究》，133 页，北京，人民出版社，1954。

了封建时代。①

这一诠说明显违背了马克思的原义，郭氏没有意识到，马克思对"亚细亚社会"这一概念的使用，特别是对中国社会的描述，恰恰不是按西欧社会发展阶段设计的，而是解说东方社会长期停滞状态的一个专门术语，因为马克思认为公社土地所有制在中国的消失，并没有显著瓦解亚细亚生产的经济基础。② 列宁更是在1911年强调了"东方制度"即"亚细亚制度"的特殊性和东方的停滞性，他把这种社会的极端停滞不前状态归咎于"完全家长式的前资本主义特征和商品生产及阶级分化的极不发展"。③ 可见列宁也未把"亚细亚"视为五个发展阶段的一个环节加以考虑，而是把它作为中国停滞不前的特征予以概括的。

和郭沫若正好相反，魏特夫在《东方专制主义》一书中却基本借用了马克思等人对"亚细亚社会"即东方社会的基本理解，把中国历史描绘为一个依靠中央集权严密控制和通过广泛社会动员维持其基本体系常年运转的停滞的社会。魏特夫的解释一贯被史学界视为反马克思主义的理论范本，可他对"亚细亚社会"的历史性研究恰恰是马克思判断东方社会性质的原义的延伸和发挥，所以我们还不如说，其理论仅仅是反斯大林主义的一种反映。而郭沫若对东方社会理论的读解和修正则又与马克思的原义相去甚远，可这种修正又恰恰是当时进行革命社会动员所需要的。我们由此可以看出，处于革命动员状态下的史学是如何被灵活运用而服务于政治话语的构造的。

针对"五阶段论"模式具有强烈的意识形态解释和政治功利性，1949年以后的中国史学界曾经一度出现过试图予以纠偏的"历史主义思潮"。这股思潮力求在不逾越目的论总体框架的前提下，削弱现实政治目标对历史诠释过程的支配作用。例如翦伯赞就曾对自己以往借助以古喻今的方式对历史事实进行有意的时代置换作了自我批评，他说：

① 郭沫若：《中国古代社会研究》，133页。
② 参见魏特夫：《东方专制主义——对于极权力量的比较研究》，393页，北京，中国社会科学出版社，1989。
③ 参见魏特夫：《东方专制主义——对于极权力量的比较研究》，397页。

人们为了结合现实政治，常常把过去的历史人物或事件作一种轻率的历史类比，甚至不科学地把他们等同起来，好像不如此就是脱离现实，就失掉了历史科学的现实意义。我在解放以前也常用以古喻今的方法去影射当时的反动派。其实这样以古喻今的办法，不但不能帮助人们对现实政治的理解，而是相反地模糊了人们对现实政治的认识。……不是把历史上的现实现代化使之符合于今天的现实，就是把今天的现实古典化去迁就历史上的现实，两者都是非历史主义的。①

然而，关于"历史主义"的讨论并没有改变中国历史学家对"五阶段论"框架的信奉，翦伯赞在严格区分了"古代进化论"和"现代进化论"的区别之后，仍然强调：

科学的进化观就是要说明每一个历史阶段所持有的基本经济法则和与此相适应的阶级关系、政治制度乃至意识形态，就要说明从一个历史阶段发展到另一历史阶段的变革过程。②

因此任何相关的"历史主义"命题的讨论，仍只可能是具有本质规定性的某种政治话语的表述策略。

三、美国中国学思潮中的"世界观念"与国内史学的关系

与国内的史学研究趋向相比较，西方特别是美国对中国史学的研究也体现出了和世界体系存在着某种历史相关性，不过这种历史相关性有其自身的特征。如果从源流上考察，美国现代中国学叫可以说是在反传统

① 翦伯赞：《关于历史人物评论中的若干问题》，见《翦伯赞史学论文选集》第3辑，8页，北京，人民出版社，1980。关于历史主义问题的论战，可以参见王学典：《20世纪后半期中国史学主潮》，203～205页，济南，山东大学出版社，1996；又可参阅 Arif Didik, "The Problem of Class Viewpoint versus Historicism in Chinese Historiography", in *Modern China*, Oct. 1977.

② 翦伯赞：《怎样研究中国历史》，见《翦伯赞史学论文选集》第3辑，144页。

汉学的境况下诞生的。① 概而言之，所谓"传统汉学"对中国的认识主要源于由来华传教士的各种报告、著述、书简中拼贴出的一幅中华帝国的历史图景，如门多萨的《中华大帝国史》、利玛窦的《中国札记》等就属于这类著作。② 这种对中国历史进行的"想象式建构"，③ 甚至影响到了西欧启蒙运动的舆论导向，如伏尔泰在《风俗论》中就声称哲学家在中国发现了一个新的道德和物质的世界，从而借此对抗西方的宗教势力。④ 按萨义德的说法，中国作为想象的异邦被东方主义化了，只不过这种想象带有迷幻的赞美色彩。⑤

19 世纪以后，随着西方资本主义全球势力的拓展，西方现代化的普适逻辑逐渐支配了中国研究界，特别是黑格尔关于非西方社会没有自己的历史的论断，⑥ 促使汉学界借助西方的近代发展趋势重新把中国想象成了一个停滞不前的国家。所以史景迁认为，对中国的"他性"的塑造与西方的现实境遇有关。⑦ 而诞生于第二次世界大战之后的美国"中国

---

① 参见周勤：《本土经验的全球意义——为〈世界汉学〉创刊访杜维明教授》，载《世界汉学》创刊号，第 9 页。

② 参见侯且岸：《当代美国的"显学"——美国现代中国学研究》，19～30 页，北京，人民出版社，1995。

③ 参见 Benedict Anderson, *Imagined Communities*：*Reflections on the Origin and Spread of Nationalism*. pp. 1-9, Verso, New York, 1983.

④ 关于欧洲思想界对中国文明态度的转变，参见许明龙：《18 世纪欧洲"中国热"退潮原因初探》，载《中国社会科学季刊》（香港）1994 年春季卷，159～168 页。

⑤ 参见爱德华·萨义德：《东方学·导论》。

⑥ 黑格尔说得非常明确："中国很早就已经进展到了它今日的情状，但是因为它客观的存在和主观运动之间仍然缺少一种对峙，所以无从发生任何变化，一种终古如此的固定的东西代替了一种真正的历史的东西。中国和印度可以说还在世界历史的局外，而只是预期着，等待着若干因素的结合，然后才能够得到活泼生动的进步。"（黑格尔：《历史哲学》，王造时译，23 页，上海，上海书店出版社，1999）

⑦ 史景迁（Jonathan D. Spence）曾经指出："我们面临这样一个文化矛盾：四百年来，欧洲人关于中国的真实知识中总掺杂着想象，二者总是混淆在一起，以至我们确实无法轻易地将它们区分开。"因此，在西方思想世界里，对中国的认识"想象往往比知识更重要"，"想象的力量足以创造或超越现实"。参见史景迁：《文化类同与文化利用》，16～17 页，北京，北京大学出版社，1997。

研究"(Chinese studies) 却与"古典汉学研究"(the classical Sinology)
的分析路径大相径庭。总体而论，中国研究变成了美国全球化总体战略
支配下的"地区研究"(the regional studies) 的一个组成部分，带有相
当强烈的对策性和政治意识形态色彩。这一特点可以从费正清的研究框
架中体味出来，费正清的名著《中国沿海的贸易与外交》，基本上阐述的
是中国古代朝贡制度与儒家思想的渊源关系，通过探讨鸦片战争后的十
二年内通商口岸条约制度的演变过程和上海外国税务司的形成，暗示中
国朝贡制度在现代国际网络中的衰落命运。在另一本著作《美国与中国》
中，费正清亦直接使用对立的两个概念："集权传统"与"社会革命"，
通过分析两者的关系揭示西方力量对中国停滞的传统具有决定性的改造
作用。集权传统借助儒家思想渗透进政府、法律和宗教，甚至是人道主
义传统等方面，成为中国步入现代化的障碍，从而在无法适应现代化节
奏时引发了社会革命，而社会革命均是西方思想影响下形成的，换言之，
任何"革命"都是西方社会发展进程的一个连续组成部分。太平天国、
戊戌变法、辛亥革命、新文化运动都是对传统结构的冲击。① 如后人所
论，费正清的"冲击—回应"体系带有较为明显的"官方史"(official
history) 的色彩。由于其刻意强调中国传统的停滞和被动性，突出西方
力量充满活力和发展的特征，中国社会只不过变成了现代化力量波及的
对象之一，从中看不出中国历史有自生自发的转化和创新能力。虽然在
20 世纪 50 年代初，费正清被麦卡锡主义者指责负有丢失中国的责任，
但费氏的观点仍是美国透视中国历史、制定对华策略的主要依据。

　　20 世纪 60 年代初，美国中国学界开始出现了试图摆脱这种对策性
思维定势的迹象，后来崛起的批评者如柯文对费氏的批评主要集中于两
个方面：一是"费正清模式"过度关注于沿海贸易的地区，而没有把中
国的其他地区如内陆的情况纳入观察视野；二是把一些中国内部的变化
全部归结于西方冲击，从而忽视了从中国人自身立场出发理解历史真相

---

　　①　在《美国与中国》中，费正清（Fairbant, John King）把全书内容分为三个
部分，划分为受西方影响前后的两个时期，在第一篇中又特意以小标题提示："早期
中国是个'东方式的'社会"。参见费正清：《美国与中国》，28～31 页，北京，世界
知识出版社，1999。

的可能性。这一批评引发了以中国为中心的新型地方史研究的浪潮，其与传统地区研究的差异表现在逐渐淡化中国研究强烈的对策性色彩，而形成相对独立的对中国历史与传统发展的认识脉络。柯文把这种转向概括为"内部取向"和"移情理论"。从方法论的角度而言，这次转向明显受到了人类学民族志方法的影响，即强调历史研究也应重新界定研究对象的范围，通过细致入微地对基层社会生活复杂图景的复原，深化对下层历史的了解。因为美国中国学的早期著作所存在的主要问题，就是侧重探讨中国近世史中西方自身所关切的冲突层面，如鸦片战争、太平军、中外贸易、传教事业、日本侵略等。而晚清以来发生的许多关于改革的言论采取的是处理内部事物的方法，与西方的刺激无关，比如"清议"就被看作儒学内部的一场争论。这些现象的发生有可能仅仅是中国历史内部自身发展逻辑的一种近代表现。柯文强调说，选择历史事实的意义取决于我们提出问题的方式，这又取决于我们关注时代演变的主观角度。其言外之意是反对历史发展的单向聚集的观点，强调对历史个别化特征的解释，否认探求历史发展的规律与共性，认为这是"西方中心论"的产物。[1] 值得注意的是，这一导向明显受到50年代至60年代殖民地独立时期疏离西方政治控制的背景影响，认为文化的多元共存是阐释非西方文化历史之真正意义的前提条件。

不能否认，学术体制对美国中国学知识生产过程的形塑历来具有强大的支配作用。《现代中国》（*Modern China*）杂志上曾发表过一篇美国学者罗伯特·马克斯（Robert Marks）撰写的题为《中国领域中的国家》（"The State of the China Field"）的长文，针对美国中国学研究中话语权力的支配问题作了很有兴味的分析。这篇文章处理的，并非美国的中国学四十年来如何建构中国史的解释构架，而是审视学术社区如何制约和影响知识范式的生产过程。作者认为，库恩所提出的"范式"（paradigm）这一概念不仅仅是一个知识构成的问题，也是一个知识如何嵌入科学社区的问题。接受范式的那些人为知识和财力所支撑，不接受者则被从社区中排除出去，思想的力量不能与强制他们接受的制度力量

---

① 参见柯文：《在中国发现历史——中国中心观在美国的兴起》，林同奇译，1～44页，北京，中华书局，1989。

分离开来。有关中国领域研究的争论也不是一个简单的知识权力或思想连贯性问题，而是这些"意念丛"如何与学术社团功能相联系的问题。比如柯文曾提出："冲击—回应"解释模式背后的现代化理论支持就与战后美国社会科学的需要密切相关，是符合美国政治、军事、经济干预亚洲的意识形态架构的。按照库恩的说法，范式不仅是与思想系统有关，而且也与学术社区的工作有关，要理解范式的意义，人们不仅要注意思想理念的构成，而且要关注团体结构和认知一致性的关系，学术社区的功能决定范式是否被采纳。与自然科学有所不同，社会科学范式的变化不是从对原有理论所无法解释的"异常"进行探究的过程中产生出来，而是源于世界的危机。社会科学理论一般均产生于危机时代，而很少是正常情况下的产物。自然科学范式的实施多少由科学家团体本身来承担，而社会科学理论家往往在国家领域中寻求庇护人，或通过如大学、杂志、专业协会和基金会等学术制度实施范式，范式的问题已不只是知识权力的问题，而且是实施权力的问题。对于战后美国的中国学研究，作者特意使用了一个词——"圈地"（enclosure）来加以形容，其意是说，中国学研究已成为美国对外关系理论总体框架下的一个分支，成为解释美国国际关系角色的一个注脚。这基本取决于三个因素：一是"二战"对美国的影响提供了"圈地"的理论基础；二是20世纪40年代福特基金会的重组为学术"圈地"提供了外部财政的资助；三是50年代至60年代大学的扩展提供了安置设备和人员的基地。这种国家、基金会和大学的互动造成了相对隔离于社会的"学术事业"，如亚洲研究协会（AAS）在福特基金会资助下成为学术"圈地"的有效工具。"圈地"所造就的学术机构会控制其目标和防止研究的偏向行为。

社会科学的范式不仅从制度中获取权力，而且也与基本的主导社会思想相符合。罗伯特·马克斯特意研究了20世纪60年代以施坚雅教授为代表、以研究中国地方市场模式为特征的中国学流派，是如何通过体制化的运作使之成为一种普遍科学模式的。由此可见，美国社会科学界在范式运作时把市场社会理论作为行为与思想的整体预设前提也就不足为怪了。而这种预设又使许多其他理解中国社会的历史理论被视为非法。美国的一些基金会组织并非仅仅垄断学术研究，而且也要求在价值、程序目标和指导者与学生的关系模式方面建立于美国国家与军事需要的基础之上，一小批人往往垄断研究经费，只同意探讨那些在支配性权力范围内的项目。

文章的结论是，一种范式或观念不能仅仅通过思想的力量支配中国研究领域，它必须进入学术市场，但由于它被传播和购买，因此没有绝对自由意义上的学术市场，而只有意识形态的控制。罗伯特·马克斯认为，也并非没有散布于主流支配之外的个体性挑战，只是这种挑战很难在制度意义上对支配性范式构成威胁。

从 20 世纪 50 年代到 80 年代，中国历史学界集中讨论的近代问题，特别是"三大高潮、八大运动"革命史框架的提出，都特别强调西方帝国主义的冲击对中国历史进程的改变作用。当然，另一重要的历史维度即国内阶级矛盾的酝酿和激化所引起的社会变迁，也是与之并行不悖的另一条主线，但这条线索同样是在第一条线索不断刺激下发生的，也就是说仍比较强调外力的作用。所以笔者个人以为，80 年代以前的中国近代史的解释框架与费正清的"冲击—回应"模式有一体两面的效果，即都比较强调西方力量对中国本土社会冲击的决定性质，只不过两种理论的基本出发点有所不同。费正清基于美国的战略思维，强调西方触媒对中国内部社会变革的主导作用，而基本忽视中国内部变化的传统依据何在；中国学者则同时强调外力冲击造成的传统社会结构的瓦解和国内经济利益分配不平等造成阶级冲突这样两条双重线索。这似乎比费氏的解释多了一些复杂性，也显得具有更多的合理性，但革命史的框架仍是围绕与西方相关的重大事件设计问题，而且这些事件的起因与背景大多与西方有关，讨论也以此为核心加以展开，所以其基本模式与"冲击—回应说"有相似的地方。只不过费氏强调西方冲击对中国社会现代化有利的一面，而革命史框架强调帝国主义对中国传统结构破坏性的一面，但两者都没有真正把中国传统自身的特性纳入考察视野，而是基本上把它视为负面的因素加以抨击。

80 年代以来，随着中国改革开放程度的日益深入，围绕革命史框架的纯粹政治维度的解释逐渐为中国现代化进程的历史描述和定位所取代，一些原来被负面评价的历史现象，逐渐拥有了正面性的解释；原来属于外力侵略的一些历史内容，由于现代化国策的调整，其部分措施逐步获得了较为正面的肯定。比如对洋务运动的评价，就从镇压人民的性质转变为基本正面的现代化先驱式运动；又如对义和团运动的评价，也随着对现代化运动评价标准的改变，对其基本的评价也有从反帝运动转向封建愚昧运动的迹象。在这一阶段中，我们看到，对现代化运动进步功能的强调，逐渐削弱了原有革命史对历史发展的政治史的解释，对历史阶段论的认定也开始变得模糊起来。中国国内的历史研究开始更多地关注历史与中国现代化之间逻辑合理性关系的论证，这表现在对社会史、文化史研究取向的变化上。80 年代中期，受到"文化热"流行趋势的影响，文化史、社会史研究出现了勃兴的景象。从表面上观察，这一转向主要是针对以往事件史、政治史所奉行的宏大叙事原则忽视日常生活历史细节而发生的纠偏运动，其中也表现出向地区史靠拢的若干倾向，但细究其意，与美国中国学研究中的"中国中心说"及其相关的地区史走向颇有不同：美国中国学研究中的"地区史"倾向是反思外力冲击的一个结果，强调的是中国传统和社会因素在西方世界控制之外的独特意义和活力性质，特别强调在传统影响下中国社会发展的自身逻辑。而国内的文化史、社会史研究，特别是近代社会、文化史研究，主要还是政治史、事件史解释的一种延续和深化。

如前所论，80 年代对文化的反思基本上是改革开放国策的一个直接结果，而文化史的基本思路仍浓缩了近百年对中国内部变革与西方之关系的基本思路。这个思路早在 20 世纪初就由梁启超提出来了，即认为自外力渗透呈不可遏制的趋向以后，中国社会就呈现出"器物——制度——文化"递次变化的过程，从此以后，知识界对现代化过程往往容易采取简单笼统的认同态度。[①] 于是在对这个过程的评价中，常常仅以现代化程度为参照，逐步形成了对传统的负面评价标准，而没有对现代化的各种理论框架提出反思性的批判，这导致我们的文化史、社会史研究

---

① 20 世纪 60 年代初，一些中国学者仍沿袭着梁启超所提出的中国现代化必须实施三个步骤的观点，如金耀基在《从传统到现代》一书中指出现代化仍需经过：一、器物技能层次的现代化；二、制度层次的现代化；三、思想行为层次的现代化。参见金耀基：《从传统到现代》，131～134 页，北京，中国人民大学出版社，1999。

在纵深层次上，基本上还是为西方现代化的普遍进程提供一个地区性注脚，而远未形成具有本土解释和反思能力的有效性框架。其主要症结在于，国内史学界尚缺乏对现代性问题复杂程度进行深刻认识的理论准备，而仅仅把复杂的现代化进程简单理解为对传统社会结构进行扫荡的必然步骤，从而看不到传统在不断被建构的过程中如何发挥自身的活力。其实早有学者指出："现代化"和"现代性"是两个不同的概念，"现代化"主要是指一种以西方为中心的线性发展模式和扩散的实践过程，主要是指功能制度意义上的建构；而"现代性"主要是指一种对于时间进化的态度。[1] 因此，对现代化作为一种基本国策的论证，和对现代性概念的反省和批判，应是两个不同层面的问题，不能混为一谈，也不能相互取代。而我们过去的历史研究，仅仅在政治史的意义上，即主要从反抗帝国主义侵略的纯粹政治角度来理解现代化的负面含义，或者像现在那样仅仅对现代化的过程简单加以认同，这都不利于对"现代性"问题在中国本土的处境进行合理的解释。当代社会学家吉登斯就认为："现代性"就像一把双刃剑，因此必须尝试创立一种对现代生活双刃性的制度分析法。[2] 笔者想我们历史学界是否也应该想办法寻找到一种对历史现象进行合理解释的双刃分析法呢？

四、中国史学的传统渊源："正统观"与现代意识的悖论关系

中国现代史学的产生和建构，不仅与世界体系权力的扩展和社会运动的勃兴具有密切的关联性，而且从观念史的角度而言，也受到中国传统史学中"正统论"观念的强烈影响。尽管从表面上看，现代史学的诞

① 关于"现代性"问题的典型阐述，参见福柯：《什么是启蒙？》，载汪晖、陈燕谷主编：《文化与公共性》，422～442 页。相关的评论参见汪晖：《现代性答问》，见《死火重温》，3～40 页，北京，人民文学出版社，2000。

② 参见罗兰·罗伯森：《全球化：社会理论和全球文化》，梁光严译，200 页，上海，上海人民出版社，2000。又参见安东尼·吉登斯：《社会的构成——结构化理论大纲》，31～59 页，北京，生活·读书·新知三联书店，1998。

生是从批判史学"正统观"入手以树立自己的崭新形象的，但在叙述史实的过程中，我们会发现它仍不自觉地受到"正统观"思维导向的支配，甚至形成了外观上表现为现代性叙事，内核里却承袭着传统表述这种悖论现象。笔者这里想要说明的主旨不是想重复申述和考证"正统观"的流变，而是撮其方法论的精要者进行评述，以反思当代中国史学的困境。

从观念史变迁的角度而论，"正统论"发源之初始终以"治统"为先，至宋代方形成"道统"与"正统"相合之论。① 从"治统"而言，一般是以纪年书事，承继的是《春秋》笔法，亦有"统纪之学"与"三统改制"的说法，但核心的提法是："条贯兴废，举王制之大纲。"② 这有非常明确的政治目的。早期的"正统观"主要功能是详细论证帝王受命的合理性，如论述汉代承敝易变，据赤帝之符而得天统。大量纬书的造作也是从历史哲学的角度铺陈古帝受命与现帝据统的传承渊源；其中"五德终始说"把帝王更迭置入一个循环系统，后世帝王继位均可从中择取自己需要的思想资源，从而最终形成了封闭的自足体系。这种封闭性尚不止于三代改制与"五德终始"之义，以及空间上昭示的大一统观念，而且以十分深厚的"尚德"传统为内部支撑，完全沿袭了春秋"以德配天"的旧统：五德转运变化、帝王失位得位，大体要看其德性之优劣。饶宗颐氏称《大戴礼记·盛德篇》中析"天法""德法"为二，"德法"依循"天法"而行的"尚德"理论，显然为反对法家专以刑法御民之失，但由此儒家道德观则基本确立了作为正统观核心支柱的地位。帝王易位与时局变迁，都必须参照道德评判的标准而行事，所谓"德合天地"的说法，开始把正统道德观对"治统"的辅佑与诠释作为历史观构架的最根本原则。

我们看到，这一时期的"正统论"是为帝王易位后的局势作预言之用，功能是相当有限的，士人也颇为自觉地自划界限。唐以后之"正统论"则在相当深广的程度上影响了以后历史观的塑造。唐以后的"正统

---

① 参见罗志田：《夷夏之辨与道治之分》，见《学人》第 11 辑，89 页，南京，江苏文艺出版社，1997。

② 陈鸿：《大统纪序》，见饶宗颐：《中国史学上之正统论》，88 页，上海，上海远东出版社，1996。

论"对历史观的影响具体表现为：一是更为突出地标示出"正统"的空间理念。"一统"一词虽始于《史记·李斯列传》及《史记·秦始皇本纪》①，但"正统论"基本功用在于帝王受命更制。所谓"获麟改制""王者受命"之说，大体上是遵循"五德终始"之时间概念的循环演替。换言之，"正统论"基本上是一种预言论，预言的程序即与政制更迭相应。而唐以后的"正统论"已不太津津穷究于"变服易色"之说，而是更关注于优事理乱的实际操作行为。所谓书之"兴帝之理，亡后之乱"才是主线，而空间观念的强调一为汉以后统治区域的南伸，一为夷夏之变局的迭次发生；原有的帝室或偏安一隅，或干脆被取而代之，"五德终始"的预言与史家书法也随之一困于三国两晋的王霸之辩，再困于夷夏变局的起起落落。故有学者说，"正统论"多在夷夏之争最烈时而有所倡言，这是有道理的。② 所谓与"五德终始"相配的"正闰说"在宋以后不被重视的原因，即在于历史事实中的魏晋不能合拍于正统之"循环论"的系列，无法将其妥为安置的结果。饶宗颐已明智地点出，宋人深辟其谬，自皇甫湜与欧阳修使"正统论"转义为"公羊大一统"的空间理念，由此完成了由时间向空间的转移。需要予以申说的是，与之相应，"正统论"开始了从预言向资治功能的转变。

陈鸿曾申明正统之义是"道讽谕，明劝戒"，明确标示出"正统论"的资治特色。司马光在《资治通鉴·论正闰》一文中说得更是明白：他认为正闰之论，自古及今，未有能通其义，确然使人不可移夺者也。因此之故，"正闰之际，非所敢知，但据其功业之实而言之"。有了这番恳切表白之后，司马光毫不隐讳地表述了他的"正统论"具有资治功用的观点：

> 臣今所述，正欲叙国家之兴衰，著生民之休戚，使观者自择其

---

① 参见饶宗颐：《中国史学上之正统论》，3～4 页。

② 如罗志田说："道、治之成为'统'且作为专有名词的出现，却与正统论的发展直接关联，且都是在夷夏关系颇为尴尬之时。"参见《夷夏之辨与道治之分》，载《学人》第 11 辑，89 页。

善恶得失，以为劝戒；非若《春秋》立贬之法，拨乱世反诸正也。①

司马光揭示"正统论"向资治目标的转变，话语之中似乎颇为强调资治与春秋褒贬之法相冲突，其实二者的结合正是宋代以后"正统论"的特色。郑思肖对此即深有所悟，他认为《春秋》之后的史笔是不知大伦所在，不过是纪事的工具。而纪事如果不明正理，造成"是者非，伪者正，后世无以明其得失"的地步，记史就会失去意义。补救的办法是以经断史，所谓"史书尤讼款，经书尤法令；凭史断史，亦流于史；视经断史，庶合于理"。② 郑思肖所言之"理"，当然是合于儒家道德的文化之"理"。至此资治功能就被彻底融入了道德批评的标尺之内，所谓古今天下一理的准星就被归于道德审知的一脉之中了，这是一个历史性的突变。

以上我们只用最简洁的笔法勾勒出了"正统论"演变的大致轮廓。自古以来的正统观念可以抽绎出两层意思：一是以"五德终始"的"循环论"和道德哲学为依据的争正统与言书法的问题，这层包含的是历代"正统论"叙述中的表面解释；二是"正统论"表述和变异中所涉及的处理治统与道统关系的方法论问题。"正统观"在近代中国所发生的变异是与现代民族—国家的逐步确立相关联的，辛亥革命的发生首先从政治形态上率先打破了"正统论"设定的循环论格局，使正统的外在阐释失去了制度性的依附，梁启超的"史学革命论"基本上就是在这一层面上与之相呼应和得到验证的。民族—国家的成立伴随着现代性理念的发生，使政治地理范围内的"一统观"和"夷夏之辨"的种族观念发生转换，在西方理论的冲击下，传统史学的一系列观念必须做出修正。但是从方法论意义而言，"正统观"作为某种现代的"蛮性遗留"，仍残存于当代中国历史学家的头脑之中，举其要者有二：一是暗袭"以经辨史"，记史以载道的传统，即春秋褒贬的笔法；二是正统方法中所包含的"本质主义整体论"原则和由此造成的对起源崇拜的迷思。

---

① 司马光：《资治通鉴·论正闰》，见饶宗颐：《中国史学上之正统论》，111页。

② 参见郑思肖：《古今正统大论》，见饶宗颐：《中国史学上之正统论》，121～124页。

　　载史与载道相贯相联是中国史学的传统已无人否认，当代史家也是时有警醒，但落实到具体的历史研究中就会不自觉地受其支配。我们知道，中国史家述史虽有以纪事为先的传统，但总要求有一道德理念贯穿其间以为支点，这一取向从宋代起就已十分明显。宋儒尤喜言"道统"，按饶宗颐的意见是最终使史统与道统合一。① 也就是说，自宋以后记史已很难有什么客观意义上的记载，而是变为载道的工具了。载道又与传统的观念大有关系，在观念史意义上已是不争的事实，而二者的结合，排他性的功能就大大加强了，凡是不合正统统绪之褒贬标准的历史对象，肯定在被斥之列。这一对史学对象狭隘的认定在近代被梁启超斥为"帝王家谱学"。所以梁氏倡导"史学革命"的首要出发点，就是批评正统史观约束史学研究对象的弊端。② 在《中国历史研究法》中，梁启超曾专辟"说史料"及"史料之搜集与鉴别"两节谈历史研究对象的扩大问题，但是对正统史观中采用道德批评的手段对历史事实的是非进行垄断式评价没有做出彻底的反思。一方面梁启超认为，春秋褒贬术所具有的道德批评的严峻，足以使正义之是非转型为权力支配的同义语，所谓"天下岂有正义哉，惟权力是视而已"③，以至于历史有可能单调到只剩下一本帝王家谱。对传统史识剪刀的杀伤力，梁启超显然是深有所感，如他评点《资治通鉴》："其著书本意，专以供帝王之读，故凡帝王应有之史的智识无不备，非彼所需，则从摈阙。"④ 另一方面，由于没有从历史哲学的角度反省清楚或摒弃《春秋》褒贬观的道德批评的内在意义，所以梁启超在扩大了史学研究的对象范围之后，在评判史实时，实质采取的仍是褒贬历史善恶的旧有律法，只不过褒贬的对象由个体扩展到了群体。如在《论书法》一文中，梁启超批评史家记载常常"褒贬一二人，是专科功罪于此一二人，而为众人卸其责任也"。结果只能是："上之启枭雄私天下之心，下之堕齐民尊人格之念。非史家所宜出也。"可是紧接着梁氏又指出：

---

① 参见饶宗颐：《中国史学上之正统论》，59 页。
② 参见梁启超：《中国历史研究法》，见《梁启超史学论著四种》，109 页。
③ 梁启超：《新史学·论书法》，见《梁启超史学论著四种》，269 页。
④ 梁启超：《中国历史研究法》，见《梁启超史学论著四种》，107 页。

> 吾以为一民族之进化堕落，其原因决不在一二人。以为可褒则
> 宜俱褒，以为可贬则宜俱贬。①

中国史家的病症不在于道德批评方法的本身，并非"书法褒贬之必
可厌"，而是治史对象的狭隘与审视角度的偏颇。只要从个人扩大至群体
而有益于群治，问题就能获得较完满的解决。换言之，善恶之判断与史
学方法的价值无涉，而只与历史演进采取的形式有关，只要解决了群治
与因果进化问题，褒贬之术仍无妨于治史。他论断说：

> 中国史家，只知有一私人之善焉、恶焉、功焉、罪焉，而不知有一
> 团体之善焉、恶焉、功焉、罪焉。以此牖民，此群治所以终不进也。②

那么，梁启超欣赏的是哪一种史著呢？他自己有一段自述可以参考：

> 吾以为书法者，当如吉朋之《罗马史》，以伟大高尚之理想，褒
> 贬一民族全体之性质，若者为优，若者为劣，某时代以何原因而获
> 强盛，某时代以何原因而致衰亡……而必不可专奖励一姓之家奴走
> 狗，与夫一二矫情畸行，陷后人于狭隘偏枯的道德之域，而无复发
> 扬蹈厉之气。③

很显然，看待历史的框架虽然变了，成为进化论的一种图说，然而，基
于传统道德评判的色彩仍很浓烈。

梁氏之后，以"群治"为线索的进化史观蔚然成风，不过在标榜现
代意识的外表下，争正统与言书法的问题意识仍在史界居支配地位，现
代史家总是要为历史的进程寻找到一种道德正义的支撑点，然后以此为
秤星，大行针砭之义。比如把"群治"取代个人行事的历史进程，贴上
"大众历史"和"现代化论"的时髦标签，书法规矩推崇的却是善恶分明
的两极对峙，其黑白之相互印证参照，已足可以借用相当单调的对应概
念加以评说，如反动/进步、卖国/爱国、传统/现代等范畴已经变成了无

---

① 梁启超：《新史学·论书法》，见《梁启超史学论著四种》，268 页。
② 梁启超：《新史学·论书法》，见《梁启超史学论著四种》，268 页。
③ 梁启超：《新史学·论书法》，见《梁启超史学论著四种》，270 页。

需论证，而可以随意作为研究前提使用的万能概念，其中自然包含着强烈的优位与劣势的意识形态区别。

从表面的思想方法而论，梁启超述史在形式上采取的是一种相当西方化的史学叙述策略，如注重因果分析和社会进化的程式，所以在近代他又被誉为"中国史学革命之父"。可是如果细读他的著作，我们不难发现，其论点仍始终贯穿着一条"历史本质主义"或"文化本质主义"方法论的主线。据学者考证，"本质主义"是从西方科学方法中引申而来。"本质主义"者认为，个体事物除了具有偶然性质（accidenld properties）之外，也含有本质（essence）或本质性质。前者对于某物之存在是可有可无的，或可理解为某物的外在性质（extrinsic properties）；后者则为某物之所以为某物的外在性质，是它本所固有的。在这一意念支配下，一些历史学家和哲学家把这种科学鉴别物理对象的方法沿用到历史文化领域内，则可称之为"历史本质主义"或"文化本质主义"。"历史本质主义"的一个重要特点，是企图在历史中找寻出某种规律，在文化中淘炼出本质，因为比拟于物性与人性，文化也应有本质意义上的文化精神，历史亦有本质意义上的时代灵魂，只有揭示出这些本质内容的存在，才能说明历史、文化发展的合理性。[1]

"历史本质主义"与"文化本质主义"的兴盛，是与西方现代主义和现代化进程的展开相协调的。自笛卡尔以来的现代主义思潮，使历史在现代性的包装下被置换成一种共时逻辑，此逻辑的一个根本性的理论预设是，一个时代是一个自我包含的统一体，或是一个保持一贯性的整体，今天的西方世界成为 17、18 世纪启蒙思想、理性或资本主义的展开形式，现世的所有原则和思想都已在启蒙理性的基调下锁定了自己的位置，大体上没有什么回旋余地。此后只有量的变化而没有质的突变；只有变形而没有变异；只有延续而没有断裂，一切变化只是同一模式的重复。[2]

与现代主义着意描摹一个时代的封闭自足性相比，中国的正统史观

---

① 参见冯耀明：《儒家传统与本质主义》（"近代中国历史的社会学阐释"讨论会论文），1～2 页。

② 参见苏力：《后现代思潮与中国法学与法制》，见《法治及其本土资源》，273 页，北京，中国政法大学出版社，1997。

更强调文化历史起源之初的道德合理性和不可更易性。只是它所界定的
时代比西方的启蒙时代要漫长得多，长达数千年之久，几乎可以称之为
历史的全时代化。就思想方法的形式而言，两者都强调体系自我完善的
自足性，只不过西方近世强调的是"理性自足论"，而中国正统史观崇尚
的始终是"道德自足论"。①

　　梁启超的新史观在表面上全盘接受了西方唯理主义的基本知识前提，
强调社会的进化和演进是一种理性行为，尤其是在"历史本质主义"的
引导下，梁启超特别指出，历史的目的是寻求人群进化的公理公例。历
史中包含着相当久远的主观精神实体，"有客观而无主观，则其史有魄无
魂，谓之非史焉可也"②。比照广义的本质主义要素，我们不得不把梁启
超作为西方理性主义启蒙的忠实信徒。可是如果我们再仔细分析梁氏的
新史观，就会隐隐感觉到其中传统的正统观所发生的支配作用。人们惊
讶地发现，梁启超在理性主义的宏大叙事中并没有放弃《春秋》褒贬的
传承笔法，只不过采取的变通形式是，把褒贬的对象加以修正，褒贬的
范围有所扩大而已。③ 所以从根本而言，梁启超运用的主要并不是西方

---

　　①　刘小枫曾指出：近代西方虽然据有形而上学的理性历史道义论观察世界，
但总有一些基督教神学思想家以基督教超历史的道义论不断对之予以解构与修正。
在中古时期，经院哲学就确认仅凭道德努力不能改正理智错误，纠正的方法只能在
意志中开始科学思维，而科学思维恰恰对于抑制人的意义的论说和道德行为的潜安
具有重要意义。（参见刘小枫：《洛维特论近代历史哲学的起源》，见《个体信仰与文
化理论》，256～266 页，成都，四川人民出版社，1997。）所以西方历史哲学虽有从
"神义论"向"人义论"的转型，但就道德批评而言，中西方道德哲学在历史中的作
用不可同日而语。

　　②　梁启超：《新史学·史学之界说》，见《梁启超史学论著四种》，250 页。

　　③　梁启超的这一取向与西方启蒙思想家有很大不同，西方哲学家从孟德斯鸠
到伏尔泰都认为：就人类现今达到的发展阶段而言，道德领域缺乏物理世界的那种
秩序。因为虽然道德领域有确定的、不可移易的法则，但道德领域之遵从这些法则
不及物理自然之遵从它的规律来得始终一贯。其理由在于，具有悟性的个人是有限
的，因而是会犯错误的，并且还是按他们自己的观点和意志行动的。因此，他们并
不永远服从他们为自己订立的基本法则或准则。因此真正的进步与人性本身无关，
而仅仅涉及人性之客观的经验的表现。但使理性得以在经验中显现，并能为自身所
理解，这样一种进步便是历史的基本意义。参见卡西勒：《启蒙哲学》，208～214 页，
济南，山东人民出版社，1988。

意义上的启蒙理性，而仍是道德批评的传统原则，对此我们可以举例加以说明。

不少学者已经注意到，梁启超比较推崇英雄史观，重视所谓"首出的人格"，并特别强调"心力"的作用。他相信一人或数人之个性，渐次侵入全社会后就会变易其形与质。例如两千年来之中国，最少可谓为有一部分属于孔子个性之集团化。而战国之政治界，可谓为商鞅个性之时代化；晚明之思想界，可谓为王守仁个性之时代化也。① 换句话说，"首出人格"缔造时代精神的脉象与主流，这论断颇有普遍意义上的"文化本质主义"的味道，然而在评价袁世凯的历史作用时，又显然是以"春秋笔法"为据：

> 又如袁世凯，倘使其性格稍正直或稍庸懦，则十年来之民国局面或全异于今日，亦未可知，故袁世凯之特性，关系于其个人运命者犹小，关系于中国人运命者甚大也。史家研究此类心理，最要者为研究其吸射力之根源。其在圣贤豪杰，则观其德量之最大感化性，或其情热之最大摩荡性。其在元凶巨猾，则观其权术之最大控弄性，或观其魔恶之最大诱染性。②

对英雄与奸雄的褒贬态度在这段分析中可谓表露无余。所以我们实在可以说，在"现代性"理念这张表皮下，道德评判的激情仍然澎湃于梁启超的革命意识之内，即使给他戴上"历史本质主义"的大帽子，其尺寸也是颇不符合于启蒙理性的那一类规定，而会被归入道德自足的东方队列。梁启超的这种"形左实右"的治史策略影响之大是自不待言的，我们至今仍有许多史学家即是在西方进步史观的大帽子底下，开着道德批评的小差。

总结而论，梁启超倡导的新史学中始终存在着表皮（西方理性）与内核（道德评判）之间的紧张关系。这种紧张关系产生的外在大背景显然源于中西方在近代的交锋结果。但就道德评判一端而言，梁启超采取的仍是儒学的"正统观"立场，即始终认定道德的警醒已自觉深藏于人

---

① 参见梁启超：《中国历史研究法》，见《梁启超史学论著四种》，224 页。
② 梁启超：《中国历史研究法》，见《梁启超史学论著四种》，230 页。

性的内部结构之中，并在历史的起源与流程中不断起着决定性的影响。这种对道德力量的尊崇与西方的理性精神根本就是貌合神离的。就影响的范围而言，中国历史上的"正统观"不仅在治统与道统的互动关系上深具影响，而且在"整体论"与"复原论"两个层面上也颇具垄断的能力。下面拟分两节述之。

五、起源神话的迷思：现代意识的陷阱

与中国历史上的正统观念有关，古代中国和西方不同，没有人群以契约组成社会的理念，历代的史学基本上都相信历史是远古圣人用其道德理性进行人为设计的结果，设计的内容概而言之可以包括礼仪法规的制度安排和道德精神的心理设计两个主要部分。前者后来演化为治道理论和实践中的人伦秩序；后者在近代被新儒家锻造为中华民族的"时代精神"。新儒家的来源与分化固然复杂，但是有一点却是共通的，那就是都奉持由心性之学规定的心理主义策略。他们基本上一致认为，儒学所持守的理念是一种道的承诺，具体主要表现为思想形态，而或多或少有意忽略这种思想建构过程中所凭借的制度资源。我们阅读新儒家的著作似乎总有一种感觉，除个别人如牟宗三先生之外，他们讲究的完全是一种思想流变而不谈制度设计。[①]

从中国历史上观察，每逢世道衰变之际，儒学的两大资源就会被交替使用，一是今文经学中的"公羊论"政治历史哲学；二是王学禅宗中的"心性革命论"。比如第一种资源在清初与清末分别表现为"常州学派"的"公羊说"与康有为的"三世进化论"，以为政治鼎革的工具；王学的复兴则体现于明末的个性原则的抒发与新儒家对道统的坚守上。[②]

站在近代中国史学的基点上立论，康有为的"公羊论"一直为当代

---

① 参见蒋庆：《再论政治儒学》，见刘军宁等编：《经济民主与经济自由》，306～368页，北京，生活·读书·新知三联书店，1997。

② 关于公羊学复兴的研究，可以参阅 Benjamin A. Elman, *Classicism, Politics, and Kinship：The Ch'ang-chou School of New Text Confucianismin Late Imperial China*, University of California Press, 1990.

史家所称道，其所否定者恰恰是其进化论色彩的不彻底，即循环论的倾向，但是"公羊论"在制度设计上体现出的革命性原则实际上一直为当代历史学家所暗暗认同。举其要者大致有二：一是"公羊三世说"的构成形式可以被改造，使之与现代线性的进化观念相吻合；二是其递进式的阶段论划分可以与当代预言式的"五阶段论"的宏大叙事合拍，制造出与现代化普遍尺度相适应的本土依据。"公羊叙事"的最明显特点乃是出于以下观念：任何阶段的进展都源于起始的制度设计，也就是说远古圣人对制度和社会演进的幅度和变化都可以做出预言和安排，以后每个阶段的实现只不过是这种圣言预测的结果罢了。比如梁启超引述康有为时就认为："有为谓孔子之改制，上掩百世，下掩百世，故尊之为教主。"[1] 其意是说三世所论尽在孔子手掌规测之中，所谓"百世"的时间概念，乃是为了说明孔子之教源起的准确性而设定的。

当代中国史家特别是近代史学者虽以康有为为研究对象，但却不自觉地移情于公羊之思，引康氏热衷的"人为设计论"为同调。下面试举一个理论个案略加评析。对义和团运动的研究已经进行了多年，得出的结论却是五花八门，矛盾百出，现在仍呈现出莫衷一是的局面。这种局面的产生首先可归因于对一种"历史起源论"的迷思。一般论者在研究之前大多已对义和团的发展性质作了预设和假定，这类假定包括：第一，义和团是沿袭数千年的农民起义传统的一个组成部分；第二，义和团运动是一种历史进步时段中的一个环节。如果细分之，这两个设定中又有两层意思：第一，义和团运动只不过是一种早已存在的起源形态的表现而已；第二，它的本质已经被预先规定好了。任何具体研究必须为说明这种本质的合理性做出论证，除此之外，其他的说明都是不合理甚至不合法的。比如我国史家总是下意识地反复寻找和认定义和团与白莲教的渊源关系，甚至到了十分牵强的地步，其背后的理论预设无非是因为白莲教已经被定性为农民起义，如果不把义和团与白莲教扯上关系，就不足以证明农民革命具有毋庸置疑的历史连续性。这项对历史性质的自我圈定实际上等于说，义和团运动只能反映出某种设定本质的表现，而不

---

① 梁启超：《清代学术概论》，见《梁启超史学论著四种》，79 页。

能根据具体的历史情景再额外得出什么例外的结论。从表面上看，这是前述具有普遍意义的本质主义思维定式的一个案例，可是从本土语境中观察，我们毋宁说义和团运动研究个案是传统起源迷思的变相反应。① 前述"公羊叙事"的一个特点就是主张历史阶段的任何演进，均不是自发秩序的形成过程，而是早期人为设计的不同体现，甚至每一时段的本质特征的规定都是圣人的手笔，已不用后人操心，历史研究的目的在于昭显这种本质而不是为了解释不定历史情境的变动。② 义和团运动研究在这种起源迷思上与"公羊叙事"实属异曲而同工。

　　与"公羊叙事""非言心言性，乃在古人创法立制之精意"③ 的取向有所区别，王学兴盛于明末与清末，均时逢制度衰颓，给个性张扬留有缝隙之际。心学一脉顺延至当代新儒家，已在历史观的建构上赢得一席之地。新儒家大多不讲"创法立制"，而只讲心性发抒，表面上虽避开了"公羊论"设下的起源圈套，可儒家坚持的所谓"道统"，仍有起源之初即已由圣人决断的意思在里面。当代新儒家特别讲究对"时代精神""民族精神"的倡导，梁漱溟甚至将其条析成东西方精神演化的三种模式予以比较。其意都是在于说明，中国历史中存在着制度范围外的独立精神系统，这种精神系统同样是由圣人设计确定的，传统即使面临挑战，传承脉系的源起信念也能保持延续。一些研究者强调，儒学心性一派认为，从起源上讲，心的道德本能（moral faculty）常常重于心的理知本能（intellectual faculty）。④ 换句话说，后来发展出来的各种时代精神都应该在道德评价上追求某种共识，对时代精神状况乃至历史事实的体认也

---

　　①　参见周锡瑞：《义和团运动的起源·结语：打破起源偶像》，张俊义等译，南京，江苏人民出版社，1994。最近柯文在评述自己关于义和团研究的新著时也发表了类似的看法。参见柯文：《从人类学观点看义和团》，载《二十一世纪》（香港）1998年2月号。

　　②　关于"自发秩序"与"人为设计秩序"的区别，哈耶克曾经有精深的分析。参见哈耶克：《自由秩序原理》，邓正来译，北京，生活·读书·新知三联书店，1997。

　　③　梁启超：《清代学术概论》，见《梁启超史学论著四种》，79页。

　　④　参见林毓生：《五四时代的激烈反传统思想与中国自由主义的前途》，见《中国传统的创造性转化》，168页，北京，生活·读书·新知三联书店，1988。

应在道德本能的根源上寻找依据。我觉得这种传统对中国历史观的影响尤为巨大和深远，表现在当代历史解释的方法中似乎仍是如此。我们仍可举义和团研究为例。前面已谈到，义和团运动在整体上被当作近代中国历史宏大叙事的一个组成部分而存在，对其起源与本质的追索已经成了历史研究的本能。我们注意到，对义和团的评价还为另一种起源迷思所支配，即对"义和团精神"的追溯。这类追溯的目的有时仅仅是寻求与某种宏大叙事脉络中所要求的时代精神进行认同，其结果是对义和团运动的评价有可能在瞬间从一个极端（如正面评价）被推向另一个极端（如负面评价）。当宏大叙事中"帝国主义侵略论"占主导地位时，对义和团本质的判定必趋于民族主义一极，与此判定相配套，以时代精神为名所发出的道德评语肯定以"进步的"为终审结论；当宏大叙事中的主调奏出"现代化"的主旋律时，以"时代精神"之秤衡之，对义和团定性之事必转而趋向于"反动""落后""保守"一极。进步与反动作为脱胎于进化史观的理念，其评点历史的秤星最终还得由道德本能中的好坏范畴来加以识别。其他一些诸如"洋务运动是进步还是反动"之类的无聊争论，也无不显示出中国现当代史学观念的幼稚。

谈到对历史起源的迷思，我们不得不对章学诚的治史观念略加申点评。因为在近代史家如梁启超的眼里，章学诚似乎是寥寥几个溢出正统史论的先识者之一。章氏的"六经皆史论"更几无异议地被认为是使六经走下神坛的"史学革命论"。章学诚在《文史通义》中开篇即断言：

> 六经皆史也。古人不著书，古人未尝离事而言理，六经皆先王之政典也。……盖圣人首出御世，作新视听，神道设教，以弥纶乎礼乐刑政之所不及者，一本天理之自然；非如后世托之诡异妖祥，谶纬术数，以愚天下也。①

按章氏之意，神道设教的功用乃是为厚民生利民用者提供天道的依据，是历史发生过程的一部分，而不是孤立的神秘宫廷预言。六经也不是预言卜筮之书，而是刑政典章的范本，即所谓"六经，皆先王得位行

---

① 章学诚：《文史通义》卷一《内篇一·易教上》。

道，经纬世宙之迹，而非任乎空言"①。"六经皆史"之说的意义，在于使六经脱出大预言的框架，而定位于资治的功能系统之中，这样的转变自然对后世的治史路径与方法影响深远。影响大体而言体现于两个方面：

第一，六经被归入历史范围后，虽然在预测功能方面降低了地位，可是在史学内部的位置却非一般历史对象可比；六经虽被作为历史来处理，但六经由圣人制法的政治设计原则同样被带进了史学领域，从而起着支配的作用。最明显的表现是，六经所规定的一套原始性的行事原则会始终被贯穿于治史者的头脑中，而且其支配性还可防止史学对象分化，从而越出六经政治设计的框架；自章学诚之后，中国历史全面转变成了一部"资治史"，文化、经济、社会的许多内容基本被摒弃在"资治"所需的视野之外，对政治的狭义性理解和史学对政治的功利性依附，在当代的史学研究中仍屡见不鲜。

第二，六经中所包含的道德前提成为治史者评判历史价值的主要标准。六经作为事功之书被纳入历史考察的范围之后，它自身并非只是一种被动的历史材料，而是历史演进大规则的预定者，特别是其中的道德褒贬之术，始终与社会历史的演化轨迹相谐相应。现代历史研究中以进步和反动界分考察对象的背后所流行的褒贬方式均与这种传统有关。从某种意义上说，"六经皆史论"从表面上看是逐六经于公羊学序列之外，成为普通历史研究的对象，实则六经入史之后仍在起源的意义上对史家暗行着政治与道德设计的控制作用。

六、"复原论"的魔影：实证主义的误区

中国历史研究中承继乾嘉精神的考据学派一直被各个时代的学人推崇有加，近时又成了国学与学术史复兴的支柱性领域。就史学观的正统脉络而言，乾嘉学派无疑是后起的一支。而且就其表面学风由空返实，崇尚求真实验而言，乾嘉学派似乎与传统的正统观迥然有别，然而如果细究其研究对象，却仍不脱经学范畴。故余英时解释清初学风是把乾嘉

① 章学诚：《文史通义》卷一《内篇一·易教上》。

学派置于"道问学"与"尊德性"的汉宋递变的脉络中予以追踪的,其意是说乾嘉考据表面上似纯究历史的真实,不具宏观历史论的气象,不免为后人讥为雕虫之技,但就整体而观,仍属经学正统观中的旁支。①

关于乾嘉学派,史学界通常有一个误解,似乎乾嘉学派采取的"道问学"的治学取向,因为有别于以往心性儒学中对"尊德性"一脉的强调,或标榜对王学空疏的反动,所以颇符合于所谓"价值不涉"(value-freedom)的原则,"以复古为解放"的命题甚至似乎可以完全等同于 16 世纪以来兴起的模仿自然科学方法的人文实证主义思潮,现代学者也热衷于在这个意义上继承乾嘉注重经验研究的一面。实际上,乾嘉学术的经验式研究与西方实证主义的一个重大区别在于,它隐含着一个不变的知识论前提:经典中所蕴藏的知识信息在源起的状态下已经具有了自足的性质,其合理性是不容置疑的,之所以后来出现偏离是经书篡伪与王学传统主观歪曲的结果。经验研究的目的不是证明某种历史的客观存在的意义,而是证明经书微言大义的初始的自足合理性,所谓"识字"并非摈除义理的辨析而是作为阐明义理的基础。钱大昕已经对此说得很明白:

> 有文字而后有诂训,有诂训而后有义理。训诂者,义理之所由出,非别有义理出乎训诂之外者也。②

复古的意味还是以寻究义理的真实为指归。

按梁启超的意见,乾嘉知识革命的后果是:

> 盖自兹以往,而一切经文,皆可以成为研究之问题矣。再进一步,而一切经义,皆可以成为研究之问题矣。③

可是这种对经义的怀疑其实并不彻底,而只是对宋明理学经典解释的怀疑,故梁启超在讨论胡渭《易图明辨》时说:

---

① 参见余英时:《清代思想史的一个新解释》,见《历史与思想》,121～156页,台北,联经出版公司,1977。

② 钱大昕:《潜研堂文集》卷二十四。

③ 梁启超:《清代学术概论》,见《梁启超史学论著四种》,31 页。

　　　　自此，学者乃知宋学自宋学，孔学自孔学，离之双美，合之两
　　伤（此胡氏自序中语）。自此，学者乃知欲求孔子所谓真理，舍宋人
　　所用方法外，尚别有其途。①

其意是说，乾嘉以复古为解放是在理学庭院里造反，而不是大闹原始孔
学的金銮殿，更不用说对原始经义中的知识论方法提出批判与反思了。

　　正是因为乾嘉学术的根本宗旨是复原古典经书中的微言旨趣的真貌，
而从未询问经典对社会建构设计是否合理和值得怀疑等问题，所以这类
经验研究不妨说是中国历史解释传统中起源神话的又一坚强的佐证者，
它和公羊叙事中对历史的价值判定的本质主义路径并非异途，它所批评
的仅仅是理学对经典的偏离，而采取的并非价值不涉的客观中立立场。
乾嘉学术对史料处理的原则是，任何历史复原的行为都是对经典价值正
确意义的认同，这对中国当代史学构设历史问题的方式影响极大。前述
对义和团评价的纷纭争论中，所寻求的史料不是为了佐证义和团运动是
农民起义的变种，就是为了验证义和团是传统迷信组织的翻版。一切经
验研究都是在证明一个设计好了的结论，在这方面中国史学就像是一部
缺乏悬念的小说。

　　再有一个绝好的例子是，中国史学家对"中国是否存在资本主义萌
芽"和"封建社会为什么延续如此之长"这类问题始终不渝地保持迷恋，
所有皓首穷经式的考据、锲而不舍的论证，实际上都是在企图说明一个
初始可能就并不存在的神话的自足合理性，以至于有人形容这种研究仅
仅是一种情结在起作用。②

　　因为热衷于此课题的学者在开始进行研究时，根本没有人去询问
"资本主义萌芽"到底是什么，或者封建社会的中西形态有何不同等这类

---

　　① 　梁启超：《清代学术概论》，见《梁启超史学论著四种》，31 页。
　　② 　比如李伯重在《"资本主义萌芽情结"》一文（载《读书》1996 年第 8 期，
65 页）中描述这一现象时说："直到今天，我们甚至连'资本主义萌芽到底是什么'
还未完全弄清。没有首先弄清这一关键概念，自然也就无法正确地判断中国历史上
究竟有无资本主义萌芽。在此情况下，'中国历史上确实有过资本主义萌芽'这一命
题，也只能说是一种尚待证实的假设。以假设作为基础的信念，当然也就只能是一
种主观愿望，或一种情结。"

本应首先加以严格界定的问题，而是一股脑地扎进浩瀚无际的史料堆中遨游起来，直接到处寻找中国存在"资本主义萌芽"或者"封建社会不断延长"的证据。在有些学者的眼里，"资本主义"和"封建社会"已经作为一种既定的起源假设而存在，根本就不需要对这类存在进行论证和质疑，就像乾嘉考据中根本无须质疑原始经典文本的可靠性一样。因此在研究中需要质疑的只是对这一命题论证的程度（如出现时间的先后、地区分布的广窄、影响社会的程度等）之类的问题，而这类问题正是在绝对无条件承认起源假设成立的基础上予以展开的。对此类问题的批评，正如乾嘉学术对理学的反省一样，丝毫不打算质疑和考察起源文本的真实性。我们由此可以看出，对"资本主义萌芽"等问题所铺陈的大量考证性工作，在一些细部研究结论上可能会有所创获，但是就问题意识的更新而言，这些工作往往只是在对研究前提不加批判性审视的史学传统上又增添了一个实例。中国的现代历史考据学就经常这样无意识地重复着古老的正统基调。

　　按照一些当代历史学家的看法，人们天真地以为，这些命题的解释都是先验地（a priori）认定所发现的历史对象定会切合历史事实本身的精髓本质。① 由此可以抓住某些规律性的东西，其实这是根本无法验证的。波普在批评此取向时说过，历史只能积累起某些假设，并把它们连贯起来，而不可能积累起普遍性的规律。因为所谓历史资料仅仅是记载那些被认为足够有兴趣的事实，以至于这种资料一般说来只包括符合一种预先设想的理论的事实。② 对波普的话我们不妨稍加注释，其意是说，各种连贯起来的假设是没有本原性的规律可循的，它的意义仅定位于特定理论的需要。在波普看来，权威性的解释往往是循环论的，因为它们寻找到的往往是有利于普遍解释的证据，这些证据必须符合当初选取这

---

　　① 参见亨利-伊雷内·马鲁：《历史如同知识》，见金重远编：《现代西方史学流派文选》，69 页，上海，上海人民出版社，1982。

　　② 参见卡尔·波普：《历史有意义吗?》，见金重远编：《现代西方史学流派文选》，153 页。

些事实时所采取的那种解释，摆脱的方法只能是跳出这种权威的范围。①因此，不可能有一部真正如实表现过去的历史，只能有各种历史的解释，而且没有一种解释是绝对可靠的最后意义。这个说法实际上已暗含了对那些用考证性的史料去不断验证不存在的起源性神话解释的批判意见。对中国当代考据学的进路同样不乏反思作用。

乾嘉学术的命运提供的启示在于，对于历史对象的经验性追踪，是不可能完全建立在纯客观的复原主义基础之上的。乾嘉学者的实践本身即证明，历史学在相当大的意义上是对过去积存之历史经验的经验性研究，这类历史经验并不具备本原、本质方面的意义，比如我们并不能把"资本主义萌芽何时在中国出现"之类的命题作为本原性历史经验加以不证自明式的公理认同，然后用大量史料去强化这个认同。R. G. 科林伍德在《历史的观念》中提出"历史如同过去的经验的再现"（history as reenactment of past experience），在这里"experience"的意思应该包括历史学家对历史知识反省式的理解，再现历史虽然只能是对历史经验的再现，②但并非意味着可以不反思过往历史经验的认知前提。所以历史学的进步，一方面取决于再现历史经验而不是重复历史事实的能力，另一方面更决定于其反省这些经验前提的能力。

七、克服"正统观"束缚的可能性：一种推测

以上我们重点梳理出了中国正统观念支配下的历史观最重要的几种研究方法，并作了批评性的论辩。本节需要阐明的是，既然危机已经存在并得到了揭示，那么在未来的历史研究中，我们应当采取什么样的策略来跳出正统史观的窠臼，为历史知识的批判性增值辟出新境。就基本的策略取向而言，笔者以为以下几种方法可以作为我们进行史学更新的起点和基础。

---

① 参见卡尔·波普：《历史有意义吗?》，见金重远编：《现代西方史学流派文选》，153 页。

② 参见亨利-伊雷内·马鲁：《历史如同知识》，见金重远编：《现代西方史学流派文选》，81 页。

(一) 福柯的"场景隔离术"

众所周知，福柯的反叛性已经成为一个象征，尤其是其反叛的出发点即在于对以往历史整体性思辨方式的全面颠覆。一些社会学家如迪尔凯姆、帕森斯已经意识到，从历史演变的结构观察，社会统治的区域往往制约着统治的形式，一旦超出了某种单位的限制，统治的形式功能就会发生变化，这是一种分化的结果。① 这种区域分化决定着政治、社会结构、法律诸方面的变迁。与此同时，社会的日益分化亦说明任何理性的认知框架已越来越无法在整体上把握其变迁的态势与规律，也昭示着本原性的历史存在越来越疏远于现实或无力对现实状态进行遥控。所以福柯颠覆历史整体论的目的，实际上即是对各种历史起源迷思发出质疑的声音，他想通过系谱学和知识考古学的方法对历史场景进行隔离来重构历史进程的发生序列。福柯指出，系谱学的目的不是为了追踪事件演进的渐进曲线，而是要将不同场景中扮演不同角色的事件所在的场景隔离开来。福柯的"场景隔离术"表明，历史将在一种新的间隔与断裂中被认知，这种间隔与断裂最终会全面否弃对历史起源神话与历史过程本质的迷恋，进而打碎整体观的认知牢笼。相对于"场景隔离术"的认知方法，以往历史研究的弱点其实不在于史料不全或无法复原，而是因为在目的论的单线框架下，历史认知变成了一把恼人的思辨剪刀。在这把剪刀的挥舞中，为了强调其本质特征、最终含义或它们初始的和最终的价值，许多史实被故意简约掉了，如果不从这巨大的形而上剪刀阴影下解放出来，再细致的考据与史料整理都是徒劳无功的。②

因此，福柯幽默地认为，历史学家不应该是哲学家，而是医生，具备生理审视的目光。在福柯那里，历史审美过程还是一种揭露善之虚伪与恶之美艳的颠倒行为，对监狱、精神病人、医院功能的解剖，使历史

---

① 参见 Emile Durlkheim, *The Division of Labor in Society*, trans. by W. D. Halls, Free Press, 1984. 以及 T. Parsons, *The Evolution of Societies*, Prentice-Hall, Inc, 1977.

② 参见 Michel Foucault, *Nietzsche*, *Genealogy*, *History*, *The Foucaalt Reader*, Pantheon House, 1984.

成为毒药和解毒的鉴别性（differentied）知识，① 其毒药性知识的疗效在于唤醒了沉睡状态中的起源迷思与解构了整体性史观的虚幻与残酷。

福柯提醒我们，某些个人或自我的真实可以不在历史规定的理性中占据自己的位置，如同性恋、性倒错等，那么对一些以往被排斥的历史现象的认知，同样可以不在"正统观"的道德审视之中予以评判。当我们把福柯的忧虑移置于中国历史研究的情境中时，我们发现这位反叛大师的震撼力同样是巨大的。"场景隔离术"对起源迷思与整体论的解毒效果更是明显。我们总是习以为常地把中华帝国当作一种整体结构来加以观察，正统论史观作为支配工具早已成为无意识的认知反应，历史的分裂与统一、循环与再现等已经构成了一组组相当自足化的历史解释体系，但是中华帝国在空间上的辽阔性及其所表现出的差异感，又在时时印证着正统史观的不合理。

具有地方性特征的习惯法、社区宗族构成的差异性、儒学与乡土意识的多变结合，都标志着传统以一种非整体性的形态呈现着。地方性知识有可能塑造出以"正统观"为依据的官史所有意舍弃的东西，各种地方仪式与基层民众日常处理问题的意识显然不能用统一的模式加以认知。"场景隔离术"同样不认可存在一个可以作为起源状态支配历史进展的所谓"时代精神"和经典文本构成的思想殖民暴力，而是解构着历史经验人为组成的历史合理性。具体到中国历史研究中，"场景隔离术"不会让"中国封建社会为什么这样长"之类的假问题进入自己的观察视野，因为它不能容忍"封建社会"作为一种支配历史进程达数千年之久的本质性假设理念，在没有经过检验之前就开始轻易消耗掉研究者的青春和生命。

当然，福柯的"场景隔离术"对空间差异性的关注，并不完全反映在地理边界的界定上，而可能是各种权力分配形式的表现结果，尤其是现代性作为强迫性力量与地方传统之间构成张力之后，无论是旧有的正统观支配下的大一统空间理念，还是区域性的多重小空间，都有可能纳入到一种新的诠释系统中去重新加以组合。新历史观的诞生也许即以此为契机，探究的不是整体认同而是差异比较、不是正统而是异端、不是

---

① 参见 Michel Foucault, *Nietzsche, Genealogy, History, The Foucaalt Reader*, Pantheon House, 1984.

道德判断而是权力解析。

(二) 生活史与社区研究

如果说福柯的"场景隔离术"在思辨的层面上对中国正统史观中的起源迷思有所冲击的话,那么自 20 世纪 30 年代以来费孝通先生等倡导的社区生活史分析方法,则直接对整体论的史学方法论进行了无情的解构。社区生活史研究强调对某个社区的内部结构进行个案研究式的分析,这种研究取向受美国人文区位学(Human Ecology)的深刻影响,突出对地域单位(territerial units)的把握。评述人文区位学的优劣显然不是本书的任务,这里关注的是,由于区位研究法所倡导的社区史分析蕴含着摆脱整体论认知的可能性,所以足以为中国历史观超越正统论之束缚提供摹本与参照。①

历史学向人文区位学借鉴方法的可能性大致体现于以下三方面:

第一,人文区位学强调的是所谓"生活研究法"(life's study method)②,主张研究者直接参与田野工作(field work)的考察,所以其研究结果常在异于单线进化论的宏大文本叙事中被视为理所当然而接受的一些结论。这些结论似乎不证自明地同意,现代化的过程和目的就一定是靠其威势取缔固有的社区传统并使之趋于消失,而是证明传统在地区中的活力和作用,这种历史遗留不应是以现代化为标尺的剪裁功能所荡涤和杀伤的对象,而是具有创造性的因素。③

第二,"生活研究法"对中国史学"正统观"最重要的解构功能是促成了对历史"复原论"的摒弃。"社区生活史"强调历史场景必须与基层生活的实际场景相参照,文本必须经由文化实践的检验。它对历史与现实生活解释的结合点并不依赖于已经设定的宏大理性框架,而是地方性

---

① 参见庆堑:《介绍地位学方法》,载《社会研究》第 2 期(1934 年 9 月 13 日)。

② 参见林耀华:《柯莱论生活研究法与农村社会研究》,载《社会研究》第 4 期(1934 年 9 月 27 日)。

③ 关于传统在现代化进程中的作用问题,参见王铭铭:《社区的历程——溪村汉人家族的个案研究》(天津人民出版社,1997)中"导论"部分的阐述。

知识的背景传承关系。从历史学的角度而言，"生活研究法"的定位等于扩大了历史学认知对象的范围，有希望把对中国历史的解释拔出受文本局限的本质主义的预设，更接近于非精英主观臆测的真实场景，对基层地方生活的再发现也有可能如福柯企盼的那样对历史与社会进行场景隔离与生理解剖。

（三）加强对历史的"中层判断"能力

对中国正统历史观形成冲击的另一个有力工具是默顿提出的"中层理论"的社会学方法。默顿提出"中层理论"概念，实是有感于社会学家对无所不包的理论体系的醉心迷恋。在传统的功能主义巨型架构中，对于社会行为、组织及变迁诸方面的观察正好有其先定的位置。移用到中国历史的巨型理论中观察，这就像中国历史的解释已经由经典和官方文本作了预先的本质设定一样，史料的梳理无论如何也越不出做宏大哲学体系注脚的命运。相反，属于低级经验命题的实证主张在默顿看来也是毫无结果。巨型理论与低层经验研究之间必须由"中层理论"来加以衔接，才能避免大理论的空疏与经验研究的琐碎。默顿认为，"中层理论"建立在抽象程度较低的基础上，具有明确界定的操作化概念，虽然"中层理论"是抽象的，但也与经验世界保持联系，使之不至于被悬置于空洞的概念之中。[①]

谈到默顿的"中层理论"，我们不得不涉及它对传统历史主义的修正作用。所谓"历史主义"，按照波普的看法，就是一种历史的预定论和决定论。当然有另外一种说法是，历史主义的核心思想是以个体化的取向代替通则化的取向，与波普的意思正好相反。[②] 中国传统史学中的历史主义原则恐怕更接近第一种意思。詹姆逊曾经指出，任何历史主义都会遭遇两难处境：一方面我们无法求助于完全经验式的调查，因为经验本

[①]　参见乔纳森·H·特纳：《社会学理论的结构》，105～107页，杭州，浙江人民出版社，1987。刘小枫在《臆说纬书与左派儒教士》一文中也初步阐述了运用"中层理论"研究文化问题的可行性，参见《个体信仰与文化理论》，556～557页。

[②]　参见詹姆逊：《马克思主义与历史主义》，见张京媛编：《新历史主义与文学批评》，17～51页，北京，北京大学出版社，1993。

身就建基于初步的预先假设上；另一方面如果我们只沉浸于自我理解之中，就会自动关闭认识历史的大门。有鉴于此，詹姆逊分析了四种解决历史主义困境的传统方法，即"文物研究"（antiquarianism）、"存在历史主义"（existentia historism）、"结构类型学"（structural typology）、"尼采式反历史主义"（Nietzschean antihistoricism），结论是这四种方法都无法从根本上颠覆传统历史主义的模式。① 詹姆逊提供的解除历史主义困境的方法，是运用福柯的系谱学对马克思主义的生产模式理论进行重新建构。这种建构过程不是一种进化和线性的叙事手法，而正是属于"中层理论"的表述方式。

默顿"中层理论"对中国历史学的启发在于，它有可能在宏大历史理论如"五阶段论""三大高潮、八大运动论"和摹仿乾嘉学术的当代考据学方法之间寻求到一种兼顾二者平衡的有效路径。在这方面，美国中国学界几十年来形成的经验可供我们借鉴，美国中国学界自 20 世纪 50 年代起提出"冲击—回应"说，经地区史研究向应用多种社会人类学方法的转型就是应用"中层理论"的很好例证。② 当时费正清提出"冲击—回应"模式实际上是个很大的框架。他的书常常纵论整个中国近代史的变迁，气势非常恢宏。可后来的学者批评的也恰恰是这一点，认为费正清在没有认清中国历史的局部现象之前，就匆匆忙忙得出了很庞大而抽象的结论，结果出现了偏差和误解。人们于是纷纷转向地区史研究，而地区史研究所借助的工具其实都是"中层理论"，尽管这些"中层理

---

① 参见詹姆森：《马克思主义与历史主义》，见张京媛编：《新历史主义与文学批评》，17～51 页。

② 这方面比较重要的著作有 William T. Rowe, *HANKOW: Commerce and Society in a Chinese City*, *1796—1889*, Stanford University Press, 1984；及 *Prasenjit Duara, Culture, Power, ard the State Rural North China, 1900—1942*, Stanford University Press, 1988；Rankin, Mary Backus, *Elite Activism and Political Transformation in China: Zhejiang Province, 1865—1911*, Stafford University Press, 1986；Strand, David G, *Rickshaw Beijing: City People and Politics in 1920s China*, University of California Press, 1989. 等等。关于使用"市民社会"概念讨论中国历史的争论，参见 Frederic Wakeman, Jr., "The Civil Society and Public Sphere Debate: Western Reflections in Chinese Political Culture", in *Modern China*, Vol. 19, No. 2, April 1993.

论"的使用尚不完善,不少学者已提出了质疑。① 但是这些解释累积起来,成波浪式地向前推进,对中国历史的认知就会慢慢地清晰起来,而且是越来越趋向合理。

中国历史学界的情况开始时与美国中国学界有些相似,比如也用"帝国主义论"分析中国与西方的冲突,框架也非常大,虽然与费正清的立场不同,甚至相反,但在处理问题的方式上却是惊人地相似。费氏强调的是"冲击—回应"的关系,中国学者则强调帝国主义对中国造成的殖民压迫及其影响和反应。与美国学者不同的是,美国的中国学家早已认识到宏大叙事的有限性,并自觉地修正费氏的研究方法和范围。中国历史学者却在这方面远远缺乏自觉的反省和建构"中层理论"的意识,因此在近代史的许多层面,可以说缺少与西方解释进行对话的能力。中国史学不乏通贯古今的庞大解释架构,也不乏细密精审的史料整理术,可就是缺少能在两者之间的中层环节建构解释框架的能力。按照韦纳的说法就是缺乏对史实进行"概念化"的能力。韦纳认为:

> 历史的进步表现在对非事件性的东西的解释和使其概念化之上,正是这种系列概念使史学有别于历史小说和史学资料,如果史学只是还事物本来面目而不是分析的话,那就用不着史学写作了。一部《战争与和平》或新闻纪录片就足够了。②

就笔者的理解而言,韦纳所说的"概念化"应是对历史材料比较有限的抽象,这种抽象既区别于宏大理论的迂阔,也不同于经验研究的细致,而是相当于兼顾二者的"中层理论"的解读方式。在这一层面,中国史学恰恰需要对概念化的合理建构模式予以完善。

如上所论,中国历史观受"正统论"的影响表现在两个方面:一是公羊社会演变图说中形成的由预言向资治功能的转变,由此缩影成了类似黑格尔"绝对精神"式的自我封闭循环论,其庞大图式的合理性是由

① 参见《中国书评》复刊号中有关拙著《儒学地域化的近代形态——三大知识群体互动的比较研究》的评论。

② 保罗·韦纳:《概念化史学》,见 J. 勒高夫等主编:《新史学》,88 页,上海,上海译文出版社,1989。

圣人设计来决定的；二是乾嘉学派的历史复原术，从清初顾炎武等人的"通经致用"到考据学派，都以细密至极的征实之学寻觅经典古义。二者虽俯仰于恢宏与精细之间，其根本的意义却均在于预设历史与价值判断的本质和起源，并据此探究历史发展的合理性与规律性。当代中国史学研究对社会历史的认识也深受以上传统的影响，往往是在追寻不以人的意志为转移的客观规律的旗号下进行的。人们早已不自觉地把自己纳入到一种主观设计的框架之内，对历史事实提前作了本质性的规定，否则人们怎么一开始就常常那样清晰地测知古往今来的历史已经有了如此明确的走向了呢？社会学家迪尔凯姆曾经指出，对参与社会制度的人们而言：

> 我们的行为出于自私，却自以为是无私的；我们屈服于爱，却自以为是向憎恨让步；我们作了不合理的偏见的奴隶，却自以为是服从于理性了等等。①

对于历史研究，人们可能会陷入相同的迷惘，所以迪尔凯姆主张：

> 事实所持有的各种属性，以及这些属性赖以存在的未知原因，不能通过哪怕是最认真的内省去发现。②

据此，迪尔凯姆对社会学研究对象的"社会事实"做出了严格的定义。在他看来，社会事实可以被作为"物"来考察，因为社会事实可以在当下被审知和掌握，因为它们是活生生地存在于日常生活并能被直接感知的，是"具有其固有存在的"，所以社会学的方法反对"以观念代替实在的科学分析"③。与之相反，历史事实作为研究对象是通过文本分析进行的，而文本的构设纯然是主观的产物，即使最古老的历史文献也是经过阐释而择定流传下来的；尽管王国维把考据学纳入历史学的视野，采取"二重证据法"参酌史料的真意，也几乎无可选择地必须在前人的主观性上来重构对历史的解说。历史事实完全不同于社会事实的客观性，

---

① E. 迪尔凯姆：《社会学方法的准则》，9 页，商务印书馆，1995。
② E. 迪尔凯姆：《社会学方法的准则》，7 页。
③ E. 迪尔凯姆：《社会学方法的准则》，35 页。

历史学视界里的客观历史事实是不存在的,因为中间有文本参与主观活动。以此为据,似乎以上对历史事实的描述为历史过程可以由人为设计的观点提供了依据,这实际是一个误解。对历史事实的主观阐述不能用一个目的来加以概括,任何目的都是特殊的、暂时的,不能容纳历史的先在的全部因果关系。①

我们的历史观念虽然是层累式地建构在前人的经验结构基础之上的,但它也同样为我们自身的经验所塑造和限定。汤因比就承认:

> 我的历史观是被我自己的生活经验涂染上一层色彩的,它是由我一生的公共事务中所发生的各种各样好的和坏的事情的经验所促成的,我可摆脱不了它。②

在辨析历史事实的时候,我们个人的经验尽管可以发现新的知识,但也是不断层进积累的历史经验的一部分,而不是凌驾其上的整体设计,对于那些已经作为我们研究对象(包括经典文本)的经验来说也是一样的。哈耶克对此很明智地写道:

> 人之心智的发展乃文明发展的一部分;恰恰是特定时期的文明状态决定着人之目标及价值的范围和可能性。人的心智绝不能预见其自身的发展。③

历史事实虽在主观经验的积累视野之内,却须与圣人及经典设计的程式严加区别。而中国历史学界对二者的混淆恰恰是阻碍其发展的致命原因,故而对史学"正统论"的清算,很大程度上也是对"主观认知"与"主观设计"之混淆的清算。

---

① 参见卡尔·雅斯贝斯:《人的历史》,见金重远编:《现代西方史学流派文选》,43页。

② 阿诺德·汤因比:《汤因比论汤因比》,见金重远编:《现代西方史学流派文选》,136页。

③ 哈耶克:《自由秩序原理》,21页。

第二章　从20世纪80年代到90年代：
中国思想史问题意识的演变

一、启蒙话语与"心理主义"解释传统的复归

20世纪80年代的民间史学界，与20世纪初叶，更准确地说是与"五四"以来的历史研究传统始终保持着千丝万缕的联系，因为其都是秉承了晚清以来逐步形成的近代启蒙诠释路径。这一启蒙路径要求要用现代理性支撑的科学世界观阐明历史发展的走向和过程。但20世纪初叶与80年代的历史学家相比却面临着极为不同的存在状态与阐释语境。20世纪初叶特别是"一战"以后，处于"社会革命"前夜的中国历史学家所面临的现实问题，是如何在全球资本主义扩张的境遇下，为中国社会革命的发生提供合理性的论证。易言之，这一时期的历史学家不是希求中国融入全球资本主义发展的大潮之中，而恰恰是希望通过社会运动的形式摆脱西方社会的控制，以实现社会资源的平等性再分配。由此我们也不应奇怪，为什么在30年代以后社会主义的历史理念会逐渐取代自由主义的进化观念而取得支配性地位。我们更会理解，与社会主义理念相关的"五阶段论"模式的提出，其排斥中国历史发展独特性的目的，绝对不是为了迎合西方自由资本主义扩张的召唤，恰恰相反，他们是在确立和论证全球社会革命发生的普遍意义的同时，肯定中国规避非平等之垄断资本主义道路渗透的可能性。无疑，这体现出的是一种为应付时代需要所做出的悖论式反应。

而80年代的思想界所凭恃的舆论资源，却直接与"五四"时期流行的自由主义一脉精神传统相衔接，它主张从整体上拥抱接纳资本主义的

价值理念，在社会结构方面急切而焦虑地想全面投入资本主义世界经济
体系，当时流传着中国面临即将被开除"球籍"的危险的舆论，就充分
反映出这种迫切的心情。在这种情况下，思想界基本回避或忽略了对资
本主义危机的批判，"社会革命"的思维逐步被冷藏，而为"现代化"的
思维所取代。在此需要澄清的是，80 年代中国思想界作为分析中国社会
的工具所使用的现代化理论，是 20 世纪 50 年代才出现的美国版的现代
化理论，正如亨廷顿所指出的，50 年代出现的现代化理论与 20 年代和
30 年代在西方思想界盛行的历史进化理论和社会变化理论比较，有明显
的不同。当时的社会理论对人类和社会的未来持非常悲观的态度。这种
悲观论可以区分为两个学派：一派以斯宾格勒和阿诺德·汤因比等人为
代表。他们集中研究某些文明或文化的进化模式，试图概括出人类的这
个大社会的起源、成长、成熟和衰退的关联性；另一派则强调西方宗教
的衰落和人类社区的破坏导致世界大战、种族清洗和文化解体，或者如
卡尔·曼海姆和汉娜·阿伦特所说，大众社会的发展孕育着专制主义的
倾向。① 而美国式的现代化观念则是由美国社会科学家在第一次世界大
战以后的时期内提出，并在 60 年代中期进入鼎盛时期的。这个时期的特
征是美国军事、政治和经济势力在全世界迅速扩张，人们对美国社会往
往抱有基本一致的看法，把它与民主主义框架中无可比拟的经济繁荣和
政治稳定结合起来。② 美国式现代化论除了具备传统进化论的一些特征，
如对事物的相互联系和因果关系的存在抱有坚定的信念——这种信念维
持着一种连续不断的、系统的和创造性的知识探索；以及在把社会变化
当作一个有方向的过程来分析等之外，还特别强调传统社会与现代社会
在空间上的对峙二分关系，即现代性的表述不仅反映在传统与现代的时
间关系中，而且也反映在西方与非西方的空间关系的框架构造之中。③

---

① 参见塞缪尔·P·亨廷顿：《导致变化的变化：现代化，发展和政治》，见西
里尔·E·布莱克编：《比较现代化》，47 页，上海，上海译文出版社，1996。

② 参见迪恩·C·蒂普斯：《现代化理论与社会比较研究的批判》，见西里尔·
E·布莱克编：《比较现代化》，106～107 页。

③ 参见汪晖：《韦伯与中国的现代性问题》，见《汪晖自选集》，1～35 页，桂
林，广西师范大学出版社，1997。

第二次世界大战以后美国中国学的一些基本命题架构，就建立在这种空间分析观念的基础之上。

80 年代的中国思想界，很明显地把美国式的现代化理念当作自明性的分析工具加以接受。可以毫不夸张地说，现代化理论重构了中国史学家对世界与中国关系的历史性想象，因为在他们的视界里，中国作为传统社会自晚清以来一直是被西方改造的对象，而且这种改造过程常常被作为一种乐观的历史现象加以申说，这与 30 年代以来社会史研究对东西方接触的悲观描述完全不同。例如有些中国学者沿袭了梁启超、殷海光等人对近代中国遭遇西方文化冲击时所接受的物质—制度—文化"三阶段论"递进式描述，却完全忽略了梁启超在 20 世纪初年旅欧回国后通过批判西方社会而对这一描述所作的修正。① 特别是经过殷海光的转述之后，西方对中国传统社会的侵蚀不仅拥有了更加明确的历史合理性，而且把西方社会设置成中国未来的进化目标，也成为 80 年代带有自由主义倾向的知识分子进行政治表态的核心命题。

与 30 年代以来的社会史研究路径有所不同，认同于现代化论的 80 年代思想界为了回避社会史传统中过度注重结构分析的经济化约论影响，开始刻意强调文化系统的独立性对社会发展的重要乃至决定性的作用。在这一时期中，马克斯·韦伯的社会理论在中国的流行无疑起了至关重要的中介作用。我们知道，自"五四"以来，中国思想界出现的各种流派，无论是持全盘西化观点的自由主义派别，还是弘扬国粹的文化保守主义，乃至鼓吹社会变革的激进社会主义思潮，几乎毫无例外地都是援引某些西方的社会理论以为自己的后援。比如形式上最为保守的新儒家人物梁漱溟，也恰恰是利用欧洲观念史的思路来定位中国传统文化的价值。② 80 年代的思想史研究者仍基本沿袭了传统的欧洲观念史方法，通

---

① 参见殷海光：《中国文化的展望》，440 页，北京，中国和平出版社，1988；庞朴：《文化结构与近代中国》，见张立文等主编：《传统文化与现代化》，59～84 页，北京，中国人民大学出版社，1987。关于梁启超旅欧后的思想转变，参见梁启超：《欧游心影录·欧游中之一般观察及一般感想》，见《饮冰室合集·专集之二十三》。

② 参见罗志田：《历史记忆中忘却的五四新文化传统》，载《读书》1999 年第 5 期。

常在本质的意义上归纳出中西文化的历史特征，再予以抽象类比，从而得出西方优越于东方的结论。这些分析方法的同一性特点虽然得到哲学界特别是美学界"回归主体性"思潮的滋养，但在总体上并未超越 20 世纪初叶中西文化比较的水平。艾尔曼甚至认为这一辈学者明显受到德国人以精神史研究哲学史传统的影响。①

与 20 世纪初叶相比，80 年代对韦伯的再发现是一个具有思想史意义的事件。当年韦伯未受中国史学家青睐，多半原因是韦伯夹在理性浪漫的观念史阐释和激情奔放的马克思主义结构分析之间，显得形迹可疑，态度暧昧。对于观念史分析一路而言，韦伯的比较文化研究理论虽然开拓了对资本主义社会精神气质（ethos）的研究，但由于韦伯坚持把这种精神气质的产生与资本主义理性行为和组织方式联系起来加以考察，所以使得其观念史分析的色彩总是显得不够纯粹；② 与此同时，马克思主义派别恰恰又认为韦伯开创的新教伦理研究取向由于和"经济决定论"唱反调，因此具有"文化决定论"的嫌疑。而在 80 年代的语境中，也恰恰正是因为韦伯理论与传统观念史对中国哲学史的内在理路分析及经济史的意识形态单一判定有别，从而为中国历史研究超越观念史和经济史的两极对峙传统提供了某种可能性。

韦伯理论在 80 年代大致经过两种途径进入中国：一条途径是通过韦伯经典著作如《新教伦理与资本主义精神》的翻译，中国大陆学者由此初步认识了韦伯理论的概貌；另一条途径是经由港、台地区学者运用韦伯理论为工具进行具体研究的著作，了解到了韦伯方法如何被应用于中国问题的分析。毋庸置疑，韦伯对西方新教伦理的分析直接为 80 年代的"文化热"思潮提供了思想资源，同时一些港、台地区学者研究中的"韦伯取向"也直接导致了对中国社会史研究中"经济决定论"倾向的反弹。比如余英时就对此表述得非常明确，他说：

---

① 参见艾尔曼：《中国文化史的新方向：一些有待讨论的意见》，见《学术思想评论》第 3 辑，425 页，沈阳，辽宁大学出版社，1998。

② 参见马克斯·韦伯：《新教伦理与资本主义精神》，于晓、陈维纲等译，16 页，北京，生活·读书·新知三联书店，1987。

简单地说，我们必须注视现代"决定论"意识的泛滥。所谓"决定论"即指有些事象本身没有自主性而是被其他的东西或力量决定的。在各个思想学术的领域内，我们都可以找到"决定论"。

而决定论的另一面则是"化约论"，他举例说，马克思主义的"经济决定论"即是"化约论"的表现。① 余英时接受的是历史学的训练，这使他在否定各种"化约论"的同时仍有别于传统"观念史"的做法，比如他在涉及文化比较的研究中，仍考虑把诸多政治社会的因素整合进对"文化"的解释之中，并力图把自己与专注于"理念分析"与"信仰持守"的新儒家立场有所区别。② 余英时并不是没有意识到，政治与文化比较不容易接受形式化的系统处理，这样的规律要想加以普遍化、系统化是很困难的。③ 但是他在古代士阶层及知识分子研究中，却仍试图把一些文化因素做出形式化的处理，从中我们可以看出韦伯理想类型分析方法对他的影响。

下面我们即以余英时的研究为例，具体考察一下韦伯理论方法是如何在中国历史研究中被误读和置换的。与同时代的社会学家如迪尔凯姆喜谈社会性质和结构功能的取向相比，韦伯很少直接谈论社会的结构问题，而把主要精力放在探讨社会生活和文化形成的精神气质方面，通过分析驱使人们付诸行动的动机来把握社会行动体现的意义。这在其对西方新教伦理与资本主义精神产生的渊源关系的研究中体现得非常明显。这一路径所揭示的"问题意识"直接被余英时移植到了对中国士阶层的研究中。在余英时看来，以早期"哲学的突破"为界标，中国古代的士阶层在此时间前后所出现的变化可谓有天壤之别。因为在"哲学的突破"发生以前，士被固定在封建关系的网络支配之下而各有职事，他们并没有一个更高的精神凭借可依恃以批评政治社会和抗礼王侯。但在"哲学的突破"发生以后，士阶层就已发展出了自身独特的精神品质即所谓

① 参见余英时：《论文化超越》，见《钱穆与中国文化》，245 页，上海，上海远东出版社，1994。

② 参见余英时：《钱穆与新儒家》，见《钱穆与中国文化》，30～90 页。

③ 参见余英时：《论文化超越》，见《钱穆与中国文化》，244 页。

"道统"，而脱离了封建关系制约的士阶层，一旦获得了对道统的持守能力，就会超越任何历史时代中社会关系的羁绊而达到相当纯净的精神境界。

　　余英时还援引西方社会学理论中有关知识分子的研究作为自己观点的佐证，他认为西方知识分子的传承线索是多元和断裂的，近代知识分子"行动的人生"与古希腊"理论的理性"之间并没有一脉相承的关系，而中国的士的传统虽屡有转折，但自先秦以下大体上没有中断。就兼具理性与行动之双重风范而言，以明道救世为己任的士阶层似更接近于近代西方的知识分子标准。① 在这里余英时显然把东西方知识分子作了一种不等值的描述，仿佛中国知识分子从其创生之日起就具有了西方知识分子进入近代以后才具有的精神品质。这表面上似乎抬高了道统的地位，实际上又恰恰是以西方近代的标准来衡量评估中国知识分子的古代形象。余英时特别强调，中国知识分子不属于任何一个特定的经济阶级，因此才能坚守住"思想上的信念"（intellectual convictions）。在这一点上，士和普通人是不一样的，一般人往往跳不出个人的阶级背景的限定，而士则会因思想操守的稳定性而被当作"创造少数"（creative minority）的"理想类型"加以看待。② 余英时强调士阶层对道和良知的超越性持守，以此类比于西方知识分子的批判精神，同时又指出士阶层没有西方那样的教会制度作为依托，因此只有凭借"思想上的信念"来呵护自身良知的纯洁。可是我们并不知道，这良知的基本社会内涵如何孕育和体现，会依靠什么样的动机和社会条件选择和采取自己的批判立场。这使得余英时在探索士阶层起源时所选择的类似知识社会学式的取向和社会史的研究进路，在后半段变成了对道统不变的本质特征的非历史主义的论证。这样一来，所谓"文化传播""大传统""小传统"等社会学概念，包括韦伯式的"理想类型"分析，其实都是为论证道统的不变存在和士阶层一以贯之的纯洁特性而服务的，余英时在批判新儒家将中国人的文

---

　　① 参见余英时：《道统与政统之间——中国知识分子的原始型态》，见《士与中国文化》，98～99 页，上海，上海人民出版社，1987。
　　② 参见余英时：《道统与政统之间——中国知识分子的原始型态》，见《士与中国文化》，98～99 页。

化、社会、政治和经济生活，化约成儒家的内在哲学之演变过程的同时，又用社会史的研究方式重复着同一个儒家道统亘古存续的神话。

余英时对中国知识分子历史与道统持续性的解说显然受到了韦伯"理想类型"分析方法的影响，但其解释方式同样明显地误解了韦伯的原意。韦伯虽然强调从精神文化气质的角度探讨西方理性与经济行为的关系，认为虽然经济理性主义的发展部分地依赖理性的技术和理性的法律，但与此同时，采取某些类型的实际的理性行为却要取决于人的能力和气质。① 然而，韦伯的分析框架至少具有两个明显的特点：首先他是在发生学而不完全是在本质规定的意义上说明西方理性主义的独特性，并在这个基础上找寻并说明近代西方形态的独特表现，同时并不否认经济因素具有根本的重要性；韦伯明确反对"以对文化和历史所作的片面的唯灵论因果解释来替代同样的唯物论解释"。② 其次，强调研究精神产物有意义的、个别的具体型式和历史关联性，以避免把文化现象领域中的抽象类型完全等同于抽象种类（Gattlingsmassigen）的普通观点。③ 韦伯认为理性主义是一个历史的概念，它包含着由各式各样东西构成的一个完整的世界。④

以这两个标准来衡量余英时对中国知识分子和"道统论"的研究，我们就会注意到，虽然对"道统论"的分析是从发生学的意义上切入的，但很快道统作为一个历史范畴的含义就已不复存在，因为它已不被作为与具体历史景况发生关联的动力型因素加以考察，而是被置换为一个具有静态特征的超越性因素来加以认知的。余英时认定普通人会为阶级身份所限，而少数精英则可超越阶级概念圈定的身份囚牢而拥有超越社会规定性的特权。这实际上是直接把士阶层抽象出了其具体发展的历史语境。对道统持守的任何相当具体的历史分析，同样转变成了论证中国知

---

① 参见马克斯·韦伯：《新教伦理与资本主义精神》，于晓、陈维纲等译，17页，北京，生活·读书·新知三联书店，1987。

② 参见马克斯·韦伯：《新教伦理与资本主义精神》，144页。

③ 参见马克斯·韦伯：《社会科学方法论》，朱红文等译，94页，北京，中国人民大学出版社，1992。

④ 参见马克斯·韦伯：《新教伦理与资本主义精神》，57页。

识分子之具有良知本质的一个说明，无论这种说明多么赏心悦目，也只能是在知识分子表面形态特征上变换描述的词语，而根本无法在历史情境中改变知识分子已被规定的本质形象。

在对古代中国知识阶层的历史描绘中，余英时也承认，士从封建秩序中蜕化出来，只要仍旧管理俗务，道统与政统之间要想维持一种微妙的均衡状态就很困难，因为在历史的长程发展的脉络里，当面对王权的压迫时，谁也难以保证仅凭信念支撑的心理道德资源，就能够使道统组织化、制度化，以保持自身立场的纯粹性。其实一些后结构主义者如福柯等人，早已发现知识在历史流程中不可能保持其纯粹的形态，而是在与各种权力系统发生勾连关系时才能定位自己的内涵，如果我们不把道统仅仅视为公理性的超越形态，而视之为发生于各个历史时期的需要不断解释和定位的对象，那么知识分子的形象就不会总是呈现出如此单一的面相了。

希尔斯曾经说过，知识分子对神圣事物的特殊敏感和对社会规律的反思能力，使其和包含在任何社会实际制度中的价值取向之间都有可能产生紧张，这是知识分子的本性之所在。但另一方面，知识分子的再生产和创造力均是制度安排的复合作用的结果，因为知识分子和统治社会之权威的有效结合，是公共生活得以维持连续性秩序的基本要求，也是把更为广泛的普通人整合进社会的要求。因此，在制度框架内，知识分子和社会统治权力的关系呈现出广泛而多样的冲突与协调的形式是不足为怪的，对这种冲突与协调的多元模式，包括制度化与文化伴生形态的研究，以及它们出现和衰落的状况应成为比较知识分子与权力关系的议题。①

作为历史学家的余英时先生，其研究初衷是在社会史的意义上梳理中国知识分子产生的原始发生形态，在研究过程中也不乏运用大量的史

---

① 参见 Edward Shils, *The Intellectuals and the Powers*: *Some Perspectives for Comparative Analysis*, in Philip Rieff (ed), *On Intellectuals*: *Theoretical Studies Case Studies*, Doubledey/Company, Inc. New York, 1969, pp. 24-48. 希尔斯把知识分子传统拆解为五个部分：科学主义传统、浪漫传统、基督教启示传统、民粹传统、反智传统。

料来为这一"理想类型"提供社会史式的证明，但其对韦伯"理想类型"的误读也是明显的，即过度强调了文化自主性与超越性，特别是其对道统一贯性作用的观察，使得一切对社会和历史因素的审视，只不过是一种本质叙述的附属论证。

如果说余英时对中国古代知识分子的研究尚是比较隐晦含蓄地使用了韦伯的"理想类型"的分析方法，那么他在1986年发表的《中国近世宗教伦理与商人精神》一文，则直接提出了一个"韦伯式问题"，即中国近世的商人集团中是否存在着类似西方那样能促发社会变革的经济伦理。韦伯在阐释西方现代理性主义发生的过程时，曾经处于一个相当矛盾的境地，他一方面在分析西方资本主义发展的内在机制与历史演变时，对科学生产与官僚科层制有可能对社会生活产生异化作用深表忧虑；另一方面又乐观地认为西方理性对世界总体历史发展特别是对非西方国家的演变具有导向性效果。同时，韦伯提出的社会学方法论原则又发现，在世界总体历史的发展过程中，各种文明和社会都有可能程度不等地存在理性化的因素，因此仅仅从理性化的程度来区别比较东西方现代性的构成形式和发展走向，显然是无能为力的。对西方存在资本主义发展动力和对非西方古代无法步入资本主义体系的解释，只能诉诸宗教伦理的变量。也就是说，只有证明以基督教为代表的西方宗教与理性主义及资本主义经济伦理有独一无二的联系，才能阐明西方拥有资本主义的独特发明权。韦伯实际上在此发出了一个暗示：非西方世界之所以没有发展出原生形态的资本主义，乃是因为在其文化基因中缺乏西方宗教那样创生经济伦理的特质；同时韦伯也制造了一个话语陷阱：非西方国家如果要阐释自身历史发展与西方同样具有现代性意义上的独特性，比如同样拥有资本主义发展的动力型因素，首先就必须阐明自己的社会结构中确实存在着类似西方宗教的要素。这表面上是和西方平起平坐地争夺资本主义的发明权，实际上却完全是在韦伯预设的现代性话语圈套中提问。

我们且看一下余英时的提问方式。余英时文章的标题明确把中国近世宗教伦理与商人精神联系起来进行考察，已经明显地透露出其提问路径与韦伯式问题的内在关联。余英时这篇文章的缘起，显然是受到了"东亚四小龙"所取得的经济成就的感悟，并由此进入考察这种经济成就的获得与中国文化传统之间的因果关系。对这一联系的设问至少包含两方面的内容：一是"东亚四小龙"的经济发展模式与西方资本主义原生态的发生和发展途径构成了重大区别；二是这一区别的产生与中国文化的特质有关。具体言之，资本主义在东亚的发生表现在文化方面，是由于儒家为主干促发的经济伦理自主发生作用的结果，也就是说东方社会也曾经存在韦伯所说的类似新教伦理的动力型要素，只不过其表现形式具有东方的性质。

我们可以理解，这种从"韦伯式问题"出发而设问的目的是想打破西方解释框架中传统—近代二元对峙的传统格局。这种格局把中国传统与近代化之间的不兼容性当作一种认知前提，从而把传统与中国历史相联系，而把近代与西方历史相衔接。余英时力求从中国文化的构成要素中寻求导致东方步入近代化的动力因子，以否弃西方学者人为构筑的传统—近代的时间差的框架。但这里边仍蕴含着一个危险：从中国文化的结构中寻求近代化的因子，实际上仍是潜在地以西方理性的发生标准为指针，或者说是以新教伦理的发生学过程来模拟东方社会内部资本主义的孕育机制。所以这篇文章发表后引起了一些批评，余英时在回应这些批评时强调：自己是从史学的观点研究中国传统的动态，因此不但要观察它循着什么具体途径而变动，而且希望尽可能地穷尽这些变动的历史曲折，因此文中取于韦伯命题的也仅限于它所蕴含的一般意义，即价值取向和经济行为之间的关联在中国史上是以何种特殊的形态出现的。至于这项研究对于韦伯命题本身是否可能投射任何理论的意义，则根本不是他所关注的问题。余英时觉得这是另一个不同学术领域内的问题，在中国史专业上则处于无足轻重的边缘地位。[①] 这个自我辩解显然有些勉强。无人能够否认，余英时在这篇文章中作了一项细腻精湛的社会史研究，但他进行历史分析时背后所潜藏的问题意识，无疑会支配他对史料的解释和选择。比如余英时在文中各处时时标举出新教伦理的一些基本理念，然后在中国史料中寻求与之相对应或接近的现象，并据此抽象出相似的观念和范畴。如举《五灯会元》中所说沩山灵祐说锄畲、下种不

---

① 参见余英时：《关于"新教伦理"与儒学研究——致〈九州学刊〉编者》，见《钱穆与中国文化》，300 页。

是"虚过",不但肯定了世间活动的价值,而且更明白给予后者以宗教的意义。而基督新教所谓"天职",依韦伯的解释,其含义正是如此。如果再联想到加尔文引用圣徒保罗(St. Paul)的"不作不食"(If a man will not work, neither shall he eat)之语,则禅宗"人世苦行"的革命意义便更无可疑了。① 余英时又举出新道教鼻祖王重阳的《立教十五论》中所云得道之人是"身在尘世,心游圣境"之语,比附加尔文"以实际意识和冷静的功利观念与出世目的相结合"(combination of practical sense and cool utilitarianism with another worldly aim)。②

在辨析历史资料的基础上进行中西社会比较的研究本身是一条无可厚非的途径,但以上有意进行的历史比附却在无意间坠入了韦伯设置的问题圈套。韦伯在他的中国学研究著作《儒教与道教》中,曾经明确地把儒教置于以基督新教为模本的既定价值预设中进行比附,进而得出了中国历史中缺乏现代资本主义发展所需要的理性形式和伦理基础的结论。这一结论表面上是断定中国资本主义的迟缓发生,是因为资本主义要素缺席的结果,而其背后所屡屡暗示出来的逻辑陷阱却是:即使从历史情境中反向证明中国存在一个资本主义式的理性基因,也不过是在满足了民族主义感情之后验证了资本主义精神的发明权。余英时撰此文章的用意自然是参照"东亚四小龙"的现实经验,寻觅东亚现代化独特的历史因缘,希求击破韦伯"理想类型"方法对西方社会的垄断式说明。然而余英时的运思路径恰恰是韦伯式的,其探寻的主旨脉络似乎是想通过史料的钩沉质疑以下命题:中国传统形态中并不存在一个能促生资本主义的非西方意义上的自足精神要素,但其提问的方式却是要证明:中国社会结构在近世以前已存蓄着西式现代化的因子。

然而近期有的学者研究已经表明,16 世纪以来西方商业资本主义的

---

① 参见余英时:《中国近世宗教伦理与商人精神》,见《士与中国文化》,461页。

② 参见余英时:《中国近世宗教伦理与商人精神》,见《士与中国文化》,466页。

发展，与 19 世纪真正发生的工业革命转型没有直接的必然联系。① 我们即使能够证明中国的宗教伦理与西方基督新教的精神形态确有相似之处，也无法从根本上证明两者具有现代资本主义发生学上的相似性。不少论者曾经批评中国大陆历史学家有关"封建社会长期延续"和"资本主义萌芽"出现状况的讨论，犯了时代错置的毛病。② 因为所谓"资本主义萌芽"不过是商业资本主义的表现形式，还远不是 19 世纪后半期趋于全球化的现代工业型资本主义的体现，而且这前后两个阶段的衔接并非具有发生学的连贯意义。因此，中西"资本主义萌芽"形态的比较，并不能预测当代资本主义演变的大势和规律。同样，对中西宗教伦理的模拟性比较与资本主义萌芽的寻找运动具有某种相似的一面，只不过一个从文化精神和伦理因素，另一个从经济构成关系入手，都是有意无意地从动力发生学的角度证明了西方现代性的普适作用。③

二、传统如何被创造性地转化？

与余英时有所不同，80 年代影响思想界甚大的另一个人物是林毓生。林毓生作为当代中国的自由主义知识分子，从表面上接受了现代科学对知识、道德、政治权力与个人自由分立并置的现代性划分方案，但潜意识里仍认为文化具有决定性的统合力量：一方面，文化可以在现代性的意义上被界定为与政治分离的表现形式，而不是随行为转变的易动结果，具有独立的转化过程；另一方面，文化的创生与变迁又有可能取代政治制度变迁的内容，成为变革的核心论域，是一种直面抽象价值的内在精神运作，而且文化设计可以影响到政治设计的改变。林毓生与余英时不约而同地选择贝拉（Robert Bellah）对日本宗教研究的"韦伯式

---

① 参见王国斌：《转变的中国——历史变迁与欧洲经验的局限》，李伯重等译，45 页，南京，江苏人民出版社，1998。

② 参见何怀宏：《一个问题的变迁——从"中国封建社会长期延续"的问题谈起》，见《学术思想评论》第 2 辑，3~15 页，沈阳，辽宁大学出版社，1997。

③ 参见刘小枫：《现代性社会理论绪论》，78~88 页，上海，上海三联书店，1997。

阐释"作为自己的理论后援。例如林毓生在与殷海光的通信中就自称，"传统的创造性转化"（creative transformation of Chinese tradition）并非自己杜撰，而是受到了贝拉在《近代亚洲的宗教与进步》（*Religion and Progress in Modern Asia*）一书中曾经使用过的"creative reformism"的启发。① 在另一处又说，如能读通韦伯的《新教伦理与资本主义精神》，便可对"创造的转化"有一形式的掌握。并说："当然我们的'创造的转化'并不一定与其形式完全相同（内容当然不同），不过，大概是要相类的（analogous）。"②

余英时在评价韦伯关于儒家的论断时，也曾认为以贝拉为代表的宗教社会学家在论及"近代早期宗教"（early modem religion）时，便承认伊斯兰教、佛教、道教、儒学等都虽发生过类似西方新教那样的改革运动，不过比不上西方宗教改革那样彻底和持续发展而已。③ 余、林二位无疑都承认借助贝拉的研究，为在中国语境内提出一个"韦伯式问题"带来了灵感。种种涉及的资源已经暗示出，余、林二人对韦伯命题的选择都是建立在文化系统具有自主与超越性能这一前提之上的，传统的改造可以在文化系统中单独完成。林氏特别强调了了解文化与社会之关系的出发点，在于认识其文化与社会系统互相不能化约（mutual irreducibility）这一特性，特别强调两者的区分状态对传统改造的重要性。林毓生在其"五四"个案的研究中，把文化从政治社会秩序的整合状态中分化出来作为文化更新再造的历史前提。在林毓生的眼里，"五四"全盘反传统的背景渊源于传统中国的社会—政治秩序与文化—道德秩序通过普遍王权整合的机制受到了根本性的破坏。由于辛亥革命导致王权崩溃，进而使社会—政治秩序解体，文化—道德秩序失去了具体表现自身的实体形式，从而为"五四"知识人提供了一个诠释和改造文化意义的机会。林毓生通过对"五四"理念的继承，把对传统社会、政治系统的抨击与对文化系统的批判与改造截然分开，强调文化系统自主变

① 参见林毓生：《中国传统的创造性转化》，316页，北京，生活·读书·新知三联书店，1988。

② 参见林毓生：《中国传统的创造性转化》，64页。

③ 参见余英时：《士与中国文化》，450页。

迁的可能性。所谓"传统"已变成可以和具体社会语境和政治条件脱离关系的各种抽象思想与价值理念的纯粹形态，传统的创造性转化纯粹是一种直接面向抽象价值的内在精神运作。

程农曾经敏锐地指出，林氏方案操作上的"有意识"设计与控制本身也已暗示出其受笛卡尔心／物二元论的影响，这是一种解决中国意识危机的有意行为。对笛卡尔式心／物二元论及文化／社会二元论的执着（无论自觉与否）已不单纯是一个智性问题，它实际上是 20 世纪中国文化话语的最低预设。①

但笔者个人以为，与其说是林毓生接受了笛卡尔心／物二元论与文化／社会的二元区分的结果，毋宁说他的理论是传统意义上的阳明心学思维方式在当代复苏的一种表现。因为心学的一个最重要的特征，就是通过意向化修炼达致的精神内转，以此来包容制度变迁的行为取向，这与朱子学强调外在规范与心理感应的二分与互动有很大区别。这一路向一直是近代以来中国思想界反传统的精神资源。近代以来的知识分子对朱子学倡导之家族意识与规训行为方式的批判，常常主要借助心学内在的超越能力，其实并非偶然。

在心学构成一种优势思维取向以前，儒家文化所表现的鲜明特点是伦理原则与礼仪活动的高度融合：一方面伦理原则通过礼仪规范而具体化，另一方面礼仪规范也具有整合社会组织的准则意义。可是在王阳明看来，礼所表现的行为规则，本意是使伦理精神的表现制度化、程式化，可是如果这些仪式本身异化为目的，忘记了它首先必须是真实的道德情感的表现工具，那就无异于本末倒置。王阳明的观点是，人们只要能真正保有笃实的道德意识及情感，社会自然能够选择对应具体情况的适宜的行为方式，仪式应当变为道德本心的作用和表现。这里边暗藏的一个预设是，制度变迁有可能是一种心理作用的结果和表征。在这个前提下，道德本心的统摄与修炼可以和具体的社会组织运作分开进行，而且道德

---

① 参见程农：《吉尔茨与 20 世纪的中国文化话语》，载《中国社会科学季刊》1994 年夏季卷，114 页。

本心的达致决定了制度表现和变化的方式。①

自从戊戌维新以来，从传统向现代过渡的中国知识群体相当一部分人持有心学的基本立场，并把道德意识对制度变迁的支配作用贯穿于社会变革的架构之中。心学弟子康有为在戊戌年间的制度设计始终建构在道德主体——光绪觉悟的理想性预设的可能性上，这使得百日维新的制度变革架构几乎徒具空文形式。而最具有讽刺意味的是，制度变迁的形式化过程却正是由其对立面在1901年的"新政"变革中予以启动的。而与代表民族国家创构核心的清廷官方在实践其政敌规划的蓝图时，为他们提供蓝图的老政敌如梁启超等却继续着文化思辨的旧梦，仍把变法失败归因于民智未开的心理动因，《新民说》的写作变成了戊戌忏悔录的范本而被供上了"五四"的殿堂。这一反讽性现象恰恰说明了心学资源的重要性及其在变革实验中所扮演的尴尬角色。"五四"时期的知识分子由于更多地接触了现代西方的科学理念，所以至少表面上未必都能被归类为心学分子，但是他们的思想状态却与19世纪末的知识分子具有奇妙的历史感应关系。"五四"时期的活跃人物很少有人会说没有受到梁启超这一代人的影响，其中一个重要方面就是把戊戌变法之后被放大的心理遗产——对文化传统的单向度改造纳入了自己的视野而成为日常主题。林毓生把它归纳为"以思想文化解决问题"的模式。这一模式再往前追溯可以直达孟子，构成了"心智论"一系的精神传统，我们可以从中隐约看出这条线索和余英时"道统论"的亲缘关系。不难注意到，林毓生是以批判性地继承"五四"自由主义传统为自己的使命的，但是他对"心智论"线索的批判预设却恰恰建立在传统心学早已揭示出的文化控制的脉络之内，也就是说，林毓生对"五四"话语的批判恰恰是在与前"五四"传统的衔接与回应基础上进行的。这一衔接与回应已不仅仅是一种逻辑性的批判与反思，而且是当代思想界群体效应发生的一环。这一群体效应大多发生在"东亚奇迹的文化渊源"这一命题辐射范围之内，其中包括海内外现代新儒家、持现代化论的社会学家及历史学家和思想史家。除了新儒家毫不掩饰具有一线单传的心学弟子身份外，其他领域的

---

① 参见陈来：《有无之境——王阳明哲学的精神》，30页，北京，人民出版社，1991。

学人未必都是王阳明的信徒或心仪王阳明的理论，但在 80 年代的思想语境中，几乎都不否认文化有带动其他改革进程的先行效果。

除了大陆源自 20 世纪 30 年代以来的社会史传统的"封建主义论"和"资本主义萌芽论"之外，80 年代比较有影响的替代性流派就是从台湾引进的"道统—政统"对峙论。这套理论的历史哲学渊源，可追溯至牟宗三先生在《政道与治道》一书中对中国历史与知识阶层关系的基本估计。① 后来在中国思想社会史的研究中泛化为某种一般性的原则，这套原则为超越阶级分析的框架，精心为中国知识阶层构设出一条贯穿古今的同一性精神脉络，并名之为"道统"，作为分析文化史、社会史的基本规范性架构。其内涵的前提是，无论社会发生怎样的变动，道统在文化与社会意义上都会保持其自身的超越状态，对这种超越与连续性的把握，有可能摆脱西学概念史对中国学研究的控制，并由此转化为一个完全的本土式问题。如此的诠释努力虽以历史学的描述体现出来，但与新儒家对中国传统文化基本立场的表述是相通的。

这套思路为中国知识分子的道统传承规定了数千年不变的历史本质，甚至在任何情境下，这本质都有可能转化为超越性的良知，成为对抗王权的思想资源。我们无须了解以下境况，即每个时代任何阶层身份角色的变迁都可能是本质主义与时代主义互动关系的产物，而不可能具有不变的超越性。按照后现代的表述，任何阶层身份与行为体现出的历史灵动都是话语建构的一个结果和表现，以道统的超越性对抗现代主义的普遍原则，勇气固然可嘉，可一不留神也容易陷入现代的圈套，因为所谓中国知识阶层的良知与抗命精神，常常被拉来与 19 世纪以来特别是德雷福斯事件后的知识分子批判精神相提并论，无意识中国的士又成了西方知识分子的"拉郎配"。更为关键的问题是，对知识阶层的过多关注，往往很容易使我们误以为他们的言行可以支配中国历史的进程，特别是在近代历史中，知识阶层的言行直接变成了导致社会变迁的准则，甚至完全成为其他社会阶层的代言人。因此，分析他们的话语行为规则就像掌握了开启历史之门的钥匙。墨子刻称之为"中国式的乐观主义"

---

① 　参见牟宗三：《政道与治道》，台北，学生书局，1988。

(Chinese utopianism),① 他认为中国与西方思维方式存在着由上而下和由下而上的区别。由上而下的模式假设了知识、道德、政治权力和个人自由之间的关系,假设了国家、多元市场和社会精神气质之间的关系,假设了官方政治理论、主流知识分子政治理论和民间政治理论之间的关系,假设了自治与他治的关系。"乐观主义认识论"认为,公共利益可以完全为精英所知晓并成功地加以推广,以为人类本性和历史进程包含着强烈地实现这一利益的趋向:一个启蒙知识分子能够融合道德、知识、政治权力并有效地与个人自由衔接起来,结果一个好的社会通过个人与政府的协调而被创造出来。而所谓自下而上的"悲观认识论"则认为,特殊的团体与个人不可能可靠地拥有对道德与权力等领域的特权式分辨能力,基层草民的知识水准未必会低于官方和知识分子的理论修养。在这个前提下,根本没有办法融合知识、道德、政治权力和个人自由,社会秩序更多地要保护三个领域的各自自由,以防止声称比其他公民拥有更具超越性的理解力,并能将之付诸实施的"大同心态"。② 当我们在选择中国思想史研究的框架时,同样似乎也应该避免这类心态的支配作用。

笔者在这里所要表述的是,港、台地区风格的知识社会学分析没有给中国思想史研究带来惊喜,因为它太偏重于对文化超越性本质特征的探索,而不打算破解儒学作为经验表述在各个历史时期被权力构造的制度表现形式,更不打算探究它在基层的变异及其社会根源。正如格尔茨所言,解读历史应重其意义而不是法则,因为意义有可能在揭示其建构方式时才能被发现,因此:

> 这种定位于经验,理论严密,重在象征的价值研究方法,它的一个几乎可以肯定的结果就是那种由只建立于逻辑思考不建立于实际观察基础之上的理论出发而企图描述道德、审美及其他规范行为

---

① 参见 Thomas A. Metzger, *The Western Concept of the Civil Society in the Content of Chinese History*, Hover Institution on Wax Revolution and Peace, Stanford University Press, 1998, No. 21.

② 参见 Thomas A. Metzger, *The Western Concept of the Civil Society in the Content of Chinese History*, Hover Institution on Wax Revolution and Peace, Stanford University Press, 1998, No. 21.

的分析的衰落。①

这个时期的思想史研究与知识界的关系表现为：涉及多层因素的复杂历史问题极易被化约为一个文化性质的问题，比如类似"商人伦理""家族意识""心理结构"等偏于文化心理分析的主题词均是史家频繁光顾的概念。与之相应，和文化心理学、社会心理学、文化进化与心理分析学派相关的西方著作的大量译介更为此现象的流行推波助澜，所以 80 年代的思想史研究往往呈现出文化史的单一面相。而文化史的研究又大都偏向于社会文化心理的分析，而地区研究、权力分析、性别研究等社会理论方法都还无缘进入历史讨论的范围，即使进入也会造成误读。只是这些误读和选择并非有意为之，而可能恰恰是与 80 年代以来的思想界状况和其所秉承的时代主题，以及这些主题与传统之间的脉络传承因缘有关。

三、超越"激进"与"保守"的二元对立框架

90 年代以来，中国思想史界试图对 80 年代的一些命题进行反思和修正，许多学者不约而同地回避刻意使用东方/西方、传统/现代的界分解释，而试图在寻找东西方共有的一些历史范畴的努力中重新定位中国思想的特征。其中影响较大并引起争议的诠说思路是尝试在激进/保守的二分框架中呈现近现代思想的复杂脉络。90 年代初，余英时在香港中文大学的一次讲座中正式提出以"激进"和"保守"这两个范畴概括中国近代思想的不同发展趋向，在随后发表的《中国近代思想史上的"激进"与"保守"》一文中，余英时指出："激进"与"保守"这两个概念来源于英文的所谓 radicalism versus conservatism，而"保守主义"（conservatism）一词则直接是在法国大革命以后由伯克（Burke）在《法国大革命的反思》（*Reflections on the Revolution in France*）中首先提出。为了避免西化的嫌疑，余英时强调所谓激进与保守不是指哪一套思想，也不

———————————

① 格尔茨：《文化的解释》，纳日毕力格等译，164 页，上海，上海人民出版社，1998。

是指某一特定的学派，而是一种态度（disposition），一种倾向，或者是一种 orientation。这种态度是常常发生的，特别在一个时代、一个社会有重大变化的时候，这两种态度常常出现。① 比如作为一种政治文化态度，中国历史上司马光和王安石的争论，就可看成是保守主义者和激进主义者的争论。余英时认为，确定激进与保守的界限和坐标的划分一般来说是针对现状而言的：

> 最简单地说，保守就是要维持现状，不要变；激进就是对现状不满意，要打破现状。要打破现状的人，我们常把他放在激进的一方面。要维持现状的人，我们把他放在保守的一方面。②

不过这里马上就会遇到一个问题：我们如何确定"现状"的标准？或者说，中国古代是否存在一个和西方相类似的判断"现状"的标准？而且判断激进或保守是否只能按照西方启蒙时期以来形成的共同线性发展指向作为标准？

我们知道，中国古代的历史观实际上是由一种"退化论"或"循环论"所支配着。"退化论"的基本前提认为，越古老的社会存在方式就是越合理的、越好的，而三皇五帝时期是人们最向往的黄金阶段。"循环论"的基本论断是，社会历史的发展合理与不合理可能会交替呈现出来，对其做出基本判断只能采取一种相对主义的态度。这两种历史观恐怕均无法用现代意义上的现状和秩序的标准加以衡量。因为中国古代的现状观念不是针对一种现代意义上的进步与保守状态而言，而是针对古老秩序的不同理解而言，两者可能根本就不是一码事。比如王安石变法的目的确实意在改变现状，但其根本的目标并不是促进社会和历史的进步，而是使整个制度运转更加符合古老的社会秩序的标准。在这个意义上，他和司马光的目标其实是一致的，那就是无论想冲破还是维持既有社会的现状，尽管双方都基于对古代秩序的不同理解，但终极目的还是为了

---

① 参见余英时：《中国近代思想史上的激进与保守》，见许纪霖编：《20世纪中国思想史论》上卷，412页，上海，东方出版中心，2000。
② 余英时：《中国近代思想史上的激进与保守》，见许纪霖编：《20世纪中国思想史论》上卷，413页。

恢复业已存在的某种历史性的完美状态。王安石的变法表面上表现出的是一种激进主义的行动策略，比如废除诗赋取士和记诵传注经学，转而使用经义和论策取士，显示了唐宋以后的选士制度日益重视能力而不是教养的取向。这似乎与宋代理学家对道德的尊崇背道而驰。实际上，王安石的改革不仅包含了恢复古代学校之制的旨趣，而且其强调从符合制度功能要求方面取士，并使士之事功与道德合二为一的要求，使王安石的改制方案似乎更像复原周代礼制的样子。这不但与现在对维持现状还是打破现状的理解风马牛不相及，而且也完全和现代人附加在他们身上的解释背道而驰。因此，用激进与保守的框架显然无法说明中国古代思想的变化态势。

　　进入中国现代思想的语境，问题当然会变得更加复杂。中国思想的变局，无疑是应对西方世界渗透的一个结果，当然应对的程度素来就有很大争议。同时我们也不能否认，这种应对并非纯粹的西化过程，同时也和对传统思想的重新阐释与解读过程交织在一起，只不过这种阐释与解读已失了其原来的秩序作为依托而已。换言之，近代思想家即使和王安石时代的人具有某种"态度同一性"，即仍保留着对恢复古老美好社会的向往，这种态度也必须服从于以下目标的实现程度：即如何有效地使中国被纳入到世界发展的秩序之中，又同时保持自身传统仍处于合理性的状态，这无疑是一个悖论式的选择。比如康有为谈"公羊三世说"，表面上涉及的仍是一个传统的经学嬗变的问题，但是康有为讨论此问题的相关语境却又使他必须相当迫切地考虑如何使中国发展适应于一种世界性的标准。他的"大同说"也由此变成了对民族—国家话语的一种终极目标的解说。康有为谈大同理想时，已不可能是一种王安石式的对古代社会的憧憬态度，而是参照西方的现代性经验来阐发社会的变化，或者借此说明社会发展应达到什么样的终极状态。这是古代思想家根本不可能考虑的问题。

　　另一方面，我们同样很难用激进与保守的框架来评估康有为理论的意义。康有为的思想中既包含着极端性的社会构想，同时也包含着相当实用的现实设计方案，这些变革方案后来已基本成为清廷实施"新政"的资源，然后以国家行为的方式向基层渗透。因此，就康氏自身的思想结构而言，它显然反映的是既激进又保守的复杂状态。激进与保守的划分，虽然强调激进主义占主导地位的余英时已隐约意识到应该对这种趋向取批判的态度，而反驳者如强调保守主义占主导位置的姜义华则明确赞成采取激进主义的态度对实现现代化的必要性，但他们共享的前提，却都是对使用现代化标准衡量近代思想的无条件认同。这种前提共享实际上也是近代中国思想的一个主要特征。与西方有所不同，中国知识分子由于缺乏西方市民社会和公共空间作为依托，所以很难保持较为纯粹的民间立场，中国近代思想史基本上走的是社会知识分子运动——国家设计——基层渗透的过程，知识分子的选择往往和国家行为紧密相关，甚至更多地直接转化为国家的对策性资源。当然，国家行为的改变不完全是知识分子行为直接造成的结果，而是外力催逼下达致的一种综合效应。然而，无论是所谓保守型还是激进型的知识分子观点，最后都不过是国家行为某一侧面的思想表述。比如国学在 20 世纪二三十年代的相对复兴，从表面上看仅仅是对抗现代化霸权意识的一种传统姿态的阐扬，可是同时它又刻意自觉地在历史中寻找与现代化意识相关的因素，比如不绝如缕的"古已有之说"和"西学东源说"就是明显的例子。这些理论的出现，既可以说是对西方现代化意识形态的被动反应，也可以说是参与中国现代化叙事的表现。

更明确地说，近代以来特别是 20 世纪以后，任何保守主义式的复兴言论都已不是一种孤立状态的传统复兴运动，而是现代化叙事积极干预下的一种阐说。这种阐说实际上配合了激进主义的言说方式。比如"儒教资本主义"和"东亚经济模式"的解释框架，表面上是倡导恢复传统儒学的价值，实际上却是在有意论证儒学资源与资本主义运作方式到底存在多少契合点。与之相应的是，针对孔子的祭祀活动与对儒教的弘扬越来越变成了某种国家行为，而"文化搭台，经济唱戏"模式的流行却又使任何复兴传统的行为不可避免地浸染上了商业运行的色彩。也就是说，知识分子的活动一旦与国家的总体性目标相吻合，而淡化了批判反思的色彩，那么任何关于激进与保守的划分策略就会变得毫无意义，因为双方不过是国家意识形态整合下一体两面的表述形式而已。

之所以会出现如此的情况，除了中国思想史界长期受制于西方现代化话语的支配外，长期忽视民间"草根社会"的思想资源也是一个重要原因。由于"草根社会"的传统缺乏在上层领域的代言人，因此，"草根民众"的意识在中国思想史中长期处于缺席和失语的状态。可是事实证明，传统在基层社会的表现恰恰证明了其存在的活力及其能动品格。因为人们突然惊异地发现，在经过几十年严密的政治高压和组织化控制之后，一旦出现了新的机会，基层传统就会如雨后春笋一般迅速取代旧有的机制而占据优位，这些"草根资源"令人不可思议地从各个角落中涌现出来，重新支配了普通民众的生活方式。"草根知识阶层"通过重修族谱、恢复祭祀圈、重整地方组织等形式强化民间传统，但他们普遍缺乏与精英阶层的沟通渠道，表现出的是一种纯粹的自发行为。从这一层面上讲，民间行为与国家行为具有如此大的差异性。如果说，知识分子所阐释的无论激进还是保守的主张不过是国家话语表述的不同侧面的话，那么，用激进与保守的框架就更加无法概括"草根社会"的实际思想。笔者认为，未来的中国思想史研究应该使精英思想在与草根思想的对话中重整和寻究其内涵与意义。

　　中国思想史研究应该超越激进与保守的二分辩论的另一个理由是，辩论的双方往往各执一词，却在某种角度又似乎显得各有道理。余英时认为：中国近代一部思想史就是一个激进化的过程（process of radicalization），最后一定要激化到最高峰，几十年前的"文化大革命"就是这个变化的一个结果。[1] 而姜义华则反驳说，保守思潮在另一个意义上始终在中国思想界占据优势。从两方面所持的证据来看，余英时的论断当然有相当的说服力，可姜义华的反驳也似乎不无道理。因为形式上的激进主义的行为，恰恰有可能是某种传统思维支配的结果。比如毛泽东对中国教育体制的尝试性改造，表面上是专门化的现代体制影响塑造的结果。但从毛泽东的教育背景而言，其对现代专门化教育不重视行为实践一直极为反感，而这一反感产生的背景，均与湖湘文化传统中重视经验教育的历史渊源密不可分。因此，毛泽东表面上倡导的激进主义行动如"上山下乡运动"均可能是一种传统方式的体现。因此，用激

---

　　[1]　参见余英时：《中国近代思想史上的激进与保守》，见许纪霖编：《20 世纪中国思想史论》上卷，414 页。

进一保守的二分策略显然不足以概括近代知识分子思想的复杂性，因为二者可能恰好同时交织体现在某一思想家的脑海之中，甚至可能只在某一阶段、某一时刻激进支配着他的思想，而在另一阶段、另一时刻保守却可能占据了上风。

从广义上而言，激进一保守的二分模式也长期支配着中国历史学研究的基本导向。国内革命史叙事的主导线索就认为：中国激进一保守的对峙主要昭示出政治力量的对比，激进力量主要体现在对封建势力和资本主义势力的反抗方面，对代表激进主义倾向的民族主义运动的解说，也往往围绕农民为主体展开。"激进"这个词基本包含着褒义的评价，而"保守主义"却常常是描写知识分子革命立场左右摇摆和不够坚定的贬义用语。而基层民众力量对保守知识分子思想的清算总是作为一个重要场景出现。而替代"革命史叙事"的"现代化叙事"则似乎是一个为知识分子正名的解释，认为他们是现代化运动的创始者，民众则重新被归类为"被启蒙的对象"，变成了"保守主义"者。"革命史叙事"强化的是现代化背景下农民运动的作用，"现代化叙事"则强调精英群体与国家行为的合谋效果。对知识分子与农民运动之角色对应关系的摇摆性评价已经揭示出，"激进一保守"任何一端的倾向性定位都不足以概括近代思想的复杂性。因为处于现代性处境之内的知识群体恰恰表现出既保守又激进的双重身份，而用此框架分析农民阶层的思想则更是难得要领。

四、中国思想史研究与"现代性"问题

进入 90 年代，无论是余英时提倡的"内部研究"传统，还是衔接列文森思想史研究框架的诸多分析派别，均处于被质疑和被批评的地位，思想史研究也呈现出了前所未有的萧条状态。出现这种现象的一个重要原因是：这些思想史研究几乎无一例外地把 50 年代以来形成的乐观现代化理念作为衡量近代中国思想价值的唯一标准，而不是把西方现代化道路的形成视为一种复杂多变、具有反思价值的开放式未定领域。"现代化"理论中崇尚的理性尺度一旦成为衡量思想优劣的普遍性标准，就很有可能自我封闭地成为一种意识形态霸权，思想史研究在其中的回旋空

间就会显得非常狭小和局促。所以 90 年代以来，中国思想史研究逐渐开始引入"现代性"反思的维度。引入这一维度的最大贡献，就是把现代化过程看作一个具有复杂构成要素的悖论式框架，而不是一种可以普遍遵循的完美解释体系。换言之，在 90 年代的思想史视野里，"现代性"被看作一个有待完成的方案，其内部充满了各种复杂冲突的可能性，评价现代性所依据的标准也不是已经具有封闭式的可以普遍实施的价值理念。这部分是出于哈贝马斯等社会理论家对现代化过程可以全方位地达致乐观结果的法定命题发生了怀疑。哈贝马斯把"现代性"方案与现代历史过程区别开来：现代化过程不能被看作现代性方案的完整实施，相反，这个过程包含了对"现代性"方案的歪曲、异化和压抑。后现代的一些学者如福柯，更是揭示了在人的解放、人道主义和自由理想的许诺背后所隐藏的权力支配和不平等的压迫关系。因此，在 90 年代的中国思想史研究背景中，"现代性"概念被理解为一个悖论式的言说体系。现代性本身包含了内在的张力和矛盾，这与 80 年代整个思想史研究完全依赖"现代主义"解释的单调状态已大为不同。汪晖曾经明确划分"现代性"的反思态度与"现代化"理论迷信者的真实区别。他抨击那些捍卫"现代化"的理论家把"现代性"与现代化过程混为一谈，做出一副卫道士的样子。他们一谈"现代性"的问题，就怀疑是否要回到旧时代，回到"文化大革命"，等等，足见这些理论家不是把"现代性"看作一个包含了内在冲突的结构来反省"现代性"，而是把"现代性"当作一个整体的目标加以肯定，借以捍卫这个时代最具霸权的意识形态。①

中国思想史研究中对"现代性"反思维度的引进，其目的是力图超越传统的以阐释中国近代化进程为主要线索的研究框架，而把中国思想和社会置于更为复杂和矛盾的历史场景中重新加以把握。这种尝试同样也超越了 90 年代初关于近代思想史激进还是保守的争论。如前所论，激进还是保守的思想史论争表面上虽然各持一端，实际上每一端的论题仍是以西方/东方、现代/传统的二分框架来观察中国历史的变化，大尺度既然都是一样的，两者的差异自然很难超越对立双方所表现出的同一性。

---

　　① 参见汪晖：《现代性问题答问》，见《死火重温》，8 页，北京，人民文学出版社，2000。

因为我们很难明白无误地确定保守与激进的统一界限，在近代思想的流程中，激进的表象下往往蕴藏着传统的因子，而保守的态度中往往昭示出激进的前提。即使如胡适这样的口头"全盘西化论"者，在行为上的表现也是传统的色彩居多，最后不得不以矫枉过正的姿态为自己含混的激进立场辩护。有鉴于此，一些思想史研究者试图把激进与保守等类似的诸多二分命题，转化成一个中国人如何面对"现代性的自我认同"这个充满挑战的悖论式问题。

按照汪晖的看法，一旦进入近代，中国人对自我进行认同的态度就一直处于尴尬游移的状态：

> 首先，由于传统社会制度和伦理结构的瓦解，我们的社会角色本身不再能提供道德评价的客观基础和理解我们自己的条件；其次，对传统伦理制度的反叛伴随着新的自我观念的产生，即我们普遍地相信存在着某种内在的本质或我们的自我，而这种内在的本质显然与我们的实际社会状态相脱离。只有现代社会使我们同时面对这两个前提。①

对中国人这种两难思想困境的揭示，恰恰说明现代性的各种方案给中国人生活状态所造成的直接影响，并不能通过单一而本质的乐观诠释就能简单予以说明，而是包含着远为复杂的多层内涵。因此，中国思想史研究如果要寻找到新的理论兴奋点，就不能仅仅停留在论证中国人思想如何被动适应近代化这样一种本质化言说的圈子里，而更应揭示各种传统观念在不同场景下如何被现代思想权力所强行组织或软性支配，同时更应该关注人们如何抵抗这种支配的过程。对近代中国人而言，"现代性"现象既是一种宿命也是一种建构。

换一种简单的说法，近代中国人频繁发生的所谓"认同危机"，实际上就是无法在既有的传统框架内对自我价值和社会价值的优劣做出像过去那样的准确判断，从而增加了思想的不确定性，这种不确定性又恰恰不能用简单的二分法式的现代化公式加以求解。"人的解放"在过去的

---

① 《汪晖自选集》，1 页。

"现代性"叙事中是个理所当然的褒义命题，但是在"现代性"反思的条件下，它不应仅仅被当作一个思想和道德的本质命题予以考虑，而且还应被视为一个内涵不断变化的政治的、经济的和文化的命题。揭示这种变化和不确定性，从而增加我们反省历史的能力，应该成为思想史研究的新起点。具体而言，所谓"认同问题"，就是对善恶价值确定性的一种承诺，也就是说，在传统社会中，个人、社会和组织等在中国人的眼中是一个可以明确加以价值定位的范畴，它们具有可确定性，而身处现代社会中时，这种认知结构常会为不确定性所取代，人们必须重新评判周围事物的合理性，同时建立起与内心世界所受传统教育迥异的评判标准。最为令人焦灼和恐惧的是，与传统评估的稳定框架相比，"现代性"标准的准确度始终在中国无法确定，而是处于某种反复动荡的过渡状态。

所以说，古代思想史研究与近代思想史研究的最重要区别乃是在于，古代思想具有一种认同感作为参照，我们的研究可以循着以这种认同感为基础搭建起来的心理结构和制度背景确认一些基本的认知前提。而近代思想的发生恰恰是一个面临认同危机的过程，这种危机形成的阴影一直如影随形地笼罩在中国知识分子的头上，至今尚未消散，有可能还在被继续强化。而目前近代思想史研究自设的命题却认为，认同危机的消散关键在于知识分子对现代化趋向的认可程度，与之相应的就是与传统认同方式的疏离程度。认同危机的化解，是以认同现代化的理念和生活标准为前提的。然而一旦引入"现代性"的反思维度，事情就变得不那么简单，因为西方的原生型现代性目前尚且处于一种自我反思、自我批判的危机状态，那么，后发型现代化国家中所引起的认同危机显然不能用单一与普遍化的现代化标准予以解决，它必然以更为悖论性的状态呈现出来。因为个体与其他一些现代性事物如自然、社会、国家、民族、性别及其他群体的复杂关系是被历史地建构起来的，而这种建构绝不是以现代替代传统这样简单地认同转换公式所能解释清楚的。

汪晖所作的对认同关系的描述，主要建立在对近代一些核心基本概念演变的梳理上，同时关注的是它们如何被植入具体的历史情境中。在这种研究视野中，自我/个人、社会/国家/民族、宇宙/自然等几组关系，构成了中国现代世界观的基本框架。这些概念不应被理解为一种纯粹的翻译或者本质规定，而是应把这些概念本身视为一个历史建构的领域。不同的个人、不同社会中的不同思想家，同一个社会语境中的不同的知识分子，拥有不同的个人、国家、自然的观念。在观念史的层面，这些概念相互间的关系的差异，决定了同一语词的不同用法。更重要的是，这些概念总是在特定的社会生活和文化语境中显示出历史的含义，因此，我们不可能脱离这种语境来理解这些概念。① 第一步工作是确认一些对中国现实思想转换真正具有意义的基本语言和范畴单位，如"公""群""社会""国家""个人""科学""进步""革命"等，这些基本语言和范畴是在特定语言共同体的交往实践中约定的。然后再把这种范畴植入它形成的过程并观察其功能，而不是把这些语言当作透明的、不变的本质。汪晖的思想史研究也基本采取了个案探讨的方式，选取分析的个案也都是在中国思想史上举足轻重的人物，如章太炎、梁启超、鲁迅、严复、张君劢等人，只是并没有把他们放在保守/激进还是调适居间的二分或中立的框架下予以简单化的解释，而是力求在具体的历史情境中关注每个思想者进行其特定选择的意义及其差别。这种思想史研究的一个重要特点是揭示每位思想者个体所遭遇的不同悖论状态。

与古代有所不同，中国的现代认同与一些近代性概念如"社会""国家""进化""民族""公理"等紧密相关，但同时也试图与传统的"天""道"等范畴相衔接，以克服自己面对现实世界变化无定所形成的内在紧张关系。比如对章太炎思想内在悖论状态的分析就证明，章太炎作为近代国学运动复兴的倡导者，对于那些属于"国粹"范围的语言文字、典章制度、人物传记的整理、阐释，最初是以反现代国家的面目出现的。因为其表现更像是一种文化民族主义的姿态，即通过揭示汉族种群的文化特征来界定与满族的相互关系。"国粹"或"国学"概念中的"国"，主要是针对异族特别是满族统治而产生的种族的和文化的概念，而不是现代国际关系中的政治性的国家概念。② 在这个意义上，"国粹"的复兴似乎与现代国家的建构无关，而不过是一种传统的文化表述罢了。实际

① 参见《汪晖自选集》，2页。
② 参见汪晖：《个人观念的起源与中国的现代认同》，见《汪晖自选集》，74页。

上，章太炎作为晚清发动现代民主革命的理论先驱，其恢复"国粹"行为的真实动机，又不能仅仅停留在复原华夏中心主义这样一种传统意义的狭隘层面上，而是一种更为深层的现代政治主张的表述形式，即建立现代意义上的资产共和制度。所以说，章太炎的"国粹"复兴运动在政治意义上，仍是整个中国民族国家观念建构过程的一个重要部分，而不是某种单纯的文化复兴运动。同时，他从佛教中引申而出的"自性"观念和个体观念，又与民族国家的群体目标形成内在的紧张关系。

　　鲁迅思想的复杂性同样在认同的层面上体现了出来。一方面鲁迅深受晚清以来逐渐泛化的乐观进化论信仰的熏陶，并以此作为重估传统价值，倡导对旧式文明进行批判的重要理论依据。但汪晖也指出："鲁迅对'进化论'的价值认同及由此产生的文化批判代表了五四时代的价值理想，但在他的文化批判体系之后，'进化'观念却又是较为肤浅、并不能体现其深度的思想。"① 因为历史演进仿佛不过是一次次重复、一次次循环构成的，而现实社会以及自身所从事的运动似乎并没有从这种循环走出来，构成进化与进步的规律性轨迹，而是陷入了荒谬的轮回，因此，对时代的理性认识与对事实的感性经验在鲁迅思想体系中分裂成了两截。这里边当然与鲁迅的个人姿态有关。与一般的思想者有所不同，鲁迅虽然被视为"五四"思潮的旗手，但他始终拒绝从集体价值实现的意义上来理解"五四"话语所设定的近代化目标，而是常常沉浸于阴郁的个人体验之中，并以此为据在变迁的历史中发现内在的延续和重复。正是由于鲁迅把体验黑暗的个人经验作为自己反抗的前提，而拒绝认同和融入"五四"以后构筑的集体叙事对现代社会的浪漫想象，所以他的经验恰好与进化观念相悖谬。其结果就导致了悖论式现象的出现：

　　　　鲁迅把"生存竞争"的"进化"学说引入了社会生活领域，但也正是他，同时又把它逐出社会生活领域。有人根据前者而判定鲁迅是社会达尔文主义者，也有人根据后者而认为鲁迅根本没有形成社会"进化观"。但人们似乎都没有从中国历史的两难困境，鲁迅的双重历史任务和由此形成的历史与价值的冲突的角度来把握鲁迅的

---

　　① 汪晖：《个人观念的起源与中国的现代认同》，见《汪晖自选集》，193 页。

内在矛盾，没有从这种理论逻辑上的悖论现象背后寻找形成这种逻辑悖论的文化心理，从而也就无法把握这一现象的内在的"个人同一性"。①

汪晖的思想史研究对"认同"的解释虽然使中国人的思想状态进一步复杂化了，变成了开放式的言说，但是这种言说又因为其复杂性而变得暧昧和模糊，对思想不确定性的描述可能更加深了我们思想史研究的不确定性，也许这正是类似思想史模式的贡献与局限。另外，汪晖声称其研究是观念史与社会史的结合，可我们从中却看不到"社会"的影子，其解释理路基本上没有越出通过价值比较对人物思想进行评判的路子。他所提出的语言植根于"历史"中的"历史"，仍被狭义地限定在一种文本阐述的状态之中，而无法让人洞悉这种"历史"到底有多少丰富的社会内涵。所以在社会史研究的意义上，所谓"认同危机"仍然是相当主观性的自我确认，而尚缺乏社会意义上的实证和经验研究的支持。因此，这种范畴转换的复杂描述仍属于文本互译性的跨语际分析，而远未植根于丰富鲜活的历史情境中。当然，这么评价等于是用社会史的标准去衡量思想史的研究，也许显得有些苛求。

汪晖的一个重要贡献，是把"现代化过程"与"现代性"区分开来加以对待，他把"现代化"过程看作由西方理性启蒙运作构造出的一种时间概念。这种时间概念并不是一种纯粹的知识形态和精神需求，而是通过制度化的运作把民族国家、市场机制、劳动分工、法律体制逐渐普遍化的过程。具体以此观照中国近代历史，这个过程所达致的后果被普遍乐观地认为也同样是中国社会意欲达到的目标。因此，为了超越激进与保守的二分框架，不仅需要在知识分子基本立场的定位上超越二元的僵化思维，而且需要从社会形态的对峙关系中解脱出来，寻找其复杂的关联性和互动根据。比如汪晖就从资本主义与社会主义相对立的意识形态划分中发现：以民族国家体系为基本政治形式的资本主义与社会主义

---

① 汪晖：《个人观念的起源与中国的现代认同》，见《汪晖自选集》，180~181页。

共有历史前提。① 最为明显的例子是毛泽东时代的社会主义表面上看是
与资本主义世界相隔绝的封闭型体系，实际上毛泽东所倡导的社会主义
意识形态仍以不可逆转的进步理念为向导，力图用革命的或"大跃进"
的方式促成中国社会向现代化的目标迈进。一方面，毛泽东沿袭了近代
以来逐渐形成的建构中国现代民族国家的整体思路，通过强力控制把社
会组织整合进国家目标中，以使落后的中国社会凝聚成统一的力量，在
抗衡西方世界的立场中实现民族主义的自立任务。与此同时，毛泽东思
想深处的对社会平等的诉求与期盼，又恰恰是通过对农村的生产和消费
的剥削为城市工业化积累资源，并按照社会主义的原理组织农村社会。
在这个意义上，农村公有制是以更为深刻的城乡不平等为前提的。②

　　也就是说，"平等"的思想恰恰是以工业化逻辑的实施为前提的，其
必然结果是形成一种平等表象下的不平等的悖论关系。汪晖自己总结道：

　　　　毛泽东的社会主义一方面是一种现代化的意识形态，另一方面
　　是对欧洲和美国的资本主义现代化的批判，但是，这个批判不是对
　　现代化本身的批判，恰恰相反，它是基于革命的意识形态和民族主
　　义的立场而产生的对于现代化的资本主义形式或阶段的批判。因此，
　　从价值观和历史观的层面说，毛泽东的社会主义思想是一种反资本
　　主义现代性的现代化理论。③

这样一来，汪晖就把一个似乎仍是传统（社会主义）/现代（资本主义）
的二元对立的问题，还原为全球现代性权力支配下的历史与现实可以相
互确认和转换的场景，这无疑是个相当大胆的猜想。中国由此在现代性
总体中获得了意义，如论者所评论的：

　　　　反思现代性总体，使现代中国人的自我认同抵至全人类视野的
　　高度，将认同危机从资本主义与社会主义的相互否定中摆脱出来，

---

　　①　参见汪晖：《"科学主义"与社会理论的几个问题》，见《死火重温》，160
页。

　　②　参见汪晖：《当代中国的思想状况与现代性问题》，见《死火重温》，49 页。

　　③　汪晖：《当代中国的思想状况与现代性问题》，见《死火重温》，50 页。

将对中国百年实践的反省放到和对资本主义的反省同一条线上。对全球社会体系的批判及直面现代性总体进行制度创新成为可能。①

然而，这一系列大胆的猜想同样面临悖论式的处境，首先，"反现代性的现代性"作为一个思想史命题的提出并非首次的创意，因为这是20世纪中国知识分子共有的思想资源，可是如果把它视为一个社会改造方案，则会出现问题。因为毛泽东作为社会改造工程的实施者，有可能仅仅被视为全球现代化方案拓展过程中的一个环节而已，或者仅仅受制于一个全球化的变革方案。我们从中看不出实施者的自主性何在，仅此而观，我们很难区别出这种判断与"冲击—回应"说的真实区别。

其次，中国的社会主义实践虽然也可看作与资本主义共享某些历史前提的改革设计，但它所拥有的中国特色之鲜明是毋庸置疑的。对这种中国特色的阐释显然不能仅仅从与世界体系相关联的视野中获取，对世界体系的作用也不应过分加以强调，而应从中国传统资源（制度性和思想）的具体分析入手，特别是从50年代以来许多具体政策如"上山下乡"与工农办学等与区域传统和基层制度设计的关联性入手，来具体对待各种具有现代意义的变革行为。其实，汪晖并非没有注意到这一层面，他在不同的文章中曾经分别申述其基本方法是一种观念史和社会史的结合。在这种研究语境中，他不把"个人""社会""国家"等概念理解为一种纯粹的翻译或者本质规定，而是把这些概念本身视为一个历史建构的领域。② 正如有论者意识到的那样，汪晖用得比较多的就是"历史关系""社会关系"之类的话，他要把所有规范性的、观念性的东西还原为具体的历史关系，特别是某种支配性关系。③

汪晖的自述似乎也非常强调"探讨产生悖论式思想的社会条件和历史含义"。④ 在近期某些论著如《天理之成立》中，汪晖试图从中国思想

---

① 范仄：《90年代VS 80年代——汪晖论》，载《中国图书商报·书评周刊》，2000年9月19日。

② 参见《汪晖自选集》，3页。

③ 范仄：《90年代VS 80年代——汪晖论》，载《中国图书商报·书评周刊》，2000年9月19日。

④ 参见《汪晖自选集》，6页。

的源头中开始追寻其社会和历史的存在条件，如探索道德评判与田制、税法和宗族之间的微妙关系。① 汪晖清醒地意识到，从学术史的角度来说，以往儒学研究基本上忽略或贬低荀子的"礼制论"，而强化凸显"思孟学源"。"思孟学派"中的"思"指"学思"，乃孔子之孙；"孟"指"孟子"，是子思的学生，故称"思孟学派"。对"自我问题"的论证，这就为用自我概念描述儒家思想提供了学术史的依据。但这种解释同样存在一个致命的弱点，那就是理学与礼制或礼教的关系被大大弱化了。所以汪晖试图在思想史与社会史的互动状态中，重新建立道德论证与礼乐关系相互作用的解释框架，此框架基本认定先秦"德"与"礼"，"德"与"行"，"德"与"刑"的关系虽有所分化，但尚未达到彻底内面化的程度。因此，道德评价与礼乐、制度及其体现的自然秩序之间存在着内在的、连续的关系，人们无法脱离这种礼仪或制度的关系来进行道德评价。② 也就是说，仅从心理层面入手无法把握这种演变的复杂性。在对中国历史的制度分析中引入思想史研究，使汪晖的视野既区别于以往意识形态支配下的思想史研究的"戴帽式"分析方法，即在思想解说的前面生硬地加上经济史的评述，成为某种八股公式；也不会像新儒学研究者那样刻意回避探究思想背后所隐藏的制度背景。他认为，如果要恰当地评价汉唐以来的制度转型，就必须注意礼乐与制度的分化过程，因为先秦以前的三代体现了一种德治原则，而汉唐之制却是一种与道德无涉的制度实施。如果说礼乐包含着品位观念所提供的道德含义，那么，制度却具有相对独立的含义，它无法提供道德的普遍基础。③

在这样的背景下，是以制度还是礼乐抑或形而上学为依托进行道德论证，就成为每一个思考道德评价、思考政治和经济制度的合

---

① 参见汪晖：《天理之成立》，见刘东主编：《中国学术》第 3 辑，4 页，北京，商务印书馆，2000。阎步克的研究也涉及礼乐和制度的分化问题。参见阎步克：《士大大政治演生史稿》，北京，北京大学出版社，1996。

② 参见汪晖：《天理之成立》，见刘东主编：《中国学术》第 3 辑。另参见阎步克：《士大夫政治演生史稿》。

③ 参见汪晖：《天理之成立》，载刘东主编：《中国学术》第 3 辑，另参见阎步克：《士大夫政治演生史稿》。

法性的士子关心的问题。①

循此思路，汪晖不但试图诠释田制、税法与道德评价之间的关系，而且也尝试把南北问题、民族意识与正统观念统统纳入自己观察的视野，按照刘东的评价就是想"部分激活诠释思想史的马克思主义向度"。② 这一向度的掘进，无疑会为专注于狭隘自闭式的观念史研究领域带来新气象，然而汪晖在强调从制度分位的角度诠释唐宋转型期间所呈现的知识与道德分离的过程时却显得语焉不详，对这种分离的复杂原因没有做出令人信服的解释，而只是进行了某种形式化的描述。对南北问题和民族意识的产生等颇为复杂的历史问题，也仅仅通过钱穆与陈寅恪等人的间接论述予以定位，这显然是不够的。笔者认为，特别应该注意的是，制度分位导致知识与道德的分离，不仅造成了南北地域格局的形成，而且也造成了士人的道德理想和对伦理制度的想象成功地完成了向民间基层社会的渗透。这既是一个知识的自我再生产过程，也是精英思想（包括道德评判）在基层制度化的过程，可是我们却没有看到对这种过程的详尽描述和分析。总之，这给人的总体感觉是思想史—社会史的解释在文中并没有有机地融合在一起，与抽象雄辩的思想史分析脉络相比，对思想基础和社会条件这个重头部分的论证仍显得比较匆忙和单薄，没有成为"天理"成立原因的有力佐证。而在汪晖以往的思想史阐释中，最为精辟的部分，也恰恰是揭示出了近代思想和观念方面所呈现出的复杂与内在的悖论状态。这种状态的揭示基本超越了传统/现代、东方/西方的二分框架，但这些尝试对产生这种悖论状态的社会与历史的复杂背景和原因往往满足于问题的设定和提出，具体的论证过程却显得过于匆忙，论题之间留下的缝隙较大。这可能与汪晖仍把思想史理解为一种宏大叙事的表达有一定关系，以至于要求自己面面俱到，乃至"毕其功于一役"地一揽子解决所有问题。更为关键的是，思想史观念一旦被置于一种流程式的超大框架建构过程中，自然会增加其不确定性，当然也会同时增强解释方法的开放和弥散化的程度，但在某种意义上也同时降低了这种

① 汪晖：《天理之成立》，见刘东主编：《中国学术》第3辑，39页。
② 刘东：《中国学术》第3辑"卷首语"。

分析的可通约化程度。因为我们似乎很难从这种思想史框架中寻找到可以重复使用的基本概念，一切似乎只希望于弥散式的呈现和洞见。可呈现的基础却可能更加晦暗不明，这可能也是研究悖论状态的汪晖自己也陷入悖论状态的原因。

在另一篇文章中，汪晖给自己的定位是，关注现代社会实践的创制过程和民间社会的再生能力，进而重新检讨中国寻求现代性的历史条件和方式，这显然已溢出了思想史研究所能解决的范围。汪晖所提出的目标，实际上是一种解释中国社会的总体社会理论的创构，而从目前中国思想界的知识生产能力来说，显然仍不具备这种创构的条件，因为这种创构的基础必须建立在多学科交叉等大量细致经验研究的前提之上，而且与思想史相关的方法论研究也应达到相应的解释高度。所以汪晖的研究尚不能从社会史的层面得到有力的支持和验证，他自己也面临着如何找到思想史与社会史之间的交叉点的问题。

尽管如此，汪晖在思想史研究方面的贡献仍是有目共睹的，他对现代中国人自我认同的揭示指涉的仍是一种两难困境，其研究不是指明出路，昭示答案，而恰恰是揭示寻找答案过程中所产生的困惑感和挣扎心态，意在颠覆的正是我们过去研究中所不自觉采取的支配性想象。在现代性反思语境中对"自我认同"状态的潜心思考，至少否定了一种习以为常的运思命题：我们过去总以为经济发展了必然会自然带来文化的繁荣和延续。其实结果可能恰恰相反，经济的畸形发展可能在某种状态下会给文化的发展带来灾难。这是对我国文化史研究盲目趋从现代化解释的一个致命挑战。

五、由西徂东："理论旅行"的现代性意义

1996 年，一本名叫《中国人的精神》的著作在中国图书市场掀起了一股狂销热潮。如果是处于 80 年代文化热时期，一本讨论文化的著作热销出数万本好像并不奇怪，可是在 90 年代的商业社会中，谈文化已变成了一种奢侈，此书居然一下子卖出十几万册，而且一版再版，着实让人觉得不可思议。可是稍加注意我们就很容易发现，《中国人的精神》具有

如下几个特点：一是此书虽然是阐说中国文化精神的著作，却是由英文转译回中文。二是作者辜鸿铭以留洋多年的身份却在民国以留辫和鼓吹纳妾，捍卫中国古老习俗而著称于世，可其外文功底却恰恰远胜于国学修养，由这个怪杰式人物承担了向西方传播中国文化的使命，让人觉得颇有些反讽的味道。辜鸿铭身前身后始终背负着怪诞之名，诸如"怪儒""怪人""怪杰"等封号总是如影随形地尾随其后，文人笔下的辜鸿铭永远是：

> 枣红色的旧马褂，破长袍，磨得油光闪烁，袖子上斑斑点点尽是鼻涕唾液痕迹，平顶红结的瓜皮小帽，帽子后面是一条久不梳理的小辫子，瘦削的脸，上七下八的几根黄胡子下面，有一张精通七八国语言，而又极好刁难人的嘴巴。①

时至今日，当时的评价在今天仍有回响，不过更有人从"辜鸿铭热"的升温中读出了所谓"后殖民"的味道，认为除去中国人好做翻案文章的痼疾外，可以发现"后殖民主义"话语在某些人头脑中作祟。因辜氏说得一口好英文，著作又有德、法、日等文字译本，甚至德国出现了专门为辜鸿铭思想捧场的"辜鸿铭研究会"，于是连带出了中国人的想象，那意思是说"连外国人都奉为偶像，我们岂能……"，"辜鸿铭热"的背后于是有了炫示民族骄傲的潜台词，有位评论者干脆明说：

> 这与尤里卡金像奖乃至某个阿猫阿狗在某国办得什么"博览会"的证书一时成为中国产品的护身符的现象如出一辙，这不免使人怀疑，辜氏的外语天才和怪僻是不是成为某些人赚钱的幌子了？这才是辜鸿铭真正的悲剧所在。②

如果按照"后殖民"理论家们的意见，现代的东方经历了入侵和战败，受到了剥削，然后它才诞生。东方只有等到它变成了西方的对象的

---

① 王理璜：《一代奇才辜鸿铭》，见黄兴涛编：《旷世怪杰——名人笔下的辜鸿铭 辜鸿铭笔下的名人》，162 页，上海，东方出版中心，1998。

② 论衡：《真精神是什么？——解读辜鸿铭热》，载《大时代文摘》1996 年 8 月 15 日。

时候才开始进入现代时期。因此，对非西方来说，现代性的真谛就是它对西方的反应。① 殖民地人民在地缘政治的意义上脱离了西方统治后，在表述已被遮蔽与忽略的自主意识过程中，会不自觉地以西方原有殖民地的一套话语系统来表达和捍卫自己的民族主义立场，从而陷入了"以西方反西方"的悖论圈套。② 辜鸿铭成为国外尊崇的偶像，大致由两个不同的群体加以促成：一是真正的"东方迷"们，他们真心崇拜古老的东方文化，这类群体的人数大概并不多。另一类则是把辜氏对西方弊端的批判视为反现代化论阵营的奥援，进而转化成对自身有利的话语，这与对东方文明特质的推崇毫无关系。与此同时，国人推崇辜氏焦点亦集中于他懂得多少国家的语言，而不是关注其国学功底的厚薄，尽管他身着长袍的标准醇儒形象早已成了捍卫儒家尊严的符号。有关其逸闻逸事也常常被设计成各种雷同的结构，一般的故事情节均是辜氏以笑傲"群魔"的姿态用"魔鬼们"自身的语言回敬了他们对东方文明的大不敬。也就是说，当辜鸿铭的形象变成了西方认真审视的对象时，才拥有了现代意义的价值。同时，辜鸿铭名气在西方的升降，也成为中国人设定和衡量民族自信心的一种秤星和刻度。

以上的叙述似乎给人一种感觉，"辜鸿铭现象"只是在近代东西方剧烈的情感冲突之中上演的一幕生活插曲，其怪诞猎奇的内涵好像只具有表演性的观赏价值。其实，当代学界真正把辜鸿铭从文化猎奇的氛围中剥离出来，而加以明确的学术审视与定位的努力一直在坚韧地进行着。随着学术专著《文化怪杰辜鸿铭》的出版，以及辜氏西文原著被完整翻译、收录于《辜鸿铭文集》之内，并随之畅销，辜鸿铭正在逐步蜕掉其"怪儒"的戏剧化外衣。如果要追溯得更远一点，民国初年，正是鼓吹"全盘西化论"的代表陈序经把辜鸿铭认真视为一个真正学问上的对手，

----

① 参见酒井直树：《现代性与其批判：普遍主义和特殊主义的问题》，见张京媛主编：《后殖民主义与文化批评》，405 页；又见加亚特里·查克拉沃尔第·斯皮瓦克：《属下能说话吗?》，见罗钢等主编：《后殖民主义与文化理论》，99～157 页，北京，中国社会科学出版社，1999。

② 参见酒井直树：《现代性与其批判：普遍主义和特殊主义的问题》，见张京媛主编：《后殖民主义与文化批评》，406 页；又见加亚特里·查克拉沃尔第·斯皮瓦克：《属下能说话吗?》，见罗钢等主编：《后殖民主义与文化理论》，99～157 页。

陈序经在《东西文化论》这篇长文中抨击辜氏把道德与文化分开的诠释方法，认为道德应是文化的构成部分，也会随着文化的变化而变化。辜鸿铭的观点是：估量文化的价值不在于拥有多大的城市、房子和道路、建筑、家私、器具，也不在于制度、艺术和科学的发达。这些现象恰恰是西方现代化物质切割分化的结果，文化的优秀与否在于人类灵魂的质量，而灵魂是不可分离的。这无疑是个整体性的文化论视角。①

陈序经的评论当然会采取相反的取向，攻击的正是其文化至上的原则：

> 然他却忘记了，道德不外是文化各部分中的一部分，道德固然可能叫做文化，城市、房屋、家私、器具、制度、艺术、科学等等就不算做文化吗？须知道德固然是文化一部分，文化未必就是道德。②

很显然，陈序经走的是分割文化观念的一路，文化被当作整个专门化知识类别中的一种形态而存在，而不可能再处于混沌未分的整体状态。这种从严谨的西方知识论的专门化角度立论，与辜鸿铭用浪漫的整体原则化解现代科学分类趋向的初衷恰恰对立了起来。除了陈序经之外，20世纪初期真正把辜鸿铭视为学术同道或认真当作学术对手的学者并不多，林语堂应算是个例外，但林语堂鼓吹"幽默写作"的灵感直接来源于辜鸿铭英文写作风格的启迪，却总是把辜氏思想仅仅理解为一种"生活的艺术"，对辜氏做出的是文人惺惺相惜之状，而不是深入骨髓的学术景仰。

当代评论的主流导向当然仍是聚焦于对辜氏制造的种种怪状进行想象，不过为之进行学术正名的声音也时隐时现，而且日显强劲，力图把辜鸿铭的形象升位到清末民初的文化保守主义阵营中正式予以定位，而不是仅以漫画的夸张形象视之。比较典型的评价是，辜鸿铭的思想行为

---

① 陈序经：《东西文化论》，见黄兴涛编：《旷世怪杰——名人笔下的辜鸿铭 辜鸿铭笔下的名人》，189页。

② 陈序经：《东西文化论》，见黄兴涛编：《旷世怪杰——名人笔下的辜鸿铭 辜鸿铭笔下的名人》，189页。

既有别于清季的洋务派、国粹派，也不同于民初的东方文化派。① 其实，辜鸿铭思想一个最为重要的特征是，他往往借助西方传统的浪漫派思想来阐释儒教存在的合理性，反过来又通过弘扬儒家思想来批判西方社会的现代化理念，通过两者既互动又错位的诠释来确定自己在民初思想界中的特殊位置，他实际上扮演的是一个沟通中西"理论旅行"的中介人角色。爱德华·萨义德曾经提出了一个"理论旅行"的假说，他认为：

> 　　相似的人和批评流派、观念和理论从这个人向那个人，从一情境向另一情境，从此时向彼时旅行。文化和智识生活经常从这种观念流通中得到养分，而且往往因此得以维系。……然而这样说还不够，应该进一步具体说明那些可能发生的运动类别，以便弄清一个观念或一种理论从此时向彼时彼地的运动是加强了还是削弱了自身的力量，一定历史时期和民族文化的理论放在另一时期或环境里，是否会变得面目全非。②

如果我们认真读一读《中国人的精神》，就会发现辜氏表述的所谓"良心宗教"，就是要证明中国人几千年没有发生心灵与头脑的冲突，完全靠的是道德教化达致了西方宗教教育才能取得的效果，因为儒教之中的某些内容可以取代宗教。这种思路要是被移植到欧洲的历史语境下，其实正是一些西方浪漫派思想家如马太·阿诺德以文化代替宗教而为绝对价值的基础的理论再现。③ 卡莱尔也曾认为，现代化带来的贫富悬殊，否认社会福祉能仅仅经由外部的政经立法而达到，认为唯一的办法是通过个人的道德教化。④

辜鸿铭在表达"真正的中国人有着成年人的智能和纯真的赤子之心，中国人的精神是心灵与理智完美结合的产物"⑤ 时，得出的结论却是：

---

①　参见黄兴涛：《文化怪杰辜鸿铭》，150～151 页，北京，中华书局，1995。

②　萨义德（赛义德）：《理论旅行》，见《赛义德自选集》，138 页，北京，中国社会科学出版社，1999。

③　参见艾恺：《世界范围的反现代化思潮——论文化守成主义》，78 页，贵阳，贵州人民出版社，1991。

④　参见艾恺：《世界范围的反现代化思潮——论文化守成主义》，55 页。

⑤　《辜鸿铭文选》（下），66～68 页，海口，海南出版社，1996。

中国人民的精神，正如在最优秀的中国文艺作品中所见到的那样，正体现了马太·阿诺德所说的富于想象的理性。他引述阿诺德的话说：

> 而现代欧洲精神生活的主要成分，现代的欧洲精神，则既不是知觉和理性，也不是心灵与想象，它是一种富于想象的理性（imaginative reason）。①

而在欧洲，这种理性恰恰已经被葬送和毁灭，承继它的只能是可贵的中国人的精神。他随之不厌其烦地描述道：

> 中国人的精神是一种心灵状态，一种灵魂趋向，你无法像学习速记或世界语那样去把握它——简而言之，它是一种心境，或用诗的语句来说，一种恬静如沐天恩的心境。②

这似乎完全是在用阿诺德的浪漫派口气说话，好像也在同时证明对中西文明形式的探索，可以采取如此相通一致的办法。我们同样发现，辜鸿铭此时在定义中国人的精神时也已不自觉地脱离开了真正的中国儒家语境，而站在欧洲浪漫派的立场上来审视中国传统了。欧洲人对自身文化传统的描述，成为辜鸿铭建构中国传统自我形象的一个组成部分和直接资源，反过来又印证了欧洲文化中浪漫因素应该被重新开掘的历史合理性，同时也为欧洲人想象东方文明提供了一个两者相通的一贯性解释。这个建构过程颇可看作"自我东方化"的例证。

辜鸿铭所扮演的"理论旅行"角色的另一个意义，在于他接受了英国浪漫主义流派的思考之后，继续沿袭其惯有的思路，对西方的现代性进行了批判。由于浸淫西洋学术过深，所以他的观点基本上是在西学内部的理路里进行反思的。如有的论者就认为他和严复这些迷恋"现代化论"者的最大区别乃在于，辜鸿铭的所谓文明比较，是将当时所谓"中西文化冲突"还原为类似现代性对西方古典文明的挑战与冲突，以促进

---

① 《辜鸿铭文选》（下），66～68 页。
② 《辜鸿铭文选》（下），66～68 页。

西方人对中国文明的理解。① 而他又引儒家哲学为其同道，他的预设不
是像梁漱溟那样断然否认西方具有自身的精神传统，或者以物质—精神
等二分法标示中西之别，而是认为"东方西方，心同理同"，认为浪漫派
与孔子哲学是一致的，只不过被物质文明给淹没了。因此，只要把浪漫
派理论挪用到东方，就会与儒理自然相契。由于欧洲人放弃了浪漫传统，
才不得不鼓吹中国道德予以拯救。这样一来，东方文明不过是传统西方
浪漫传承的一种异源同体的形态而已，东方哲学变成了西方浪漫派改装
易服寄居的巢穴。它从一地向另一地的移动，反而加强了自身的力量，
变成了批判西方现代观念的有力武器。同时他对东方道德的陈述，也被
掺杂进了西方式的想象。我们注意到辜氏虽英译过儒经，但却很少原原
本本地解释儒学的含义，而大多是简单地表态和持守自己的立场。

　　关于辜氏学问的西方来源及其对中国思想的有意附会，20 世纪初年
就有一些评论。1928 年，《大公报》在一篇《悼辜鸿铭先生》的文章中，
就已经说得很清楚：

　　　　辜氏一生之根本主张及态度，实得之于此诸家之著作，而非直
　　接取之于中国经史旧集。其尊崇儒家，提倡中国礼教之道德精神，
　　亦缘一己之思想见解确立以后，返而求之中国学术文明。见此中有
　　与卡莱尔、罗斯金、爱默生之说相类似者，不禁爱不忍释，于是钻
　　研之、启发之，孜孜焉。举此吾国固有之宝藏，以炫示西人。②

这段叙述倒是颇得"理论旅行"观点之真义，更说出了辜氏真正依据的
理论渊源。至于辜鸿铭的国学修养当时人估计恐怕也仅仅是一般士大夫
的水平，他只是对儒家经典颇为熟悉，对道家、佛家却所知甚少，几无
研究，对诸子百家书籍有所涉猎，但无多心得，在中国历史典籍的训练
方面也难有体现。辜鸿铭对此倒是有自知之明，当罗振玉妄赞其学已大
成时，辜赶紧自谦，说是过誉之词，并承认连儒家《易经》一书，自己

---

　　① 参见王焱：《丑而可观的辜鸿铭》，见黄兴涛编：《旷世怪杰——名人笔下的
辜鸿铭　辜鸿铭笔下的名人》，226 页。

　　② 《悼辜鸿铭先生》，载《大公报》1928 年 5 月 7 日，转引自黄兴涛：《文化怪
杰辜鸿铭》，27 页。

也始终未着边际。① 其实辜氏以英文述中国学问，所述所谓"中学"多很粗糙，根本没有一篇系统评述中国文化特征和内容的文章，但因其英文文笔优美，且笔势磅礴逼人，所以仍有极强的感染力，及至翻成中文后，这种感染力还余韵犹在。辜氏文章在90年代成为流行阅读时尚，恰因其文笔以中学之名述西方浪漫派之真谛有关，而且恰与学术界反应相对冷淡形成了反差格局。

辜鸿铭"理论旅行"所造成的出人意料的结果，实源于他所受阿诺德"整体研究观念"之赐，他常引阿诺德所言：

> 无论是整个文学——人类精神的全部历史，还是一部伟大的文学作品，只有将其视做一个有机的整体来认识和理解，文学的真正力量才能显示出来。②

辜氏虽然根据有机整体的观念，给中国研究者们规定了《大学》中从修身、齐家、治国平天下的研究程序，但他自己则用道德整体论作幌子，巧妙地逃避了对中国历史社会以及更为精致广博的哲学思想的探索，而仅仅满足于浅尝辄止的表态。这一方面使他在西方博得了"东方思想大师"的美名，另一方面又使得他无法在国学的学术谱系中跃至一流学问家的地位。

辜鸿铭在英译儒经时采取释译的原则，其实也是其对儒学理解不深及用"整体有机论"的方式对其加以掩饰的结果。王国维在《书辜汤生英译〈中庸〉后》一文中，指出其大弊之一是求经文意义贯穿统一，以空虚、语意更广的名词来解释儒家基本概念，而另一弊则是"以西洋哲学解释此书"。③ 辜氏对儒家哲学理解不深，其用"道德整体论"释之，大可弥补其学养不足之弊，同时进一步把儒学转释为一种人生哲学，着意用想象诠释儒者的生活态度和趣味。这种思路经修正后为林语堂所继承，发展成近世特殊的文人语体与幽默风格。

辜鸿铭对西方文化的熟悉程度，不仅在于他深得英美浪漫派如卡莱

---

① 参见黄兴涛：《文化怪杰辜鸿铭》，38页。
② 黄兴涛：《文化怪杰事鸿铭》，47页。
③ 黄兴涛：《文化怪杰辜鸿铭》，97页。

尔、爱默生等人的真义，还在于他对古希腊文明及文艺复兴至 19 世纪的自由主义理论都有所涉猎，只不过他把希腊文明至 18 世纪理性时代的自由主义与 19 世纪以后的自由主义对立了起来，认为后者是一种退化。评价前后期自由主义优劣的依据，恰恰不是其自身发展逻辑脉络中所能清晰得见的，而必须把它们放在儒家文化的参照范围内进行观照。从"理论旅行"的角度观察，辜鸿铭常常把事先构造出来的对中国文化的想象再投射到欧洲文明的身上，以此来反衬出中国文化的价值。比如对自由主义的解释，就认为 18 世纪以后自由主义思想由于越来越放弃孔子学说中非神秘理性孕育出来的精神和道德的价值，从而其未来的形态越来越接近唯物主义和激进主义。而真正的自由主义来源于中国，跑到欧洲后却被降低成讲究实际的、没有思想的英国人的实利主义，他们习惯于把生活水平的高低，当作衡量一个民族文化水平的尺度。在这种衰落的形式中，此种自由主义思想披着 19 世纪欧洲文化的外衣，又被重新传回到中国。东方以一种忧虑不安的心情不情愿地接受了这种假自由主义，致使古老的文化传统不断丧失。[1]

据学者研究，中国形象在西方对它的建构过程中也确实存在着一个由盛转衰的不同阶段。西欧最早的中国形象是通过耶稣会士的书信、游记建构起来的。在启蒙时代以前，西欧已形成了一股赞美中国的热潮。至少在 17 世纪末开始，"中国热"在法国已逐渐形成。但欧洲各国对中国感兴趣的方面有所不同：法国人关注的是中国在没有教权的情况下如何有效地治理国家，形成更为合理的社会秩序。德国人如莱布尼茨则更关心哲学方面的贡献，对孔子哲学——包括《易经》投入了巨大的热情。英国人则似乎更关心中国的园林艺术。18 世纪以后"中国热"却呈现出了一股持续退潮的局面。在欧洲思想界中，除个别人如伏尔泰尚希图借助阐发中国儒教的清明政治作为反欧洲教会的工具，或如魁奈等重农学派的学者留恋心目中的中国自然法统治状态，大多数的思想家如卢梭、孟德斯鸠、休谟、狄德罗、霍尔巴赫等人都对中国政体和社会持否定态度。这种否定思潮的出现不仅在于欧洲资产阶级统治秩序的逐步确立，

---

[1]　参见施密茨：《偏爱德国的辜鸿铭》，见黄兴涛编：《旷世怪杰——名人笔下的辜鸿铭　辜鸿铭笔下的名人》，355 页。

更在于启蒙理性已经逐步形成了覆盖世界的霸权式拓展能力。①

很明显，欧洲"中国热"的最顶峰时期，也不是像辜鸿铭设想的纯粹出于一种文化关怀和对东方发自内心的认同，而中国不过是西方自身现实观照的投影，这正应了萨义德和竹内好对"现代性"所做出的判断：西方是依赖于东方来确定自身的形象的，然而对于辜鸿铭而言，西方不同国度对中国想象的差异性已变得不甚重要，关键在于西方19世纪以后逐渐放弃了文化价值在整个社会秩序中的主导作用，而变成了贸易资本家和金融商人利益的传声筒：

> 上一世纪的欧洲的自由主义富于文化教养，今日的自由主义则丧失了文化教养。……前一世纪的自由主义是为公平和正义而斗争，今天的自由主义则为权利和贸易而战。过去的自由主义为人性而斗争，今天的假自由主义却只是竭力促进资本家与金融商人之既得利益。②

由此看出，第一次世界大战后德国建立在民族国家武力扩张基础上的文化民族主义对辜鸿铭的认同确非其初衷，辜氏更多地是想让西方放弃民族国家的霸权原则，而仅仅从文化立场上立论。

辜鸿铭作为近代文化保守主义的突出代表，他所面临的问题具有某种共通性，那就是近代文化保守主义者都企图以一种文化价值替代和统摄整个人类历史和未来的发展，并想借此对抗西方现代性的扩张力量。而西方的浪漫派人物如卡莱尔等人虽然也激烈批判西方现代化的弊端，可却并没有认为仅依靠单一国家如英国的价值观就可以拯救世界。西方知识界除了"二战"前后的德国民族主义兴盛时期外，好像并没有谁认为某个国家或民族的价值观和文化能够代表整个欧洲或西方世界，而总是以民族国家的边界为单位来间接地谈论所谓"欧洲文化价值"的内涵。中国的文化保守主义者则几无例外地，似乎又是理所当然地把中国的文

---

① 参见许明龙：《18世纪欧洲"中国热"退潮原因初探》，载《中国社会科学季刊》（香港）1994年春季卷，158～167页。

② 《文明与混乱》，《春秋大义》1922年英文版附录，158页，转引自黄兴涛：《文化怪杰辜鸿铭》，208页。

化价值等同于亚洲的文化价值，而甚少注意别国文化的独特性，比如印度文明和伊斯兰文明在建构亚洲文化体系中的作用。而由于中国在近代与列强角逐时日趋衰落，以致一些邻国如日本早已不承认中国文化在亚洲的中心地位，① 在经济飞跃的同时一直暗藏机锋地抢夺文化老大的旗帜。所以最近有的韩国学者提出应在东亚邻国之间关系互动的背景下来建构自己对亚洲文化的认识框架，② 而不要总是在争夺文化中心的乱战中消耗掉内力，最终无法以合理的心态与西方展开对话。笔者想这一提示应该也同样适用于对近代以来中国思想"理论旅行"状况的评价。至少在各种思想史研究的流派之中，应该给近代中国"理论旅行"的研究以一席之地。

---

① 参见孙歌：《亚洲意味着什么？》，载《台湾社会研究季刊》1999 年 3 月号，1～64 页。

② 参见全炯俊：《相同与相异——作为方法的东亚细亚论》，载《东方文化》2000 年第 1 期。

第三章 "市民社会"理论视野下的中国史研究

一、"国家—社会"的对峙框架与地方史研究的兴起

在中国史学界，国家—社会二分框架的导入直接与西方中国学界对一些传统命题与模式的反思和修正密切相关。比如柯文（Paul A. Cohen）的"中国中心观"，就是直接针对费正清的"冲击—回应"架构而提出了"内部取向"（internal approach）的局部精细研究和"移情"（empathy）的直观经验法来对抗传统中国学的总体性叙事。① 经过多年反思和研究经验的积累，西方中国学研究者已普遍达成了以下共识，即把中国传统与近代化之间的不兼容性当成一种研究前提是错误的。一位法国学者声称这种错误有可能导致：

> 我们所认为与近代化密不可分的，如机构制度、社会准则、精神面貌及物质生活方式等方面，在远东或在其他地方，历史上曾试图转移，甚至有时完全替换传统的组成部分的种种尝试被视为无关紧要，重要的是，这种在我们眼前进行并且起点很容易找到的过程，主要是由外来的原因而引起的。②

这些西方研究者发现，在中华帝国早于西方建立起了一套经济安全和社会保障制度时，近代欧洲各国还远未着手建立类似的制度。换言之，

---

① 参见柯文：《在中国发现历史——中国中心观在美国的兴起·前言》，林同奇译，北京，中华书局，1989。

② 魏丕信：《近代中国与汉学》，见《法国汉学》（三），7页，北京，清华大学出版社，1998。

中国的古代制度结构中早已包含着近代化设计所需的要素。如果从较长的历史时段或在广义上理解现代化，也许我们应该既不牵涉近代化与西方化在时间上的对应，亦不牵涉它们之间理论上的对应，即使从某一时期开始，西方化应该算是中国近代化经验中的重要组成部分。① 细酌这一表述，我们会发现它既想急于否认近代化与西方化在历史上造成的偶合现象具有一种必然性，从而撇清近代化与西方社会的天然历史亲缘性，同时又难以摆脱以现代性建构中的西方历史经验作为衡量中国现代化程度的普世性标准，只不过认为东、西方进入普世阶段的时间表现得有早有晚而已。我们不难看出这一路径仍受"韦伯式问题"的强烈影响，即仍是想方设法地论证中国历史可以和西方社会分享现代性因素发生和建构的历史方式，从而反向证明近代资本主义在中国出现的可能性。这一总体导向与马克思主义社会史研究中的"资本主义萌芽论"和"心理主义"流派中的中国文化传统与新教伦理的发生学比较，实际并无实质的区别。如果说真在方法论上存在着区别的话，那就是这一导向引发了对中国制度变迁与基层社会组织运作非整体化式的研究，这种研究的具体策略就是，通过运用地方史分析的方法，展开对国家—社会二分框架的移植与修正。

平心而论，除了个别的模仿之作外，在中国大陆学界的中国社会史研究中，尚没有出现真正运用国家—社会框架具体分析中国历史的成功作品。作为政治经济学的一个分析架构，国家—社会的模式首先在社会学界作为替代极权主义、革命动员与现代化理论的工具而流行开来。以往的马克思主义社会史研究往往从整体论出发，强调民间社会与封建极权国家的对抗关系，并以阶级分层与利益纠葛之间的互动来界定这种关系，从而为革命动力的发生提供合理性的背景解释。这一策略表述由于服从于整体的目的论目标，所以在落实于具体的研究时，其粗糙的利益分层的阶级分析模式，往往或美化或歪曲了农民阶层在历史上所处的实际位置和作用，比如对农民战争的分析就常摇摆于进步和反动的二分式结论之间。而社会学界采取的政治经济学式的切入方式，则首先假定官

---

① 参见魏丕信：《近代中国与汉学》，见《法国汉学》（三），8 页。

府与民间的场域区分是建基于权利分化与平衡关系的表述上的。这种表达需要假定各自作为权利自主实体的存在，并构成相互对应的关系结构，而对双方对峙、互动、谈判和冲突中权利边界的设定、交换与变迁，以及相应造成社会秩序中法则变化的分析，成为国家—社会模式的焦点性论域。① 如果把这一模式应用于社会史研究，它与以往整体论框架的区别在于，前者不表现为带有意识形态色彩的目的论叙事，而特别关注对相当微观的社会权力边界的勘定与检视，及各种社会势力在争夺这些权力资源时所表现出来的具体历史形态。这一取向直接拓展出了地方史研究的新境界。以往不被整体史注意的城市史、社区史、宗教礼仪、基层组织、士绅构成等历史面相，通过不同的叙述方式纷纷进入了历史学家的视野，并分割出了各自的研究空间。

国家—社会框架的基本主旨是建构在近代西方市民社会的形成与王权相对抗的历史事实基础上的，对市民社会（civil society）的自主空间如"公共领域"（public sphere）的构成分析，使得这一框架的使用在西方社会学界具有相当特殊的历史时效与阶段性内涵，这点已被 J. 哈贝马斯所反复申说。② 当这个概念系统被从西方语境中抽取出来并挪用到中国历史研究中时，一些论者也是强调社会空间相对于国家的自主性，特别是在界定地方精英的能动作用时，往往强调其与国家相制衡的冲突一面，从而与传统"士绅阶层论"注重士绅对传统国家机构的功能补充作

---

① 参见张静主编：《国家与社会·编者的话》，杭州，浙江人民出版社，1998。
② J. 哈贝马斯最近在回答中国学者的提问时也强调了"资产阶级公共领域"概念使用的西方背景和应用于中国的具体困难。参见哈贝马斯：《关于公共领域问题的答问》，载《社会学研究》1999 年第 3 期。

用有所区别。① 但是这种"冲突论"成立的理论前提是，士绅必须具有独立于国家控制的权利意识与权威结构，而且其权利的自主性边界完全可以在地方与国家的分立格局中被清晰地勾画出来，这类边界的确立也能为地方精英标示出与国家进行互动的谈判场域。可是如果根据中国自身的历史经验，情况可能会恰恰相反。费孝通曾用"差序格局"的社会学概念揭示出中国人际关系边界模糊、相互重叠的历史状态。而更为重要的是，地方精英本身可能就缺乏类似西方那样的明晰可辨的权利观念，故而根本就无从谈起其如何在实质意义上与国家构成对立的谈判关系。②

尽管如此，我们仍应该看到，西方中国学界应用国家—社会框架开辟的地方史分析路径，仍为中国历史的研究带来了焕然一新的感受。这一框架的运用对于中国思想界与社会史研究的意义，并不在于应深究其是否符合某个社会理论原创者用之梳理西方历史时所持的原意，而在于其具体的移植是否能真正改变我们提问历史问题的方式。国家—社会关系被设计成一种在空间对立状态下的相互自主的结构形式，即使这一假设不能完全涵盖中国基层社会复杂的文化内涵与秩序特征，也可帮助我们超越目的论式的逻辑论证和整体认知传统，以及伴随于其中的意识形态限制，更能克服心理主义分析传统忽略制度变迁分析的缺憾。

---

① 最早关于士绅阶层的研究起步于瞿同祖、张仲礼与何炳棣等人。他们强调士绅与官僚机构具有紧密的联系，特别是士绅往往通过科举考试纳入行政体系，在地方管理中作为官僚与民间的中介角色为国家利益服务。这一时期的研究已注意士绅精英的等级与分层，但仍受费孝通等早期中国社会学家的影响，基本上认为精英在文化上属于同质性阶层。而地方史研究中所开辟的精英分析则强调地方士绅与国家此消彼长的对抗关系，如孔飞力对太平天国时期湖南地方社会的研究。这一取向的形成打破了精英同质性的分析格局，直接为国家-社会框架内精英能动作用的分析提供了理论前提。参见 Joseph W. Eshenck and Mary Backus Rankin (ed)，*Chineese Local Elites and Patterns of Dominance*，Univesity of California Press，1990. 日本的乡绅研究起步于酒井忠夫，到重田德时渐成规模，重田德"乡绅论"的特点是：把乡绅统治理解为国家通过其组织功能控制农民的一种形式，以此来理解国家与社会之间的关系。参见檀上宽：《明清乡绅论》，见刘俊文主编：《日本学者研究中国史论著选译》第 2 卷，461～462 页，北京，中华书局，1993。

② 参见罗威廉（William T. Rowe）：《晚清帝国的"市民社会"问题》，邓正来、杨念群译，见邓正来、亚历山大编：《国家与市民社会——一种社会理论的研究路径》，413 页，北京，中央编译出版社，1999。

　　国家—社会的框架虽然没有在中国社会史界正式形成以方法论相号召的局面，但其切入角度却已开始广泛影响社会史个案研究的选题角度。近几年国内社会史选题倾向于风俗史、城市史及宗教社会史，可以说多少与此架构的传入有关。同时，思想界对此框架的质疑与批评也开始出现。一些批评者认为：所谓国家—社会模式的使用，渊源于自由主义对西方资本主义市场形成秩序的描述，比如哈耶克就通过知识的个人性质、知识的分立特性以及由此产生的"必然的无知"，来论证市场模型和社会自治所形成的"自生自发秩序"的合理性。这个判断其实根本无法解释出自由与计划的界分根源，我们只有在社会史的意义上，把市场社会看作一个历史的构造过程时才能解决这个问题。具体观察近代中国社会的发展状况就可以看出，自晚清以来，中国市场的出现一方面是国家改革政策实施的结果，另一方面则不得不接受已经形成的国际市场制度的规范。在任何意义上，中国市场社会都不是自然进化的产物，而体现为一个由国家创构的过程。政府活动与市场活动的相对分离本身，就是一种制度安排，它的实质是把国家转化成为一种内在于市场调节的因素。①

　　把市场社会的形成看作由国家创制的一种过程其实并非新论。作为社会学家的哈贝马斯就曾经从历史的角度描述过公共领域的发生过程，以及在受到国家干预之后的崩溃过程。从发生学上说，早期资产阶级的公共领域起源于从宫廷中分离出来的贵族社会。由于社会是作为国家的对立面而出现的，它一方面明确划定一片私人领域不受公共权力管辖，另一方面在生活过程中又跨越个人家庭的局限，关注公共事务。因此，具有政治功能的公共领域获得了市民社会自我调节机制的规范地位，并且具有一种适合市民社会需要的国家权力机关。对于资产阶级公共领域来说，其社会前提条件在于市场不断获得自由，尽力使社会再生产领域的交换成为私人相互之间的事物，最终实现市民社会的私人化。②

　　关于公共领域的崩溃过程，哈贝马斯认为这一时期从私人领域中发

---

　　①　参见汪晖：《"科学主义"与社会理论的几个问题》，载《天涯》1998年第6期，14页。

　　②　参见哈贝马斯：《公共领域的结构转型》，曹卫东等译，84页，上海，学林出版社，1999。

展出来的社团，或者从公共领域中成长起来的政党，这些机制与国家机器一起，从内部推动权力的实施与权力的均衡。① 这样一来，国家和社会之间的相互渗透作用消解了私人领域，同样，具有批判意识的私人所组成的相对同质的公众这一基础也被动摇了。有组织的私人利益之间的斗争侵入公共领域。② 结果，各种组织实际上已经超越了资产阶级结社法的限制，它们公开要求把许多个人的私人利益变成一种共同的公共利益，把各种组织的特殊利益表现和证明为普遍利益。③ 哈贝马斯把这一过程称之为"国家的社会化"与"社会的国家化"。我们可以从中清晰地看到，哈贝马斯已把 19 世纪以来的西方社会视为国家创构的对象。但他与以上中国学者批评国家—社会框架有所不同，哈贝马斯并没有把国家对社会的创构视为一个单方面进行的过程，而是从历史的角度观察到了社会层面对这种创构的反应，进而把两者的关系看作外部支配与内部反应相互作用的结果。而中国学者则由于过分强调从 19 世纪以来才渐渐处于支配地位的国家创构能力，并把它推向了极端的地位，因而极有可能忽略国家之外的民间场域在中国近代化过程中所起的真实作用。因为既然所有的现代空间都是由国家创构的，那么任何民间场域的界定，就都可能仅仅是一种历史的想象和虚构，可以完全不予考虑。

国内批评国家—社会框架的学者如汪晖可能受到沃伦斯坦的"世界体系"理论对全球资本主义空间秩序研究的影响，特别强调要反对把市场／计划、社会／国家等二元论结构完全建立在民族—国家的内部关系之上，而是要把市场社会关系的扩展视为一个全球事件，否则我们根本不能理解中国社会在近代发生的重大的、从内部来看几乎是偶然的转变。④ 必须承认，对全球资本主义的空间扩张予以突出强调，有可能辨明以往被有意回避的资本主义与社会主义在全球背景下趋同的运转机制，也有利于揭示市场／计划模式在经济学解释之外的政治社会含义，并使我们敏

---

① 参见哈贝马斯：《公共领域的结构转型》，202 页。

② 参见哈贝马斯：《公共领域的结构转型》，204 页。

③ 参见哈贝马斯：《公共领域的结构转型》，234 页。

④ 参见汪晖：《"科学主义"与社会理论的几个问题》，载《天涯》1998 年第 6 期，16 页。

锐感受到全球资本主义体系与现代民族—国家创构力量之间存在有什么样的衔接关系。同时,强调外部力量的干预性也可以避免传统解释人类学把地方文化当作一种共时性的原始隔绝形态予以把玩的"东方学"心态。这种观念把外部力量表述为地方文化单位的内在组成部分,即使我们划分出一片具有原始形态的文化区域作为研究标本时,外部力量也必须作为过程作用的要素被考虑在内。① 从思想史的角度看,这种分析把市场/计划、社会/国家的二分模式视为科学主义解释的表现形式,同时又把科学主义的解释看作社会关系的产物,而不仅仅是一种科学认知的方法。其批判的锋芒极有可能超越中西文化比较所一贯采取的抽象认识框架,而把思想状态和认识方法还原为一种社会行为。但这里面也蕴藏着一个危险,即由于过于强调科学认知方法作为社会关系的总体特征,却忽略了这种社会关系在局部社会建构与制度变迁中的具体变化形式,特别是其以传统形态体现出的与外部压力相对抗的表现方式,我们往往就会误把仅仅作为外部控制因素而起作用的力量,当作改变或决定中国社会本质的力量来加以看待,最终可能重新回到具有意识形态特征的宏大叙事的老路上去。

从社会史的角度而言,如果我们不把全球资本主义对国家创构社会的影响放在中国具体的历史语境下进行辨析,甚至无视中国传统社会(包括民间制度、理念、仪式、组织)对这种创构所做出的反应和自身的展现形式,而仅仅突出全球资本主义支配下的国家超越性的塑造功能,我们显然也无法说明中国历史发展的内部走向。在笔者看来,对国家在全球资本主义体系内整合中国社会和思想的视角,只能作为社会史研究的外部背景和参照系统予以揭示,而仍然不能完全替代对中国社会内部具体运转过程的认识。

有一种观点认为,自晚清以来,国家的必要性不是从社会内部的关系中加以论证的,而是在殖民主义时代的国际关系中提出的。人们普遍地相信,只有通过国家把民族组织成为一种法人团体或政治、经济和军

---

① 参见乔治·E·马尔库斯等:《作为文化批评的人类学:一个人文学科的实验时代》,王铭铭等译,113 页,北京,生活·读书·新知三联书店,1998。

事单位，才能够有效地保障社会内部的安全。① 这种观点把晚清以来的思想变化完全归结为对国家创制能力的认同，显然有过于简单化之嫌。因为对国家创构能力的乐观性认识，并不是始终贯穿中国近代思想史的一条线索。

从历史上看，19世纪末至20世纪初的最初十年，中国知识分子确实对民族—国家的建设能力和上层政治的改造普遍抱有十分乐观的态度，这可以从梁启超在《新民说》中号召国民效忠于民族—国家建构目标的激情论证中清晰地加以感受。② 但是到了"五四"前后，知识阶层的这种乐观态度有了很大转变，变化的起因即在于这一时期的知识分子开始怀疑起国家在中国现代化转型中的正面作用。陈独秀在"五四"时期撰写的《偶像破坏论》就直接把现代国家作为偶像之一纳入应被打倒之列。尤其值得注意的是，中国知识分子对国家创构功能的质疑，恰恰是与20世纪初资本主义体系以强劲之势席卷全球而同步发生的。而且这种席卷态势发生得越猛烈，中国知识分子对国家能力的质疑也就越强烈，两者基本上处于反向互动的状态。这一时期知识分子的主题并不是要在民族—国家的旗号下整合起各种社会力量以对抗全球资本主义的政治入侵，而恰恰是通过分解整体性的"国家"观念，来重构一种社会性的空间，以消解资本主义经济入侵所构成的社会不平等状态。这在无政府主义发表的舆论中表现得尤为明显。③ 后来一些早期的共产党人也受到这种思潮的影响。我们前面已经交代过，当十月革命发生时，中国共产党的早期领导人，大多数把它理解为社会革命而不是一种摆脱资本主义体系控制的国家革命。我们不要忘了，处于在野位置的中国共产党人在当时绝不是国家利益的代言人和国家机构创制的参与者，相反却是当时国家利益的批判者。早期共产党人强调如果不从社会层面上改造和重新设计中

---

① 参见汪晖：《"科学主义"与社会理论的几个问题》，载《天涯》1998年第6期，48页。

② 参见梁启超：《新民说·论国家思想》，见李华兴等编：《梁启超选集》，217页，上海，上海人民出版社，1984。

③ 参见刘师培：《无政府主义之平等观》，见《国粹与西化——刘师培文选》，179页，上海，上海远东出版社，1996。

国现代化的道路，就无法关照和覆盖到农民和其他普通民众的利益与现实要求。所以中国共产党人对变革步骤的早期设计，无不是从社会角度出发切入进行的，其构思过程当然也与他们的在野身份相符，其最终目的就是要摆脱全球资本主义体系对中国社会层面的控制。[①] 当然，当共产党人从在野的形象转向正统地位以后，对国家功能作用的认识又有新的变化，但以上形成的初衷并没有改变。如果我们不能从历史主义的角度解释这一变化，而是把晚清以来的社会变迁完全归结为国家理念控制和主导下的被动过程，或者把种种变化仅仅归因于资本主义发生学式的外部影响，那么显然就有可能简化了近代中国变动的各种多元制约因素发生作用的复杂图景。

那么我们如何在方法论上处理好整体性认知与局部研究之间的复杂关系呢？哈贝马斯认为可以通过把生活空间分离出资本主义社会体系的方式部分解决这一问题。哈贝马斯在批判了资本主义体系中的工具主义倾向之后，建议把社会同时作为体系（系统）和生活世界来分别加以构思。[②] 尽管哈贝马斯认为：社会体系越复杂，生活世界就越地方化。在一个区分化的社会体系中，生活世界萎缩为一个下属体系。而且体系与生活世界脱节，在现代生活世界之内，首先反映为物化。[③] 但是哈氏仍强调生活世界作为自主性范畴被予以研究的重要性。同时，这种研究虽以外来力量的控制为前提，但也需关注生活世界在交往中的自主理念。哈贝马斯这样说道：

> 社会系统在这里被看作用符号构建的生活世界……在这里，社会系统是从下述观点加以考虑的：它们能够通过控制错综复杂、不断变化的环境，来保持自己的界限和继续存在。生活世界和系统这

---

① 参见杨念群：《从"五四"到"后五四"——知识群体中心话语的变迁与地方意识的兴起》，见《杨念群自选集》，桂林，广西师范大学出版社，2000。

② 参见哈贝马斯：《交往行动理论——论功能主义理性批判》第 2 卷，洪佩郁等译，229 页，重庆，重庆出版社，1994。

③ 参见哈贝马斯：《交往行动理论——论功能主义理性批判》第 2 卷，230 页。

两个范式都是至关重要的，问题在于揭示它们之间的内在联系。①

哈贝马斯实际在告诉我们怎样区别已被国家控制所污染的社会及尚能多少保持自主空间的生活世界的区别。按照现代化理性的"祛魅"逻辑，现代因素越是深入到非西方的社会结构中，传统生活世界的空间就越趋于萎缩，直至最后消失。可是用这个过程检验中国的历史与现状却面临难以解决的困境。因为在实行改革开放之前，中国被排斥在世界资本主义体系渗透的范围之外，在中国国家力量的强力整合之下，属于所谓"封建迷信"的各种宗教和宗族活动一度被整肃得销声匿迹。尽管国家打着"科学"的旗号实施取缔行动，但采取的却是相当传统的行政干预手段，所以真正西方化的思想无法进入农村地区。而当国家经过改革开放走出封闭体系之后，现代化的科学理念可以毫无阻碍地在内陆农村传播时，宗教活动却如水银泻地般蔓延开来。这种悖论现象的发生肯定不是国家创构和全球资本主义的外缘因素所能单独予以解释的，因为传统复兴不是国家塑造和推广的结果，而恰恰是国家压抑后的反弹现象，我们只有投入更多的力量从中国基层社会的生活世界中寻求其变化的轨迹，才能使解释增加自身的说服力。因此，从国家创构的角度研究社会关系的总体特征，未必能取代人类学意义上的地方史研究取向。对于人类学等视角而言，国家与民间社会的关系因时间（历史）、空间、对象、概念等多维度的差异而时常呈现为错综复杂的面相，人类学家并不试图通过一个或数个社区或个案的微观研究做出整体性的推论。然而小型单位的地方和个案分析完全可以作为探讨国家与社会关系的角度，事实上是不可替代的角度，因为借此我们能够从生活世界和民众的视角认识和解释国家的形象与本质。② 也即是说，社会史研究应转向长期为人类学所掌握的微观结构（micro-structures）和小进程（micro-processes）的研究，

① 哈贝马斯：《合法性危机》，陈学明译，8 页，台北，时报文化出版公司，1994。

② 参见《98'社会学：研究进展状况与热点难点问题》，载《社会学研究》1999 年第 1 期。

这就是国家—社会框架尚有借鉴意义之所在。① 当然，对研究工具的反思仍是需要时时进行的过程，比如人类学界力图把"文化批评"与"民族志"相结合的尝试，就多少克服了"世界体系论"过多强调外力作用和解释人类学过度钟情于原始社区形态的弊端，很值得中国社会史界加以借鉴。因为当我们自信地宣称作为土生土长的中国人比西方人更有资格研究中国历史时，其实我们自己可能早已更深地陷入了西方设置的现代化论陷阱，所以我们的中国社会史界同样需要一场文化批评式的自我检视运动。

二、"公共领域"概念与中国经验

西方中国学界比较普遍地采用"市民社会"与"公共领域"概念作为分析中国近代社会的工具，这大致受两大因素的影响：其一是 1989 年波及全球的社会主义危机所导致的理论话语的变迁。西方学者的核心论域聚焦于国家—社会二元结构的对抗性互动方面。他们以波兰团结工会为个案，认为东欧政权的崩溃速率首先取决于市民社会的孕育成形，直至它足以达成与国家权威相抗衡的社会力量。"市民社会"理论作为西方资产阶级形成的历史性阐释，在此有可能成为当代全球化意识形态政治话语的潜在背景资源。这种政治学式的分析路径显然与中国历史研究没有直接的关系。其二是具体落实到近代中国的研究领域，一些敏锐的学者受哈贝马斯的影响，比较注重对晚清与民国初年精英与民众政治化过程的研讨。这预示着西方中国学界的学术话语正经历着又一次深刻的转型。早在 70 年代末，美国中国学界在经历了由"西方冲击—中国回应说""传统—近代"二分模式向"中国中心观"的转换过程，已开始关注对中国近代历史发展之本土要素分化组合的再认识，但是尚没有寻求到一个足以和以往理论相抗衡、用以描述中国本土情境中的"内部取向"的可靠范式。即使是"中国中心观"的系统阐述者如柯文教授，在自己的著作中，也只是通过构筑一个"沿海—内地"的简略框架来验证"内

① 参见《历史学与人类学：相互影响的趋势》，载《史学理论》1987 年 2 月号，187 页。

部取向"的合理性。① 与此同时，不少学者已模糊地认识到，一个更为规范性的社会学理论——"市民社会"范畴似可作为研究变化着的社会空间状况、精英与世俗文化之关系等问题的有力工具，特别是对于深化"中国中心观"的本土认知取向有极为特殊的意义。然而在80年代末以前，大多数西方历史学家尚只是受到介绍哈贝马斯"市民社会"理论第二手材料的影响。直到1989年，伯格（Thomas Burger）把哈贝马斯的名著《公共领域的结构性转换》译成英文，才标志着"市民社会"概念正式进入英语世界的中国近代史研究视野。②

美国中国学界第一本运用"市民社会"理论研究近代中国的专著，是萧邦齐（R. Keith Sehoppa）撰写的《中国精英与政治变迁——20世纪早期的浙江省》（*Chinese Elites and Political Change：Zhejiang Province in the Early Twentieth Century*）一书。萧邦齐认为，20世纪初期地方精英对国家政权的渗透反映在对一些公共事务的广泛参与上。伴随此过程，存在一个从官方向私人责任转移的世俗趋向。萧邦齐以"政治发展"一词概述这种变迁。所谓"政治发展"产生于社会系统中，这个系统是作为一个如个人、团体、制度、地方政治单位的组合方式被限定的，发展的水平可归结为一个系统各个部分的相互依存和复杂关系。最简单地说，政治发展的过程就是从初级的政治结构现象向组合复杂的政治结构现象转化的过程，围绕着最初的血缘门第、委托人与经纪人关系产生了不同的制度化结构。最关键的问题是，政治发展在20世纪最初十年中并没有在时空上呈现出高度的一致性，它并不在一个省区界划内的同一资源中产生，这种发展的异质特征只有在基于经济格局的基础上把省区进一步划分为生态区域时才能进行有效分析，因为不同精英团体的发展标志着形塑地方和省区政治的差异性。③ 萧邦齐根据人口密度、区域位置、邮

---

① 参见 Paul A. Cohen, *Between Tradition and Modernity：Wang T'ao and Reform in Late Ching China*, Cambridge, Mass：Harvard University Press, 1974.

② 参见 William T. Rowe, "The Public Sphere in Modern China", in *Modern China*, Vol. 16, No. 3（July 1990）.

③ 参见 R. Keith Schoppa, *Chinese Elites and Political Change：Zhejiang Province in the Early Twentieth Century*, Cambridge Mass：Harvard University Press, 1982, p. 6.

递繁荣程度与财产制度标准，把浙江划分为有内核、外缘之别的四大区域。内部核心（the inner core）是最高度发展的区域。以下逐次递减类推，由此构成了所谓"等级制式的渐增特性"（hierarchically cumulative nature），这种特性对精英流动与政治发展的幅度与规模影响极大。① 区域政治生态学揭示出，精英行为和政治发展通过从内核向外缘的空间布局而发生着系列变化。在中心地区，最初由私人负责的事务逐渐转向扩大的公共制度领域，晚清内核地区对政治组织的发展有强大的整合作用。有证据表明，自治组织和利益团体能够在新的语境中阐明政治、社会和经济的目标及其意义，这使"公共领域"的产生成为可能。②

萧邦齐的区域政治生态学研究，首次用"市民社会"理论审视知识分子群体的流动格局与走向对晚清政治变迁的影响，特别是在国家—社会的二元框架内，知识分子身份角色变迁与基层组织的互动关系，这基本上是一个本土化的视角。但由于其把政治发展的变量置于内核—外缘的区域政治生态网络中，并以"内部核心的魅力"为题专辟一节探析内核的辐射作用，认为外缘知识精英在内核受教育后，会自觉流回家乡发展现代化事业，故而内核—外缘之分基本上成为激进—保守对立的地理指示物。我们似乎总能从他的分析中感觉到传统—近代模式的影子。

在萧邦齐之后，"市民社会"概念作为解释工具逐渐被更为明确地引进了近代中国史的研究，这主要表现在以下两个层面：一是美国中国学界比较重视政治词汇的类比作用。比如他们颇关注"公论""公务"等词汇的出现频度，认为中国政治语汇中包含着一个术语"公"（gōng），其含义与它的西方对应词"公共"（public）十分相似，意味着进化了的地方自治传统实际上在侵蚀着国家权力，而像"公共""国有""私"等观念的出现和转换，在司法诉讼领域内会各自为自己的支配地位展开竞争。

---

① 参见 R. Keith Schoppa, *Chinese Elites and Political Change: Zhejiang Province in the Early Twentieth Century*, Cambridge Mass: Harvard University Press, 1982, p. 6.

② 参见 R. Keith Schoppa, *Chinese Elites and Political Change: Zhejiang Province in the Early Twentieth Century*, Cambridge Mass: Harvard University Press, 1982, p. 6.

官方与非官方精英都在寻求政治合法性。"公共""官""私"这些过去用过的词汇，在新的生活中被确立了合法的意义，在回答社会和政治问题时，成为新的参量。① 二是一些学者往往通过描述国家向社会的权利让渡来标示出公域的范围。其实，有关晚清基层社会对国家权力渗透的考察，从孔飞力（Philip Kuhn）等人对地方主义兴起进行研究时就已经开始了，后来在兰钦（Mary Backus Rankin）、罗威廉（William T. Rowe）的著作中被重新加以系统化。兰钦把晚清政治语汇划分为三重概念，即官、公和私。公共处在国家和私人之间的位置上。公共空间拓展的程度取决于如下一些标准：如私人团体和财产权的发达、构成和自由表达公共意见的交往方式和场所、法律对这些权利制度和行为的保障，以及对国家权利的结构性制约等。一些普遍性的假设，如政府和个人利益之间存在冲突，并促成了限制国家权威正式边界的信念等因素也起着重要作用。②

与此标准相对照，兰钦认为东林党人和复社活跃于 16 世纪晚期和 17 世纪早期，已经显示出"公共领域"的迹象，而且与西方"公共领域"的崛起十分相似。在清代，公共领域形成与国家权威相对峙的规模主要有三大表现：一是晚明随着中央集权的松弛和强迫式轮流服务于收税的里甲制的崩溃，精英处理地方事务将受到新的评价，并可以增强其在地方上的地位。二是识字率的提高拓宽了科举外的就业渠道。三是绅商精英的出现。兰钦还严格限定了在使用"公共领域"概念时与西方的不同途径。她认为，中国式公共领域在晚明的出现，其核心特征是"管理"（management），这与西方公共领域出现时比较强调"开放式的公共舆论"有相当大的区别。西方更强调"公共舆论"的出现面对国家所形成的对抗关系。而中国历史上在处理地方事务时，官方与精英活动之间的

---

① 参见 William T. Rowe, "The Public Sphere in Modern China", in *Modern China*, Vol. 16, No. 3（July 1990）.

② 参见 Mary Backus Rankin, "Some Obsertvations on a Chinese Public Sphere", in *Modern China*, Vol. 19, No. 2（April 1993）. 罗威廉曾指出，英美对"公共"含义的理解本身就有很大分歧。如英国"公共学校"（Public School）之用法，特别针对私人而非政府操纵下的教育系统；美国流行的用法则显示，"公共"更稳定地传达着政府行为的含义，与英国用法有别。

关系通常是在双方的意愿下建立的，而不是相互对抗，精英们不打算捍卫与国家对立的权利，或给国家权利划定一条正式的界限。出于管理的需要，大约在 18 世纪中期或晚期的时候，精英管理的联合会和活动的数量增加并多样化了。这些管理型组织（managerial institutions）可能发展起非正式或正式的联合，此类相互联合主要是通过地方社会网络稳步形成的，而不是通过官方的协调。此种增长的势头稳步增加，到 18 世纪末，足以使公共领域普及化，特别是在长江中下游以及中国南海沿岸核心地带的城市行会乡镇。在 19 世纪上半期，随着王朝更迭的低迷趋势的延长，这些领域逐步更加自治化。当然，兰钦在这里强调的是管理型组织将公共事务与个人利益区分开来的功能。这种自治功能不是保护私人利益，而是更广义的集体利益的庇护者。这与西方公共领域主要通过公共舆论昭示私人领域和利益的重要性显然不是一种思路。①

比较而言，兰钦相对较强调国家在塑造地方公共领域中的作用。她指出，国家明确地限制并引导着公共领域，这种影响更多是通过组织和政治手段来实现，而不是来自特别普遍深入的专制。清政府禁止多种公共活动，帝王的专制权力和地位，使其经常能够使用不可预见的干涉行为，这就造成地方精英进行政治表态和对抗时显得过于危险。中国不存在与英国相对应的独立的贵族阶层，后者的力量足以禁闭君主。中国官僚体制的卓有成效，也使得其中无法存在类似于法国体制中反抗专制国家权力的推动力。国家在税收、军事、刑事司法等统治的领域形成至关重要的控制能力，尤其是在 18 世纪，在诸如大型水利工程和主要的饥荒赈济等大规模的活动中，国家的动力支配地位就显得更加重要。不过也正因如此，当公共活动被引导到地方水平时，精英们在那里发现了无数未被国家占有的小范围的机会。公共管理的繁荣，部分是由于清政府坚持基本的最低纲领主义和互不干涉政策，当国家的官僚制度和国库收入无法跟上经济发展的规模和人口增长的速率时，就会形成一种动力，使得官僚机构之外的更为正式的组织得以创造出更多的公共空间。各种公共讨论与公共管理得以结合，推动了更高的组织化程度。公众参与出现

---

① 参见 Mary Backus Rankin，"Some Observtations on a Chinese Public Sphere"，in *Modern China*，Vol. 19，No. 2（April 1993）.

在管理形态之中，比国家政策更为合理也更加安全。值得强调的是，地方兴起的公共管理与国家权利并无矛盾，相反，地方官员经常积极鼓励公众的主动性，或支持地方精英经营由官方组建的机构。两者构成谈判的均衡关系，地方水平上的官员和精英共同协调，不让任何一方完全处于支配地位。官员和地方士绅之间的亲和力是在双方意愿基础上的联合。在基层一级，除了乡绅作为官员和地方社会团体之间经纪人的非正式作用之外，不存在其他的管理行为。然而与以正规机构为基础所不同的是，它们往往有自己的资金，为更加开放和更具特色的公共生活奠定了基础。通过这些活动，地方精英还要求拥有在组织、资金以及公共事务的指挥形象方面的经验。地方官僚机构与公共领域的冲突当然是存在的，但多集中于对政治潜在危险的基本估计和控制方面，通常不会导致旷日持久的冲突。作为一种平衡，清政府鼓励超官僚体制的活动，同时拒绝其政治目的。但无论是比起地方官员还是衙门，公共事务中的精英都具有更大的优越性。地方官员不久就要调任离开，衙门缺乏社会声望。如果面对的是一名毫无同情心的地方官员，社团可能退而寻求"软战略"（soft strategies），在官员离任后再重提主张。①

与萧邦齐、兰钦执着于在近代中国结构内部寻求政治语汇的类同与国家让渡权利的痕迹有所不同，黄宗智认定国家与社会的二元对立是早期现代的西方经历中抽象出来的理想概念，并不适用于中国，因为哈贝马斯也承认，所谓"市民阶级公共领域"是一个极为抽象的理论模式。哈贝马斯对"公共领域"一词的使用，其实具有特定和宽泛两种含义：从特定的含义上讲，"公共领域"特指17世纪后期的英国和18世纪法国开始出现的"资产者公共领域"的简称；从宽泛的含义上说，它指涉的是一种具有普遍意义的现代社会里日益扩张的公共生活领域，它可以呈现为不同的形式，并涉及国家与社会之间各种不同的权力关系。具有浓厚西方历史范畴色彩的"资产者公共领域"只是被界定为其中一种类型。黄宗智正是在这种类型学的意义上使用"公共领域"这个概念的，因为他认为不应该把哈贝马斯理解为仅仅为了阐释西方资产阶级的兴起而发

---

① 参见 Mary Backus Rankin，"Some Observtations on a Chinese Public Sphere"，in *Modern China*，Vol. 19，No. 2（April 1993）.

明了"公共领域"概念，即把"公共领域"与西方具有特定含义的"市民社会"的兴起直接等同起来，而应把"公共领域"理解为国家与社会之间不断进行互动谈判，从而发生相互渗透的独立空间。同时，也不应把"公共领域"看作国家控制与社会反控制的二元对立场所，而应关注国家与社会如何在居间区域里一起发挥作用，或者是国家变迁与社会变迁可能怎样得以相互结合，以影响公共领域的特质。① 这里强调应同时从国家变迁与社会变迁的角度切入对中国问题的观察，而不是只关注其中的一个方面，也就是既强调国家的社会化，也不应忽视社会的国家化过程。

有鉴于此，黄宗智认为必须用一种三分法而非两分法来透视晚清社会。②

首先，国家—社会的关系应从两方面的变化来理解，由此黄宗智试图构设了一个价值中立的范畴——"第三领域"来描述市民社会存在的可能性，它有与国家和社会领域相区别的独特品格和自身运行的逻辑。打个比喻，正如孩子与父母的关系，如果强调父母的影响，就会忽略孩子自身的成长和变化的重要性。"第三领域"的设想实际上源于黄宗智对中国法的研究。他把清代司法系统分为三大部分：正规的法律系统——这套系统拥有成文法和官方法庭；非正式的司法系统——这套系统拥有依靠血缘与社区调解争端的习惯法；介于上述两者之间的"第三领域"。县以下管理机构人员的位置在国家与社区之间，并对两者发生影响。随着变化的加剧，"第三领域"越来越制度化了，这些制度一部分趋向完全的官僚化，成为现代国家政权建设过程的参与者，另一部分则趋向完全的社会化。这些分化现象都可被视为现代社会一体化过程的表征。

"第三领域"的构想，其基本目的是想避免套用西方历史经验，而促成社会理论概念解释能力本土化。这个概念的提出，也是基于以下的判断，在中国历史上，虽然县一级以下的事务基本上是由地方士绅协调办

---

① 参见 Philip C. C. Huang，"Public Sphere/Civil Society in China? The Third Realm between State and Society"，in *Modern China*，Vol. 19，No. 2（April 1993）.

② 参见 Philip C. C. Huang，"Public Sphere/Civil Society in China? The Third Realm between State and Society"，in *Modern China*，Vol. 19，No. 2（April 1993）.

理和加以支配的，然而另一方面，这种支配的形式与边界又很难在与国家交涉互动的状态中予以确定，因为西方"资产者公共领域"的产生恰恰是与城市中独立性的舆论支配空间的发生相适应的，同时也是以其支配边界与传统空间构成巨大反差为前提的。而中国传统地方与国家的同构关系使其功能与理念的结构区分互为渗透，特别是对"公""私"关系的理解，与西方"私域"产生的背景具有实质性的差异。因此，使用"国家"与"社会"这样的清晰二元界分的概念描述中国社会和历史，显然有搬用之嫌。但是，问题同样存在于"第三领域"的设问当中，即"第三领域"的界定是想打破国家—社会二元论清晰可辨的界限，可"第三领域"的设计同样是以界限划分为依托的，可在分别处理其与国家—社会的关系时仍很难确立自身内容，因为他所举出的司法及其他方面的规则一时可能属于国家范围，另一时又可能属于社会领域，很难在一种空间内加以认识，只可能在一种关系的维度中加以把握。

综上所述，"市民社会"范畴被具体运用于近代中国研究，主要集中于社会如何从传统国家手中分享一部分权利，以及国家让渡自身权利所能达致的限度和范围。但是，仔细检视以上学者的观点、他们所引用的证据与资料，以及构设的国家—社会互动框架的真正含义，均与哈贝马斯所定义的"公共是作为恰巧与政府对峙的公共舆论的一部分而出现的"这个"公共领域"的一般特征相距甚远。[1] 也许，这种与原初理论的相异性可以作为解释中国历史个案的变通途径，但也同时蕴藏着摧毁预设之理论合理性的危险。

三、"韦伯式圈套"与中国城市史研究

1984年，美国约翰·霍普金斯大学的历史学家罗威廉（William T. Rowe）教授发表了城市史研究的专著：《汉口：1786—1889年中国城市中的商业与社会》。在导言中，罗威廉教授指出，尽管中国社会史研究领域中涌现出了诸如 Rhoads Murphey 的上海史研究路径、Lieberthal 探

---

① 参见 William T. Rowe，"The Problem of Civil Society in Late Imperial China"，in *Modern China*，Vol. 19，No. 2（April 1993）.

讨天津史的著作，但基本的阐释取向与分析方式是片断和零碎的，对中国城市复杂的社会和制度的把握尚未达于 Geertz 之于印度城市、Laidus 之于中世纪穆斯林城市的整体水平。汉口研究将力求提供一个较完整的中国城市分析图景。不言而喻的是，建构一个新框架的前提必然使罗威廉面临着对以往城市研究范式的批判与择取。罗威廉显然已自觉意识到了这一点，于是他在开篇就着意把破除所谓的"韦伯神话"作为其汉口研究中的核心论域。因为在韦伯看来，中国城市的发展只不过为西方城市从传统的（traditional）向理性的（rational）结构转变提供了一个对应物和价值参照系。

书中集中摄取马克斯·韦伯在中国研究范式中的三大弊端予以批评。这三大弊端是：一是韦伯过于强调城市与农村之间的界分状态，忽略县级以下市场中心的重要性或县、省、帝国层次之间社会条件的潜在差异。二是韦伯以政治与经济功能界分中西城市，忽略了中国城市的多样化特征。例如，作为制造业城市的景德镇就不会符合韦伯的范式假设。三是韦伯认为中国城市时间自宋代以后就处于绝对休眠状态，此状态一直延伸到 19 世纪西方势力涌入之前，从而忽视了中国社会结构内部动力机制的存在。城市比较研究只是"韦伯式问题"的一小部分，韦伯以后的中国学家对此做出的回应也反映在三个层次上：他们强调中国城市在中世纪以后持续的历史发展；强调中国城市自身广泛的地理和人文渊源特征；强调近世中国城市经济因素而不是政治因素的首位作用。①

其实，正如有的学者所论，所谓"韦伯式问题"本身包含的理论预设与逻辑推演具有相当浓厚的西方中心主义倾向性。就韦伯的本意而言，他几乎一生都在倾注其全部的理论热情论证西方资本主义精神萌发与示范作用的普世性特征。即使是在研究非西方文明时，他也不会忘记时时探究估测其演化形态是否会适合于他手中"资本主义精神"这把如测量模具一样通用标尺的刻度。在东方包括中国历史的研究中，我们甚至可以发现一个"韦伯式圈套"。韦伯的中国学著作《儒教与道教》曾经明确地把儒教置于清教摹本的既定价值预设中进行比附，进而得出了中国历

---

① 参见 William T. Rowe，*HANKOW，Commerce and Society in a Chinese City，1796—1889*，Stanford Universtiy Press 1984，pp. 7-8.

史中缺乏现代资本主义发展所需要的理性形式和伦理基础的结论。如果仅视其为一个东西方比较的个案命题似可不必深究，但其中所蕴含的方法论取向却构成了一个普遍的理论圈套，笼罩住了不少学人的思维视界。此结论显示出来的逻辑明语是：中国资本主义的迟缓发生，是因为资本主义要素缺席的结果。而其背后所屡屡暗示出来的逻辑潜语是：资本主义精神的发生是西方的原创形态，东方乃至近世存在的资本主义要素是西方嫁接的结果。其逻辑圈套的最终蕴意是，即使从历史情境中反向证明中国存在一个资本主义式的理性基因，也不过是在满足了民族主义感情之后验证了资本主义精神的西方发明权。这从根本上讲没有跳出韦伯的价值观"魔掌"。20世纪以来，落入"韦伯式圈套"之中的学者可谓不计其数，其中近期较典型的例子可举出余英时教授。余先生在其精心撰述的《中国近世宗教伦理与商人精神》一文中运用大量史料反向证明近世中国商人的思想与行为中不乏类同于西式清教的轨范。余先生的用意自然是借助"东亚四小龙"的现实经验，寻觅东亚现代化成功的历史因缘，希求击破韦伯西式"理想类型"的垄断壁垒。然而他的运思路径恰恰是韦伯式的，其论式是中国传统形态中存在一个非西方意义上的、可诱发独特的区域现代化的自足因素。由此一来，本意是想证明东亚传统的独特性，却反而成为韦伯式论题的一个合理性注脚。

　　以"韦伯式圈套"审视罗威廉教授第一部著作中的汉口研究，我们发现其论域指涉仍是类似于余英时教授的"逆向反证法"，如其中引述大量证据指明汉口并不缺乏西方城市所具有的"现代性"（modernity），如已具备长距离贸易管理的核心作用，及类似于西方的都市化空间的拓展等，而不仅仅如韦伯所说只是具有军事城堡的功能，因为汉口的城墙在很晚才建筑起来。也许是意识到了频频涉及韦伯式问题易陷于循环式的探索险境，罗威廉在其关于汉口的第二本著作《汉口：1796—1895年中国城市中的冲突与共同体》中完成了一次语式分析的转换，即借助市民社会/公共领域的社会学范畴进行城市结构的解剖。市民社会/公共领域无论从历史上还是从逻辑上看，社会与国家在概念上的分野均是其产生的前提条件。这本著作也是建基于对国家—社会互动分合的理念探究之上的，只不过他是以历史实证的方式表达出来，注重的是一种所谓"事实上的公共领域"(de facto public sphere)。① 和不少学者一样，罗威廉始终反对把"市民社会"概念变成意识形态化的政治工具，因此也始终把它限定为一种历史性的描述。在第一本著作中，罗威廉已经发现，在承担福利和慈善行为方面，汉口于太平天国战后社区服务范围令人瞩目的扩展，以及动议权从国家工具向居民与自治精英共同体的转移，都以非官方的公共利益的名义才得以进行。在第二本著作中，罗威廉则已自觉地运用"公共领域"的概念去统摄和把握近世汉口的大量史料，以使之趋于观念上的有序化。综观全书，其行文中呈现出来的反"韦伯式圈套"的逻辑理路是清晰可辨的，但仍然可以感觉到作者并未真正逾越西方中心论传统所设置的目的论陷阱。

四、冲突与控制：汉口的近代化模式

要清楚地判定国家与社会在城市格局中的界域表现，并非是件易事。因为这不仅意味着需清晰严密地梳理出一些兼及二者的庞杂历史要素，而且要使用一些非历史性的概念去定位这些要素，并反过来使之受到历史过程的检验。通观罗威廉第二本汉口专著中的诸多论域，我们大致可条述出三个层面的运思进路：其一是通过描述国家向社会的权利让渡来标示出公域的范围；其二是城市周围频起的外力冲击浪潮构成的压力效应所导致的汉口内部各阶层的分化与聚合；其三是精英作用的变化。

从城市空间（urbanspace）的变迁来看，在西方城市的型构模式传入中国并在上海发生效力之前，中国城市适合于前资本主义与前工业化的模式，它们缺乏一个独立清晰的"中心商业区"（central business district，简称 CBD）和土地使用的一体化等级制度。相反，城市空间结构经常被作为类似细胞的系统而加以定位，这些"细胞"被个体贸易网络分割为许多商业区，并和一些居民区相互交织在一起。但是到了 19 世纪，中国城市如汉口在一些重要方面已颇适宜于资本主义城市的土地使

---

① 参见 Arif Dirlik，"Civil Society/Public Sphere in Modern China：As Critical Concepts Versus Heralds of Bourgeois Modernity"，载《中国社会科学季刊》（香港）1993 年冬季卷（总第 4 期）。

用模式和土地价值分配，它的一体化的有序空间结构已与古典类型的中国城市相去甚远。从历史的观点看，有证据表明，汉口长途贸易的大幅度增强，大规模的商行、财政体制和组织化的商业网络的出现，地方都市化的持续演进和城市文化的发展（包括相当于西欧小酒馆和咖啡屋的茶馆制度），印刷工业的急剧拓进，世俗流行文化等的崛起，都提供了一种批评运作的空间和氛围。由于19世纪的汉口在城市服务系统和社会福利领域都有了长足的进步，罗威廉认为完全可以用"公共领域"的出现概述这种现象，因为在一定范围内而言，这是直接的国家动议权在社会需要的措施条款方面迅速撤出的结果。面对一些新的社会需要和都市的复杂性，社会力量的回应比官方的回应可能更加灵活。核心官僚的作用面对社会能动主义（societal activism）的崛起基本上是非直接的。国家机构的功能大部分局限于对地方力量发起的计划实行庇护上，或者为这些动议提供协作，并负责平衡不同社会集团之间的利益。

当然，国家与地方社会的权限如何界定仍是一个很棘手的问题。例如所谓汉口公善局的运作就特别能表现出官方与私人领域之间的两难处境。一方面，公善局的地方资源来自于汉口私人善堂，它的财政来自于商人的捐献，其运转也部分由善堂（如存仁堂）支配；另一方面，它又不像其他善堂是作为"堂"出现的，它还有"局"的功能，即负有政府职责，比如支持寡妇和孤儿；它也往往由汉口道台统辖的育婴堂直接设置，资金也由道台个人捐献。尽管如此，太平天国以后国家已经退出对城市人口直接提供福利服务的事务领域。比如汉口的福利组织明显地扩大了施舍范围，已不再局限于孤儿寡妇等群体类别。有的学者甚至夸大说，中国社会能够提供类似于近代国家从摇篮到墓地的所有支持。在此过程中，政府赞助的福利设施逐渐遭到废弃，它们已经为建立于地方动议基础之上的一些机构所代替。比如救火就是地方社会承担其自身救助功能的一个例子。虽然有些地区的救火行动仍需地方政府授权，但救火在汉口确实越来越独立于官方的影响。居民救火组织之间的日益协作，清晰地反映出了城市意识和团体精神以及自治性公共领域的增长。汉口城市发展的又一趋势是，福利赞助从一种个人的慈善行为转向出于公益目的的非个人的形式。例如盐商对书院学堂的赞助反映了利益集团的互动关系。汉口公众教育的财力支持是自助性的，大多来源于盐商精英基层。盐是人们每日消费的食物，盐商对教育的捐助在一定范围内可以说不仅是武汉而且是由湖广盐区的消费人口来承担的。① 这些变化自然得益于公共而非官方领域的拓展。

需要特意申明的是，国家干预权向社会领域的让渡与城市外力冲突和内部控制之间的张力表现形式有密切关联。汉口既为枢纽通衢之地，又为晚清各路兵家争锋的热点，所以暴力攻伐现象层出迭现。罗威廉在书中的结论性部分曾经指出，中国城市与西方城市在特征上最不同的地方，即在于其中存在着独特的底层居民的普遍抗拒行为和暴力冲突模式，只不过这种模式并非一定起着负面的作用。他引述 E. P. Thompson 等人的话，认为通过违反秩序、犯罪来唤起团体的感情，对维系和复兴公共凝聚力是有贡献的，也许是健康社会的一个组成部分。这关键在于有一个调适与遏制暴力侵袭的有效模式，以及和解妥协的习惯和高度的城市团体制度化的观念。汉口在太平天国以后犯罪率的上升，一方面可说是底层阶级崛起的标志；另一方面对犯罪趋势的有意识引导却创造和维护了城市秩序的和谐，整个冲突与控制的过程都不是在国家指导下完成的，而是在地方社会自身中创始和运作的，因为国家对自治水平上的公共聚集方式素来持一种矛盾的心理。

因缘于此，一些变化表现在近代形态的城市警力系统的进展上。19世纪汉口安全人员的专业化已经开始实施，并实现了从居民保长轮流志愿服务式的保甲功能向专业化职事功能的转变。与之相关的步骤是，一个自治地区雇用、训练、任命、部署和轮换的警察力量已趋于"科层制化"（bureaucratization）。完备的警力系统最初出现于 1900 年，是在外国军事力量占领和日本的影响下才出现的，而萌芽却源于 19 世纪晚期。问题在于，警力系统的科层制化为什么偏偏出现于这个时期？按照罗威廉的意见，这一时期外界冲击的力度恰恰与汉口人民对秩序的切肤感受与要求相吻合，这一方面固然是商业资本主义对地区间贸易的控制延伸到城市安全系统中的结果，把这种要求系统化是作为源自于城市人口的

---

① 参见 William T. Rowe，*HANKOW，Conflict and Community in a Chinese City*，*1796—1895*，Stanford University Press，1989，pp. 131-132.

社会和经济成功的核心内容;另一方面,则是通过某种制度化程序协调维系社会和谐以抗衡外力的侵袭。与之相应的例子是地方社团的勃兴与自治能力的加强,也是部分与帝国官僚制效率的衰落有关,部分是对供水、火灾及普遍持续之军事威胁的反映。

19世纪汉口城市共同体,几乎不是建基于每个共同体成员之间利益的完全一致性的基础之上的,但是它建立于具有包容性与灵活性的社会一致(公论)的基础之上。这种一致性(consensus)不仅承认儒学的社会等级制度和家庭价值,以及坚持商业行为和邻里关系的最基本标准,而且对普遍民生表现出了深深的关注。① 在汉口城市安全和社会控制的过程中,自我防御系统如救火队、夜巡人和保甲等的完善也反映了一致性的作用,即对外来人的威胁之下的一种凝聚状态,成为一致性的有力武器。在此情况下,共同体意识(community sense)通过汉口方言的同一性、词汇运用的地方主义特色和城市自筑城墙的形象化符号以及为在太平天国时期死难者所修之城市祭坛中体现出来。

与早期近代的西方城市一样,汉口近代化模式关涉一个日益复杂和流动的阶级结构的变化,老的精英集团受到新的经济精英的挑战与参与,地方的一体化网络也是由于城市精英的社会行动模式发生作用才得以加强的。在城市空间中所谓"一致性"的存在也许意味着文化霸权在精英集团中的成功运作。对话语(discourse)的控制,为的是使从属的下级团体被参与维持一个符号领域(symbolic universe),以使其统治合法化。② 由此可知,汉口城市精神(urban mentality)的形成与精英构成及其控制话语的变化实相关联。

概而言之,罗威廉的汉口研究以史实勾勒出了一幅国家向社会公域让渡权益的斑斓画面。这种权益让渡方式往往是外界施压或曰冲突与控制的结果,精英构成的变化虽然重要,但其作用似乎已退居次席。

---

① 参见 William T. Rowe, *HANKOW, Conflict and Community in a Chinese City, 1796—1895*, Stanford University Press, 1989, p. 131.

② 参见 William T. Rowe, *HANKOW, Conflict and Community in a Chinese City, 1796—1895*, Stanford University Press, 1989, p. 348.

五、对"汉口模式"的批评与反批评

罗威廉运用"公共领域"理论对汉口进行的研究，曾经一度在美国中国学界引起极大影响，被誉为中国城市史研究中具有里程碑意义的著作。但与此同时，他的汉口研究由于对中国城市基层组织的自治程度和状态做出了比较乐观的估计，因此也引起了较大的争议。比如魏斐德（Frederic Wakeman，Jr.）就敏锐地观察到，西方的中国学者将晚清和民国时期的法人社团和自愿结社如行会、同乡会、家族和门第、同姓社团、邻里社团和诸如庙宇社、拜神社、寺院和秘密团体统统归结为在国家控制领域之外的公共空间时，其用意是挑战马克斯·韦伯关于中国发展资本主义是由于城市自治的匮乏和对祖籍亲友的特殊依恋的主宰这个论断。只是问题在于：罗威廉所说的"本土城市主义"（indigenous urbanism）所表述出的地方性认同感在多大的范围内没有受到政府的干预？魏斐德在一篇商榷性文章中，曾经对罗威廉的研究提出了一些反证：如罗氏认为在 19 世纪中叶以后，盐商在当地社会构成支配性阶层。这个阶层利用他们的集体资产，提供饥馑救济，支付地方防卫开支和赞助地方经常性的慈善活动。他们在城市公共管理方面所呈现出的私人而非官僚的主动性日益显现出来，成为外在于官府的权力控制系统，与此相应的是，随之出现了官僚对盐业贸易的急剧失控。罗威廉认为，汉口社会组织人员构成的流动性、非本地性与本地人员的杂居状态，恰恰使其成为自治的基础。魏斐德则认为，正因为汉口行会常由外来人控制，比如汉口的两个主要行会之一实际上是由外地旅居者在上海买办的监督下建立的组织，所以汉口作为中国内生型城市自治和社区认同的断言是不能成立的。再如对盐业利润的控制并不取决于社区自治的程序和商人的独立经济地位，而是与国家政权建设的进程幅度密切相关。所谓"汉口自治商人"，实际上不过是国家垄断权的产物，是一种官商经纪人。所以，如何区别官方体制内的商务局系统与基层商人精英的自治体制和活动，始终应是一个大问题。①

罗威廉坚持认为汉口行会不可能由某个沿江下游的母系组织操纵控制，但事实仍旧是，这个城市最强大的行会是由那些甚至连汉口永久居民都不是的外来者所管理的。② 魏斐德认为，罗威廉所提供的汉口城市的证据无法证明，太平天国造反之后在汉口繁荣发展的行会，实际上真的从当地清朝官府那里接管了许多市政管理职能，或者存在着一种以行会为中心的隐形的市政管理机构。因为仅有的证据只包括诸如维持街道秩序、开通防火道和修建桥梁等自身的事务，或者设法维持了早在1800年即开设的私人消防队，在白莲教武装夺取了距汉口三十里远的一座小县城之际组织了一支小规模的民团，半心半意地支持本地防御太平天国军队的一些措施，以及在1911年辛亥革命前夜组织了一支非正式的本地守夜警卫队，而这些行动中的大部分还是官府压力的结果。即使像一些在传统上已成惯例的保甲活动或社区活动，也不能将之视为"现代社区主义"的类似物。诸如各商号为民团提供人员和活动经费、冬防计划的实施、支付守夜人的油灯或煤气费用等，都无法证明是新兴的、与传统有别的自治活动。另外，魏斐德也同时指出，按照哈贝马斯的原意，"公共领域"建构于公众舆论的自由表达基础之上，可汉口在1873年才出现《朝闻新报》这样的出版物，且发行期不到一年。汉口发行量最大的报纸是上海的《申报》，但用它来说明汉口公共舆论的出现似嫌勉强，因为无法确定汉口居民实际阅读这份报纸的比例。③ 他的批评还强调，19世纪汉口的新型商人组织始终未摆脱与国家的密切关系，这当然是正确的。问题是，这种联系仅仅是一种本质性的不变联系吗？罗威廉给我们的启

---

① 参见 Frederic Wakeman, Jr., "The Civil Society and Public Sphere Debate: Western Reflections in Chinese Political Culture", in *Modern China*, Vol. 19, No. 2 (April 1993).

② 参见 Frederic Wakeman, Jr., "The Civil Society and Public Sphere Debate: Western Reflections in Chinese Political Culture", in *Modern China*, Vol. 19, No. 2 (April 1993).

③ 参见 Frederic Wakeman, Jr., "The Civil Society and Public Sphere Debate: Western Reflections in Chinese Political Culture", in *Modern China*, Vol. 19, No. 2 (April 1993).

示在于，当判断某种基层组织或群体活动的特征时，不应仅仅从国家行为的角度来理解，而应充分估计其作为社会角色的自主能动性——尽管对这种能动性发生作用的幅度进行评价完全可能是见仁见智的事情。

如上所论，探究公共领域的适用度似应首先打破西方中心论的观念。需要阐明的是，国家空出市民社会之发展空间后，社会是否就会完全按照自治的轨道有序发展而不会导致失衡？因为按西方的尺度观察，只要形成与国家权力相对峙的自主空间，资本主义就会自然产生并在东方达致同样的效果。纵观中国历史，"公共"的观念并不缺乏，地区自主性的例子在近代汉口可谓俯拾皆是，但形式化的组织同构并不意味着能够超越文化形态与观念上的差异。西欧城市有比较完整的城市法即韦伯所言"special urban law"，这是前资本主义时期城市趋于自治的结果。城市法中对市民权益的规设等于划定了"公域"与"私域"的界限，使个人利益不会被淹没在群体的目标之下。19世纪汉口虽然由商会等组织来确立群体之间的契约关系，但有史实证明，个人的权益仍受实际传承的本土文化要素如血缘家族等伦理规范的制约。

即使坚持以"公共领域"的概念界说汉口的社会结构，我们也会感觉到，汉口民众自主观念的发生与自治组合的形式除了始终与国家处于若即若离的关系之外，其产生孕育的过程也往往是外界压力集团施予作用的结果，而大多不是自治组织的自发要求。仅以汉口为例，其自治领域的成形一般就可视为太平天国以后区域组织逐步趋于军事化（militarization）之链条中的一个环节。罗威廉也多次引用孔飞力的研究结论，认为区域性基层组织的军事化过程促成了地方主义的兴起，汉口的军事化组织之所以逐步被控驭在绅商的手中，就在于传统帝国官僚体系与军事组织已呈涣散之特征。只是军事化与社区结构及观念的契合，是否就能在本土组织中创生出西方意义上的公共领域，则是颇有些疑问的。罗威廉也曾举例说，在外界压力下，汉口城墙的改造可以是公共舆论（civil opinion）起作用的反映。汉口商人在护城中也有可能转化为区际的军事领袖，但是在某个军事目标的制约下，公共舆论的前资本主义性质却仍是很明显的，在其他形式的军事冲突中，公共舆论也仍有可能产生，却同样不具备任何近代的意义。地方军事化不仅对正统的官僚军事政治组织的运作形成威胁，而且有可能对地方共同体本身构成威胁。简而言之，掌握在精英手中的武装力量，总是实行某一阶层政治目标的潜在工具，而不是实现团体利益的工具。

关于"公共领域"的适用幅度，罗威廉在另一篇文章中曾坦言，反对机械地把中国放在与西方传统市民社会的任何语境中加以比附的看法，因为这些概念如何被有效地使用，需要太多的价值限定，而且几乎无人能通过一系列中国自有价值判断的检验。罗威廉从一开始就想尽量避免伦理意义上的两难困境，这种困境显示，如果断定中国早已形成了一个市民社会，就会陷入一种种族中心主义的圈套，因为这就等于假定把西方文化的地方性道路设定为具有普世意义的模式。但是另一方面，如果仅仅基于历史文化的相异性而认为中国无法实行类似于西方的政治制度，又可能被怀疑是个"东方主义者"，这里边可能会被视为一个带有歧视性的判断：即那些文明程度较低的社会无法履行西方为自己制订的标准。因此，在应用哈贝马斯关于市民社会理论分析中国问题时，罗威廉就显得异常慎重，不像狄百瑞（Wm. Theodore de Bary）等一些热爱中国文化的老一辈美国中国学家认定中国自古就有所谓自由主义传统，罗威廉相当明确地否认任何把清帝国看作拥有潜在的西方式民主资源的超前式比较研究的可行性，而是从历史断限的角度判定晚清帝国在 18 世纪末有一个巨大变化，这个变化是中国传统与欧洲经验杂交的果实。他认为，"市民社会"在早期的西方社会理论脉络中被界定得不够清晰，哈贝马斯经过重构使它更符合于西方从前近代向近代转型的基本态势。但这个概念对现代社会组织空间兴起的历史描述，显然无法变成普世化的衡量标准，因为晚清中国并没有一个对应于西方"市民社会"的话语或概念，也没有任何像欧洲通过理论建构的方式而表达出的那种争论对象。而哈贝马斯所使用的另一个概念即"公共领域"，却有可能变成分析非西方国家转入现代历程的工具。对于清朝和民国时期日益出现的各种不受国家控制的公用事业机构和公共服务机构，罗氏就称之为"管理上的公共领域"（managerial public sphere）。

当然，在汉口研究中，罗威廉思维中存在的矛盾困局表现得仍十分明显，一方面他担心把中国历史变成西方发展的一个理想式投影，故而极力回避抽象的哲学讨论，而以汉口为案例，阐述中国城市演化的个性特征；另一方面他所使用的诠释工具如"公共领域"等概念是西方式的，而且不可避免地仍以欧洲史和西方经验基础来衡量中国历史的发展进程。所以他认为，尽管有些冒险，但用外来范畴去分析一种既定的文化，也许不仅仅方便，而且常常可使之清晰地呈现出来。问题并不在于中国语汇中保护着多少有关"公"的术语，或与西方对应词"公共"（public）有多少表层的相似性，而在于这语汇相似背后的文化相异性恰恰是应该揭示的，而揭示的结果却有可能推翻原来的比较结论。这种矛盾心境较充分地体现于对诸如"个人主义""公民法""财产所有权"等论域的辨析之中。

统而论之，罗威廉以对汉口"公共领域"的分析为标志，却并未考虑其历史渊源的错位问题，例如汉口"公域"的形成是地方军事化的一个系列表征之一，而基本不是如西方那样完全源于社会内部原创性的自发要求。在军事化示范作用下达致的社会自治状态，按西方标准衡量是不可能极其规范的。因此，罗威廉的汉口研究以反"韦伯式圈套"的面目出现，却不免仍给人以仍在其套中的感觉。这正如德里克所批评的，汉口研究对"公共领域"作实证论式的解读，试图把"公共领域"这个概念纳入现代化的社会—历史学范畴，从而造成此论题批判性历史意义的缺失。[①]

尽管罗威廉的研究遭遇到各种各样的批评，但其方法论的启示意义仍是毋庸置疑的。罗威廉为了回避"市民社会"理论中受价值判断过深影响而形成的暧昧与模糊含义的支配，提出应在中层判断上估计中国历史"现代性"的建构过程，也就是把含义纷繁难定的概念分解成一些可以具体把握的研究要素，这些要素不是范式意义上的价值合理性判断，而是一些易于呈现的具体社会经济特征。诸如公共资金、公用事业和公共管理的制度化程度；文字、出版和印刷文化的大众化程度；自治组织与官僚机构的对峙程度及个人主义原则的出现与公共意见判断准则的变

---

① 参见 Arif Dirlik，"Civil Society/Public Sphere in Modern China：As Critical Concepts Versus Heralds of Bourgeois Modernity"，载《中国社会科学季刊》（香港）1993 年冬季卷（总第 4 期）。

化等。罗威廉的这种探索问题的态度，使得我们不得不承认他的汉口研究在运用社会理论时所表现出的敏锐和勇气，也无法否定他在对中国城市化具体特征的描述方面所做出的杰出贡献。

六、"市民社会"概念在中国史研究中的适用限度

"市民社会"范畴被具体运用于近代中国研究，主要集中于社会如何从传统国家手中分享一部分权利，以及国家让渡自身权利所能达致的限度和范围。许多论者实际上已经看到，"市民社会"与"公共领域"范畴的引进尽管具有形式的意义，但对其核心内涵的解释则完全背离了哈贝马斯理论的本意。正如黄宗智指出，哈贝马斯所述"市民阶级的公共领域"与"市民社会"两个概念，由于预设了国家与社会之间的两分对峙状态，所以只能是西方近代经验的一种概括，与中国历史状况并不吻合。这无疑是一种清醒的认识。那么在做这种背景区分之时，就似乎已经宣布了其理论取向中国化的无效性。然而，黄宗智在建构介于国家与社会之间的"第三领域"理论时，却又明明是在试图模拟出类似"公共领域"的特殊范围。这类矛盾与犹疑的心态，与对中国社会之特质的不同认识有密切关联。在中国历史的发展中，国家与社会的关系一直维持着一种微妙的均衡状态。历史中属于社会领域的基层乡治机构尽管在先秦时期即有记载，如《周礼·地官·大司徒》与《管子·立政》中已有乡里组织构架的生动描述，但一直到唐、宋以后，基层社会的构成才趋于完善。乡里组织一旦成型，起码在外表上具备了与国家保持距离的独立品格。国家虽然能通过吏胥系统干预基层生活，基本功能却由士绅阶层承担下来，并形成了自身区别于国家组织的运作空间。这极易使人产生错觉，以为历史上自治空间的存在及作用有可能用"公共领域"的西式概念或"第三领域"的说法加以概括。其实，中国国家与社会的边界分立并非是绝对的，二者有实质性的关联。比如国家通过家国同构的形式与科举渠道控制绅士流动规模，构成以高级吏胥和底层绅耆勾连的控制网络。高低层人员身份与教育程序的一致性使社会空间存在的独立与"公域"形成的近代特征大打折扣。即使是晚清，士阶层身份的一致性由于绅商等

新人的出现而遭到了破坏，社会概念的初始意义在多大程度上有所改变仍是颇令人怀疑的。

"市民社会"论者所举出的中国存在公域的许多实例，如出现了夜巡人、救火队、善堂救济组织等，大多有可能只是旧有社会基层组织的变形与延伸而已。哈贝马斯定义的"公共领域"有两个特征，它既是公共舆论表达的场所，这种表达又要不受高压政策的强制。可是，公域的形成往往恰恰受到两个过程的侵蚀：一是国家对社会领域的渗透；一是国家权威的社会性设计（社会化）的影响。① 正因为如此，在"公共领域"的结构性转换中存在着双重可能性，即国家的社会化和社会的国家化，它们都容易摧毁国家与社会的分离状态，这种分离已具备了"市民阶级的公共领域"的基础。②

就中国历史而言，国家的渗透由于地域广大、文化迁移等因素制约，南宋以后对基层的控制逐渐变为间接性的取向。这也正如顾炎武在《日知录》中所论，其部分原因是因为法家意念中的严刑峻法不仅涉及人性的限度，也关涉统治版图扩大后的转型问题，即更多地用间接的宗族、乡约等儒家伦理因素去控制人性，所以"国家权威的社会性设计"应在帝国的统治中居主导地位。黄宗智就已注意到，绅士与商人精英的活动主要集中于地方和乡村而非国家和城市层面，这与哈贝马斯的"市民阶级的公共领域"集中于国家行会城市层面的现象十分不同。一般论者虽领悟到中国社会中乡治机构的独立品格，却往往把具有前现代市民社会的组织形式如行会、同乡会馆、社区社团、拜神社、惜字会、抚恤组织、秘密团体等，均视为独立于国家领域之外的机构，实际上它们可能只是"国家权威的社会性设计"的表现形式，是传统乡村基层组织的复制与放大。在考察这些组织时我们要问：在"公域"的外表下，私人领域的扩张度到底如何？"私域"的维持与扩展具有多大的独立性？这是界定基层组织是否具有现代意义的重要标志。中国人群体意识本来就颇强，如果

---

① 参见 Philip C. C. Huang, "Public Sphere/Civil Society in China? The Third Realm between State and Society", in *Modern China*, Vol. 19, No. 2 (April 1993).

② 参见 Philip C. C. Huang, "Public Sphere/Civil Society in China? The Third Realm between State and Society", in *Modern China*, Vol. 19, No. 2 (April 1993).

不从个人主义和私人财产本位是否发达的角度来衡量"公域"的有效性或精英公共参与的模式，就会出现形式主义的毛病。

还有一个问题需要澄清，那就是在晚清特定条件下，国家一体化目标对公共领域的产生和发展的影响。这个问题本身似乎构成一个悖论，因为西方早期的现代欧洲式民主，成长于社会一体化与国家建设二者都达到很高程度的环境下。反观近代中国，则一方面缺少有效率的西方现代化国家去确立秩序和提供公域发展的空间框架；另一方面又通过国家政权建设动员乃至榨取社会组织资源。在这种情况下，国家既有可能促进地方共同体的产生，唤起政治参与的热情，刺激出限制国家权威的要求，又有可能规约与限制政治自由的拓进。杜赞奇（Prasenjit Duara）曾经描述过晚清至民国时期国家政权建设和民族主义对村治组织的影响，他证明尽管国家依赖基层权力文化网络的作用，只是各种组织网络构成的象征价值却有可能是极为传统的，如百泉闸会的祭祀活动，仍是凝聚传统社区的手段。[1]

由于晚清到民国初年中国国家建设一体化目标的逐次实施，国家有可能与社会层面的组织功能相互协调，并参照西方规制使其运作更具效率和活力，如晚清以后各种法团的出现就具有非传统的准行政功能特色。但这些法团如教育团体、律师团体、银行家团体，都是依附政府而运作的，国家也是以控制地方精英组织的态度来对待它们的。一些最积极倡导引进"市民社会"概念的学者如兰钦已意识到，管理而非公开的公共讨论是晚清市民社会的核心特征，官吏与精英活动的关系在地方公共事务中是交感的而非对峙的，精英并不试图限制国家权力。[2] 即使在地方主义崛起达致高峰时期，一些绅士自称乡人、里人，但这并不意味着他们认同国家总体目标的意念和传统身份有所转变，如曾国藩就曾以在籍侍郎的身份领军，其地方符号意义并未从国家认同意向中游离出来。故而，如一味从表面上强调国家威权与地方管理的分歧关系，而不注重其

---

① 参见杜赞奇著：《文化、权力与国家——1900—1942 年的华北农村》，王福明译，5 页，南京，江苏人民出版社，1994。

② 参见 Mary Backus Rankin，"Some Observtations on a Chinese Public Sphere"，in *Modern China*，Vol. 19，No. 2（April 1993）.

相互协调融合、为整体民族主义目标服务的方面，则会在对近代中国历史状况进行分析时出现偏差。

最后一个我们要认真考虑的问题是，组织功能与政治术语的表面相似性，是否就真的表征着文化本质上的相似性？如前所析，国家对社会精英在空间意义上的权利让渡，也许并不等于毋庸置疑地反映出社会层面已具有类似于西方的"公共领域"本质特征，这表现在所谓中国式的"公域"始终在总体目标下与国家保持着某种同构状态。此正如一个日本学者所概括的：

> 在传统中国，民间社会不是只受国家权力支配的非自立的存在，也不是自立于国家之外的自我完善的秩序空间，而是可将民间社会与国家体制共同视为由持有共同秩序观念的同心圆而连接起来的连续体。[①]

这种同心圆式结构使得国家与社会之间界域的伸缩变得甚少实质性意义。

如果暂时撇开功能运作的层面，而从文化观念的角度切入，我们就会发现，中国原初概念中天人合一与自然秩序的和谐观使"公域"的涵盖度几乎可以无限推广，最终重叠掩盖了"私域"的衍生空间。也就是说，"公域"对"私域"侵蚀如此之烈，近邻日本都未达此程度。中日公私观念的差异乃是在于，中国崇尚自然之公私观，并使之原理化，变成一种涵盖一切的界定尺度。例如，上自政治观念意义上的皇权与民权，下至家庭内部的父子人伦之别，都被笼罩于"公域"的网络之内。而日本的公私概念中，父子之爱乃私家之事，区别于公共领域中的朝廷、国家和社会，因而绝不能称为公。"换言之，日本的公私完全是领域的概念，看不到如中国的公私观所蕴含的原理性、自然性。"[②] 与自然之公相连的天之"公"。在与人人头脑中普及之"公"的观念相映的情况下，"公域"对"私域"的侵凌是不言而喻的。很明显，中国观念中道义伦理

---

① 沟口雄三：《中国与日本"公私"观念之比较》，载《二十一世纪》（香港）1994年2月号。

② 沟口雄三：《中国与日本"公私"观念之比较》，载《二十一世纪》（香港）1994年2月号。

上的"公",常使任何"私域"的产生归于无效,这亦与"去私"的儒家观念和"私人"观念之间存在着历史性的紧张有关。① 它使得个人的权益在"公域"中始终无法定位,而日本的"公域"与"私域"的界定尽管是封建性的,但却为私人空间的扩展提供了可能。

事实上,在中国近代历史上有关所谓"公域"与"私域"的界定之间始终存在着历史性的紧张。一方面,中国人"有私无公"的说法在中国晚清以后的学术界几乎已成定论,以至于严复、梁启超、陈独秀诸学人均为抨击国人性格中"私"的一面而大动干戈,并试图以重新界定"群己"之分合关系来树立新型人格;另一方面,不少近代以来的理论家也已认识到,个人主义与对私人权利尊重的缺失,亦是中国人完整人格形成的一大痼疾,而中国原初观念中天人合一与自然秩序的和谐观,使"公域"的涵盖度几乎可以无限推广,最终会遮盖"私域"的衍生空间。因此,如何辨析中国公私概念的边界以消解其理论阐释层面的紧张与歧义,应是了解"公域"是否存在的关键。

一些社会学家已经指出,"公""私"概念的解释之所以在近代发生如此大的歧义性,恰恰在于"公""私"含义本身表现出很大的游移态势,因之"公域"与"私域"的范围也可以在特定情况下发生伸缩畸变。例如,对"一己之私"的理解,中国人虽然有时讲究"私",却往往绝非维护个人主义式的个体隐私,而社会只有在家庭、家族与邻里的规约下才能保持"私域"的合理存在,也即是说,"私域"的排外性仍有一个群体边界作尺度。"私"乃家族之"私"、家庭之"私",而很少在个人权利的范围内得到认同。所以在很大程度上可以说,中国人之"私"具有"公"的品性。正如费孝通在解释"差序格局"时所言:"在差序格局里,公和私是相对而言,站在任何一圈里,向内看也可以说是公的。"② 这种"公"又是与家族、官事相联系的。金耀基由此认为,公、私是一相对的

---

① 参见金耀基:《中国人的"公""私"观念》,载《中国社会科学季刊》(香港)1994年春季卷。

② 费孝通:《乡土中国》,21~28页,北京,生活·读书·新知三联书店,1985。

范围，它的界限与独立性便不易被建立起来。①

因是之故，"公""私"概念的对峙与融合是一个相当古老悠久的命题。罗威廉等人在晚清社会层面惊喜地发现的许多酷似新面孔的事物，如"公事""公务"等在日常生活中的频繁出现，也许仅是古老的中国式"公域"的翻版。这种"公域"由于以"去私"为主旨，不承认西方式的个体主义的存在价值，因而与强调守护与尊重私人领域的西方"公共领域"观念是有根本差异的。哈贝马斯在其近作《法治与民主的内在关系》（"On the Internal Relation Between the Rule of Law and Democracy"）一文中，专辟一节探寻了"私域自主和公域自主的关系"问题，其中指出：

> 没有法律的人的私域自主，便不存在法律，作为一种结果，若缺少保障公民私域自主的基本权利，便同样不存在使一些条件合法地制度化的任何媒体（正是在这些条件下，作为国家公民的人们才能运用其公域自主）。因此，私域自主和公域自主相互以对方为前提条件，无论是人权抑或人民主权，都不能宣称自己对他方的优先性。②

也就是说，只有公民在"私域"自主受到平等保护的基础上充分独立时，他们才能够适当地利用其"公域"自主。哈贝马斯强调的是"公域"状态下的私人自主性，而中国传统的"公域"空间恰是以"去私"为前提的。

七、"市民社会"研究在中国的前景

把"市民社会"与"公共领域"理论应用于近代中国研究，是由西方学者根据西方经验的框架来解释中国历史发展进程的一次尝试。对这类努力作总体性判断为时尚早，需有待于更多研究成果的问世。不过许

---

① 参见金耀基：《中国人的"公""私"观念》，载《中国社会科学季刊》（香港）1994 年春季卷。

② Jurgen Habermas， "On the Relation Internal Between the Rule of Law and Democracy"，载《中国社会科学季刊》（香港）1994 年秋季卷。

多运用"市民社会"理论研究中国问题的学者都已经意识到，更为谨慎地辨析中西语境的差异是把研究导向深入的关键。比如马德森（Richard Madsen）就指出，"市民社会"的西方语境反映出公议的决定并非服从于社会地位和传统权威，而是服从于理性之上的，这一系列制度构成了政治秩序的道德基础并使之合法化。所以中国及亚洲国家应该在"公共领域"方面寻求一种亚洲文化模式（asian cultural style），而不是仅作历史现象的简单比附。他举例说，哈贝马斯告诉我们，咖啡屋在18世纪英国的市民阶级公共领域发展中起着关键作用，但并不能证明中国茶馆也起着同样作用。[①] 美国社会哲学家卡尔霍恩（Criag Calhoun）则认为首先应该分辨清楚"公共领域"与"市民社会"这两个相连而不等同的观念。[②]

令人欣慰的是，不少研究者已相当慎重地力图回避两种倾向的影响：一是避免如老一辈汉学家那样出于热爱中国文化的感情而按西方语式有意无意拔高中国历史的固有特质，如狄百瑞认定中国明代的新儒学传统中就孕育有自由主义要素这种说法。与之相反，这些学者明确地否认任何把清帝国看作拥有"潜在自生的"西式民主资源的超前式比较研究的可行性。二是防止出于政治话语的制约而采取非历史的态度，使研究变为意识形态目的论的产物。然而，中国史研究者似乎仍面临着无法解决的两难困境：一方面他们期望运用一套合理的"市民社会"概念所综合演绎出来的态度、价值和制度去解析中国社会的本土结构；另一方面，他们又不希望使西方的地方经验普适为一条全球性的常规道路，或使中国历史变为西方形态的机械投影。所以他们在极力辨析诸如"个人主义""公民法""财产所有权""公共管理"等论域中的中西异同时，结论常常是矛盾的。比如"个人主义"与社会契约、自然权利的出现与"私域"自主权的稳固是"市民社会"产生的必要条件。但是研究已证明，即使

---

① 参见 Richard Madsen，"The Public Sphere，Civil Society and Moral Community：A Research Agenda for Contemporary China Studies"，in *Modern China*，Vol. 19，No. 2（April 1993）.

② 参见梁元生：《史学的终结与最后的"中国通"——从现代美国思潮谈到近来的中近史研究》，见《学人》第5辑，424~427页，南京，江苏文艺出版社，1994。

一些有关人性的清代用法有点接近于人对自身内在条件的尊崇，而不完全受控于国家或其他因素，这仍然与西方传统揭示出来的、不可分割的权利观念风马牛不相及。如果中国本土不具备这些渊源于西方的文化观念的品性，那么我们怎样才能证明晚清与民国初年的自治组织不只是拥有表面的传统"公共"形式，而更具有西方"公共领域"的实质性特征呢？

与西方中国学研究相比较，中国史学界把"市民社会"或"公共领域"概念引入历史分析的论著十分稀见，从中文著作中观察，仅有王笛、朱英和梁治平的著作建立在具体研究的基础之上。王笛在《晚清长江上游地区公共领域的发展》一文中通过研究长江上游即四川地区"公共领域"出现和发展的情况，来试图说明区域性社会变迁的独特性与差异性。[①] 他认为，"公共领域"并没有一个全国统一的模式。不同地区，甚至同一地区的不同城市在公共领域发展过程中，由于各自发展的环境不同，因而展示出了相异的特点。王笛把成都与汉口这两个城市作了比较。罗威廉的汉口研究强调官方权力的下降和公共领域的扩张是汉口稳步发展的主导因素，而公共领域的扩张几乎完全基于传统社会内部的动力。但在成都，公共领域的剧烈扩展却与国家同地方士绅的合作联系在一起，并成为20世纪初公共领域扩张的基础。甚至在整个上游地区，从商会的建立到城会的出现，我们都可以看到国家在公共领域发展过程中的重要影响。造成这种不同的根本原因在于，汉口在"新政"前就已相对充分地发展了地方士绅起主导作用的公共领域。在"新政"时期，地方政府却力图加强对公共领域的控制。在成都情况则相反，新政前公共领域没有得到充分发展，甚至被地方官视为国家机构强化的障碍。到20世纪初，地方士绅利用官方的支持扩张公共领域和自己的权利，因而在短短的时间内，充分发展的非官方公共领域便在成都形成。换句话说，"新政"显然是成都公共领域发展的主要动力之一。至少在立宪运动以前，在一定程度上，成都以及整个长江上游地区，国家机构的强化和公共领域的发展并没有形成根本的冲突。

---

① 参见王笛：《晚清长江上游地区公共领域的发展》，载《历史研究》1996年第1期。

同是研究城市史，王笛使用"公共领域"概念区别于罗威廉等美国学者的地方在于，他始终没有把"公共领域"看作与国家控制相分离的空间场所，而是视其为近代国家建设的一个步骤或组成部分，两者之间是互动而非对抗的关系。这在文章中有相当具体的表现。例如王笛认为，20世纪初期，长江上游地区公共领域的发展主要表现为两个方面：一是传统领域的演变；一是新领域的产生。大多数商会和公立学堂属于前者，但是几乎全部公共协会和其他社会经济组织都属于后者。① 因此，这个时期的公共领域均经过了旧功能的转化和新功能的创造过程。更具体地说，20世纪以前，公共领域主要局限在救济和慈善事务；但在20世纪初，公共领域已扩展到社会经济管理、社会教育和社会文化等方面，不仅公共机构和社会财富逐渐扩张，而且人们的政治、社会观念也发生了变化，并形成了"公论"。②

王笛对"公域"前后时期的划分，很有助于使这个概念的使用摆脱西方语境中界定的特殊内涵，而把它放在一种相当变通的具体的情境下进行观察。比如说他的看法是，20世纪以前发现的一些自治组织其实与西方毫无关系，我们只不过仍可以"公共领域"的名目视之，却已无哈贝马斯笔下的纯西方社会历史的含义。从这个意义上讲，"公共领域"的特指色彩已经消失，"公域"内涵更像是一个可以自由随意使用的"公共空间"的意思，这显然与罗威廉根据欧洲历史地理结构中的"早期现代"概念来描述晚清帝国社会的尝试完全不同。罗威廉是想证明不受国家现代化导向的制约，地方社会也能自觉产生类似现代化的因素。他的目的是尽量从要素分析而非理论挪用的角度击破中国"停滞论"的壁垒。可是王笛证明的却是一个相反的过程，即地方现代新型空间的开创，仍是一种国家行为塑造的结果，因为它恰恰是"新政"直接干预的产物。这里面实际蕴含着一个悖论：关注晚清以来的"公共空间"与国家控制不可分割的联系，一方面自然可以防止照搬"市民社会"理论预设社会和

---

① 参见王笛：《晚清长江上游地区公共领域的发展》，载《历史研究》1996年第1期。

② 参见王笛：《晚清长江上游地区公共领域的发展》，载《历史研究》1996年第1期。

国家由分离到对抗的框架，但同时也很难摆脱如下假设：中国社会在近代发生的变化似乎完全是由西方因素输入后经由国家行为导向造成的结果。如果仅仅从后一个意义上看，"公共领域"中所包含的理论分析内涵是否具有解释力就显得无关紧要了，因为这种理论的最简洁表述是：社会关系的存在状态不取决于国家或官方政策的影响力。①

"市民社会"研究的引入为解释中国近代史的某些现象提供了一种分析框架，比如大陆学者在80年代初就已开展了对清末商会的研究，但由于缺少合适的分析框架，解释视野比较狭窄，主要是就商会研究商会，侧重于考察商会的性质、作用及其局限。有的学者如朱英已经认识到，在商会研究中完全可以摆脱原来僵化死板的套路，可以尝试探讨清末民初的中国，是否出现了脱离于国家直接控制的、相对独立的社会空间及公众领域。他认为，近代中国社会在许多方面确有其不同于西方的发展特点，因而在近代中国寻求与西方完全相同的市民社会，不啻削足适履，难免失之机械或片面。可是这并不排除在近代中国有可能出现合乎市民社会本质特征的社会组织和公共领域。同时还应看到，近代西方国家市民社会产生的道路，也不是凝固不变的单一模式，其他国家的社会条件虽然在许多方面不同于西方国家，但也完全可能以其独特的方式，萌生出具有市民社会特征的社会组织和领域。对近代中国商会的新探讨，可帮助我们对上述问题得出初步的答案。② 朱英试图用"市民社会"的理论框架来支撑其以往对中国商会的史料研究，但并没有深入研究商会在城市总体功能中的作用，及其与传统地方基层组织运作的区别，同时在商会形成的背景下，仍较强调政府的主导作用，采用了"扶植""倡导""保护"等字眼进行描述。因此，这种商会研究给人的印象仍是一种商会组织的"内部研究"或曰"商会结构研究"，而不是一种以商会作为切入点的广义社区史或城市史研究，人们从中无法看出商会作为一个日常生活空间的组成部分对人们行为的影响，而只是把一种商会内部研究套上

---

① 参见王笛：《晚清长江上游地区公共领域的发展》，载《历史研究》1996年第1期。

② 参见朱英：《转型时期的社会与国家——以近代中国商会为主体的历史透视·绪论》，武汉，华中师范大学出版社，1996。

了一顶"公共领域"的理论帽子,多少仍给人以搬用之嫌。

应该注意的是,中国大陆"市民社会"研究的背景与西方理论取向有所不同,它更加切入一种针对现实的理论话语的关怀。这种研究既不像部分西方学者那样,出于目的论的用心去刻意描述国家控制之外的共同体以及民间组织制衡和反对政府的力量,也不像一些中国学者那样,极力回避抽象的哲学讨论和政治语境的频繁关注。90年代有关"市民社会"和"公共领域"的研究往往基于中国改革进程面临的实际问题,力求构设出中国现代化发展独特道路的理论。针对1992年以后改革建立市场经济的新阶段所导致的资源流动、社会分化、国家职能转换等变化,国内的相关研究着眼于探索"国家与社会间疆界的确立"或"国家与社会间关系的建构"等新问题,针对80年代末期"新权威主义"和"民主先导论"等流行观念也作了认真的剖析和批判,表征了以国家本位为基础的总体性理论的危机。[1] 中国"市民社会"理论认为,国家与社会之间的关系架构不应如西方原义那样表征着相当激烈的对抗关系,而应该呈现出一种良性的互动状态,这种状态的达致必须以政治民主化与政治稳定的双重实现为指归。威权政治向民主政治的转化也取决于不同社团、群体和组织共同建立具有对彼此都具权威约束力的民主政治制度的共识。[2] 这种共识之建立并不是以重建新权威为必需手段,也非以暴力对抗的极端形式拓展"公域"的运行空间,而是在国家威权与社会组织之间寻求协调共存的可能性。从理论上讲,中国市民社会研究注重探寻国家与社会的良性互动关系,比较吻合于中国近代发展结构中国家与社会时常处于同构互融状态的历史情况。因为在国家的社会化与社会的国家化的双重历史背景下,中国近代"公域"的产生很难真正具有对抗国家的性质。尽管如此,中国"市民社会"理论的建构仍需从历史个案的研究中寻求验证和资源,研究的对象领域也不应局限于框架的构设与问题的提出上,而应在具体事例的考察中完善其总体命题的论证。

---

① 参见邓正来:《台湾民间社会语式的研究》,载《中国社会科学季刊》(香港)1993年冬季卷。

② 参见邓正来:《台湾民间社会语式的研究》,载《中国社会科学季刊》(香港)1993年冬季卷。

第四章　从"士绅支配"到"地方自治"：
基层社会研究的范式转变

一、士绅理论：从"身份论"到"支配模式"

（一）设定问题的差异性：从《皇权与绅权》说起

  与中国历史从前近代进入近代的演进过程相对应，中国历史学研究社会的方法从前近代进入近代的界分标志，很大程度上是以是否承认中国历史是整体世界史的组成部分为前提的。这当然与中国知识界的观念从"文化中心主义"转向"世界主义"的心理受挫历程相关，这一思考转向不仅预示着以"文化中心论"为思考资源的传统支配原理的消失，而且也预示着具有独立意义的中国历史价值的相对消失。因为从此对中国历史特质的所有优劣评判，都被依附在一个对世界史的整体框架分析当中，而成为其中的一个组成部分。易言之，中国历史发生与经历的所有变化及其内缘特征，都被认为是对世界历史总体外缘特征和趋势的一种反映。于是中国历史变迁所有微妙曲折的动态过程，包括基层乡土社会运行的实际规则，只有在经过阶段论式的世界史趋势演进与宏观规律的抽象原则验证之后才能进入我们的视野。这一筛选程序不仅使我们习惯于用结构和趋势叙述取代现场历史细节的分析，而且取消了对人在社会历史中如何选择自己能动位置的观察和理解。

  从20世纪40年代以来，对中国士绅阶层的分析也属于社会结构演变趋势中所要探讨的内容之一。但却出现了历史学与社会学方法的微妙差异：在历史学领域里，经过30年代的中国社会史论战，从经济史角度切入历史场景的分析方法渐成主流，衡量士绅阶层身份和作用的尺度往往取决于其土地占有和经济利益的垄断程度，这又导致历史学家习惯于从国家政策导向和行为中观察社会结构的变化。他们的任务是确定社会演化类型的性质，比如界定某种社会形态是属于奴隶社会还是封建社会，民间基层社会的具体结构只在与国家体制运作相关和重叠的极少数层面才被纳入考察视野，因此并不具有独立自足的含义。

社会学家由于常常从社区形态的具体研究着手，所以比较强调士绅阶层在某一社区范围内所具有的支配作用，他们相对更加注意士绅在基层社会中的具体功能，而不是把它作为确定社会发展性质的工具性角色来加以观察。尽管有研究取向上的差异，40 年代，一些历史学家和社会学家仍然尝试进行了一次合作，共同探讨士绅阶层的作用以及和皇权或官僚政治的关系。当时，社会学家费孝通和历史学家吴晗发起组织了一个研讨班，同时合作讲授"社会结构"的课程。课程结束后，讨论的成果以《皇权与绅权》为名结集出版。仔细考量书中内容，我们会发现费孝通和吴晗在衡定士绅身份与功能等问题时，视角存在着明显差异。费孝通从社会分层与权力运作关系的角度，更加强调皇权与士绅阶层的对立关系。他首先认为，中国官僚与皇权之间一直存在着对立关系，他们并不是属于同一立场的阶层。[①] 而绅士是士，官僚是大夫，身份也并不一样。但费孝通并没有使自己的分析停留在"身份论"的圈子里，而是用政权与威权对峙的理论界定士绅的位置。他认为士绅并不握有政权，但却握有威权，即社会对个人的控制力。在中国，政权和社会本身所具有的控制力相合，前者单独被称为霸道，相合后方是王道，但两者相合事实上并没有成功的例子。孔子始终是素王，素王和皇权并行天下，是上下分治的状态：地方上的事是素王统治，衙门里则是皇权的统治。[②] 针对上下分治的状态，费孝通所提出的问题是：为什么中国的历史里不曾发生中层阶级执政的政治结构？其着眼点显然关注的是士绅控制基层组织时所具有的独立品格。

而吴晗对皇权、官僚与士绅的角色就没有做出区分，反而认为官僚、

---

① 参见吴晗、费孝通等著：《皇权与绅权》，16 页，天津，天津人民出版社，1988。

② 参见吴晗、费孝通等著：《皇权与绅权》，21 页。

士大夫、绅士是异名同体的政治动物，官僚绅士必然是士大夫，士大夫可以指官僚，也可以指绅士，官僚是士大夫在官时候的称呼，而绅士则是官僚的离职、退休、居乡，以及未任官以前的称呼。① 吴晗概括说：

> 照我的看法，官僚、士大夫、绅士、知识分子，这四者实在是一个东西，虽然在不同的场合，同一个人可能具有几种身份，然而在本质上，到底还是一个。②

在另一篇文章《再论绅权》中，吴晗同样采取了"身份说"的界分方法，以土地占有的多寡划分士庶之别，强调士族的大土地庄园占有制度，并且讲求谱系阀阅、郡望房次、官位爵邑，来保证对朝廷官位的占有。吴晗甚至认为明代以后，前代士族的特权仍然遗留给后代的新绅士，绅士的本质变了，绅权并没有什么大变，明代士庶两阶级的分别仍然明显。③

吴晗的问题在于，他只看到了权力通过士绅与官僚的一致性身份获得传播和保留，但这种身份同样可以呈现出更为复杂的分化形态；同时，分化的结果也可能使权力在基层社会体现出不同的运作方式，由于过分强调绅士与官僚身份的一致性，往往就极易忽视士绅在基层社会发挥实际作用的情形。也就是说，吴晗一般很少讲权力与地方控制的关系，而是通过经济利益的差别，如土地占有关系的程度所界定的身份来昭示权力的存在。这一思路深刻影响了国内社会史的研究方向，具有强烈的示范作用。

与此相对照，费孝通在《基层行政的僵化》一文中进一步引申了"士绅分层"的演化理论。他通过阅读中国历史资料，形成了一个中国社会结构存在"双轨制"体系的假说。他注意到一个几乎是常识性的历史现象，那就是中国幅员广阔，在如此巨大的空间内，王权无法通过直接派遣官吏的方式进行统一管理，正式官僚行政机构只能下放到县一级为止，县以下存在相当自治性的组织，以便与正式的行政体系相衔接：

---

① 参见吴晗、费孝通等著：《皇权与绅权》，49 页。
② 吴晗、费孝通等著：《皇权与绅权》，52 页。
③ 参见吴晗、费孝通等著：《皇权与绅权》，66 页。

换句话说，政治绝不能只在自上而下的单轨上运行。人民的意见是不论任何性质的政治所不能不加以考虑的，这是自下而上的轨道。在一个健全的、能持久的政治必须是上通下达，来往自如的双轨形式。[①]

这样的立论使费孝通在传统结构中发现了一种无形组织（informal organization），就是中国政治中极重要的人物——绅士。这个无形组织是一条自下而上的"无形轨道"，对应于上层的是"无为的政治"[②]。中国传统政治结构可分为中央集权和地方自治两层，中央所做的事是极有限的，地方上的公益不受中央的干涉，而由自治团体管理。表面上，我们只看见自上而下的政治轨道执行政府命令，但是事实上，一到政令下达民间时，就转入了自下而上的政治轨道。在民间操纵政治的绅士可以从一切社会关系——如亲戚、同乡、同年等，把压力透到上层，一直可以到皇帝本人。自治团体是由当地人民具体需要中发生的，而且享受着地方人民所授予的权力，不受中央干涉。[③]

这个假说的设问方式与历史学家的最大区别在于，费孝通把中国历史上政府针对基层社会的现代化改革方案，看作对自治单位完整性的破坏，而不是舆论中人云亦云的所谓"社会的进步"。因为随着20世纪中国政府对"新政"推行力度的逐步加大，地方行政事务的处理变得日趋复杂，中央政府很想通过保甲制度等行政机构提高"新政"实施的效率，结果拼命把原本属于上层轨道的权力直接向下层延伸输送，结果突破了双轨制各守其职的传统界限。保甲是执行上级机关命令的行政机构，同时却是合法的地方公务的执行者，这两种任务在传统结构中由三种人物分担：衙门里的差人、地方上的乡约和自治团体的领袖管事。现在把这三种人合而为一，是假定了中央的命令必然是符合于人民意愿和地方能力的。所以，现代保甲制度不但在区位上破坏了原有的社区单位，使许

[①]　费孝通：《基层政权的僵化》，见《费孝通选集》第4卷，336页，北京，群言出版社，1999。

[②]　费孝通：《基层政权的僵化》，见《费孝通选集》第4卷，339页。

[③]　费孝通：《基层政权的僵化》，见《费孝通选集》第4卷，342页。

多民生所关的事无法进行，而且在政治结构上破坏了传统的专制平衡系统，把基层社会逼入了政治死角。而事实上新的机构并不能有效地去接收原有的自治机构来推行地方公务，旧的机构却失去了合法地位，无从正式活动。费孝通的结论是：

> 基层行政的僵化是因为我们一方面加强了中央的职能，另一方面又堵住了自上而下的政治轨道，把传统集权和分权，中央和地方的调协关键破坏了，而并没有创制新的办法出来代替旧的。我们似乎有意无意地想试验政治单轨制。①

费孝通对基层组织现代变革给予的负面评价，在当时可以说有点惊世骇俗的味道，引起了不少批评和争议，但从对社会史研究的长远发展来说却有相当深刻的影响。

对中国社会结构存在"双轨制"的推断，不但改变了人们一味强调从国家现代化策略的论证角度不加批判地描述近代历史发展的单面乐观倾向，为社会史研究注入了自我反省的因素，而且也为中国社会史研究从整体观及大叙事论说框架向地区史、社区史的中层或微观研究转型提供了社会学理论的坚实基础。费孝通的"双轨制"理论在40年代的"社会结构"研究中已经发生了影响，这表现在对士绅阶层的研究正在逐步被社区化，如胡庆钧就已发现绅权具有区域性：绅士的领导地位有一定范围作为界限，尽管范围是有大有小。一个绅士一旦离开了他所在的社区，就不会对别人的生活发生影响，也就无从拥有控制别人的权力。②胡庆钧的研究不仅特别注意观察绅权的经济基础，而且也注重探索与绅权相关的基层网络结构及其相互之间错综复杂的纠葛关系，特别是在"新政"导向支配下政府权力的渗透对基层组织方式的影响，重点关注绅士和农民与政府既结合又对抗的微妙关系及其作为中介角色的变化。

在同一部文集中，史靖则从基层权力更替的角度，印证了费孝通对基层政治双轨被拆除的基本判断。他特别注意到民国时期分割基层权力

---

① 费孝通：《基层政权的僵化》，见《费孝通选集》第4卷，347页。
② 参见胡庆钧：《论绅权》，见吴晗、费孝通等著：《皇权与绅权》，118、129页。

的六种人中，有一种是新制度制造的人物，即通过保甲制度推举出来的地方"行政人员"。由于保甲制度在理论上是和绅士的利益冲突的，这些人也参加过一些党团训练，一般人是不愿意卷入其中的。各个地方的绅士既要继续操纵地方的权力，自己又不能实际参加保甲的工作，因此只好就便指使一批无业游民或流氓地痞去接受新制度的指派。① 保甲功能由这种人掌握之后，直接可以借助国家威权干涉地方事务，破坏了国家与社会长期构成的权力平衡态势，绅权继替的常轨由此受到近代化进程的破坏，城乡关系开始脱节，致使基层政权核心力量难以为继。②

　　以上的观点虽然只是比较粗略的初步意见，却已经避免了历史学界仅仅从精英和国家立场定位士绅作用的取向，进而为士绅研究导向地方史模式创造了理论条件。

（二）从"国家支配论"到"地方支配论"：日本的士绅论

　　日本对中国的乡绅研究在"二战"前就已经存在。战后最早从事此项研究的酒井忠夫界定乡绅的标准，是明末社会预备官僚士人（举人、贡生、监生、生员）之外的在乡官僚及退职官僚，其身份呈现出的是官僚、地主、商人三位一体的结构。③ 同时，乡绅土地所有制的发展逐渐形成了自身的特色，国家政权虽然对乡绅土地所有制的发展加以一定的限制，采用新的形式，重新编成地方征收税粮、徭役及维持共同体再生产的机构如里甲制，但最终还是容忍了乡绅土地所有制的存在，国家已变成代表乡绅利益的权力机构。因此，这一时期的士绅理论均与土地所有制及与国家利益的一体性有关。④

　　和中国历史学者的研究路径有些相似，当时的日本学者普遍把士绅阶层的存在和作用与土地占有的方式连接起来加以考察。他们认为，宋

---

　　① 参见史靖：《绅权的本质》，见吴晗、费孝通等著：《皇权与绅权》，128 页。
　　② 参见史靖：《绅权的本质》，见吴晗、费孝通等著：《皇权与绅权》，129 页。
　　③ 参见檀上宽：《明清士绅论》，见刘俊文主编：《日本学者研究中国史论著选译》，第 2 卷，457 页，北京，中华书局，1993。
　　④ 参见檀上宽：《明清士绅论》，见刘俊文主编：《日本学者研究中国史论著选译》，第 2 卷，458 页，北京，中华书局，1993。

代以后的社会发展出现了一个转折点，特别是明代后期以来的货币经济、商品生产的发展中，小农经济出现了自立性的发展趋向，村落共同体也形成了以地缘结合的局面，以此村落作为结合基础的抗租运动也逐渐组织了起来，里甲制本身变得无法维持，旧有的形势户、粮长层对土地的占有丧失了存在的基础，渐渐瓦解变质，于是乡绅大土地所有制就会取而代之。乡绅好像是明显作为新土地所有形态构筑的主体，成为"社会支配的身份"。这种把乡绅身份单纯同土地占有情况相连接的说法遭到了后来学者的批评。他们认为，并不是乡绅范畴从根本上规定了土地所有的形态，或反过来说，乡绅并不是土地所有形态所规定的存在，乡绅起支配作用可能还有文化因素等其他原因，仅把乡绅支配理解为一种占有土地多寡的经济关系毕竟是过于狭隘了。

日本学者试图突破仅仅从乡绅的土地所有形态评价其基层作用的狭义理解，而是想把乡绅视为复杂的政治社会现象进行分析。因为仅仅把中国封建社会的基础当作生产关系（经济关系）支配下的地主佃户制反映的冲突尚不足以概括乡绅在基层的多元作用，因为不但中国社会中明末以后大量出现不直接隶属于地主的个体自耕农，以地主和佃户的关系推论乡绅的作用，显然是过于狭窄了，而且乡绅在社区组织、宗教祭祀、宗族统治等方面的广义非经济功能，也被摒弃于分析视野之外，这同样是五六十年代以来中国历史学者的治学盲点。最后达成的基本共识是，乡绅应被作为社会构成和体制概念加以理解，从而超越了土地所有形态的界限。

日本学者较早从国家与社会关系的角度观察绅士基层的变化，但其观察视角十分复杂，至少可以总括成三派：一派认为乡绅起着某种中间层的作用，乡绅的意义和功能似乎可以从本地官民的媒介者这一点来寻求。也就是说，乡绅是经营宗族、行会等传统性自治生活民众的统率者，在作为下意上达的中介的同时，又以官方代理的资格努力使上意下达，甚至进而协助进行行政管理。[①] 中间层存在的假设显然基于国家与社会分离的观念，同时也因为拥有一个颇为复杂的背景而受到了某些学者的

---

① 参见重田德：《乡绅支配的成立与结构》，见刘俊文主编：《日本学者研究中国史论著选译》第 2 卷，202 页。

批评。如有人认为这是为"二元论"制造借口。这种"二元论"常常表现为以下对峙关系：有历史的国家与无历史（停滞性）的社会；动态的世界与不动的世界；知识分子的世界与文盲的世界，或是儒教的世界与道教的世界；进而是剥削的世界与被剥削者的世界，等等。① 这样一来，在旧中国的社会，国家权力支配所及的领域即国家，与其所不及的领域即社会，两者分离且互无关系，分别形成独自的发展途径以达于后世。尽管王朝更替瞬息万变，但其最后的结果却是同一结构的再生，并没有表现出社会的质的变化。之所以强调其有"停滞论"的倾向，是因为这种理论虽然突出了士绅的中介位置，但仍比较强调士绅与官僚阶层职能部门的连带关系，而较少考虑士绅在地方社会中发挥的实际功能，也即看不出"中间团体优越的法则"。

另一派则从"阶级相互隔阂的法则"来看待国家与社会的关系，干脆把乡绅看作官僚阶层的一个组成部分，也就是说不把乡绅比拟成中间诸团体的统率者，而是使其隶属于支配阶级之中。官僚群与农民群的对立，成为阶级关系的原始模型。随着时代的演变，前者产生了官僚、贵族、地主、豪绅诸阶层，后者产生了农民、家庭奴隶、不自由的手工业者、都市平民诸阶层。两者无论在生活方式、意识形态方面都具有巨大的差异，阶级环流作用几乎没有发生，前者把国家玩弄于股掌之上，而后者对国家的命运则漠不关心。② 与这派相似的学者认为不能将国家与社会分离，而应理解为政治过程与基础过程的统一，强调所谓"国家权力渗透"的观点。其论点是将国家与社会的统一性，理解为国家权力的优越性以及由阶级支配关系而来的相对独立性。

由于不满意早期史界总是把士绅作用与国家利益相联系的研究取向，重田德提出了"士绅支配论"的观点。他认为以往的研究总是强调自秦汉以来的专制国家体制在皇帝与人民之间，曾经出现过若干个支配集团和层次，如汉代的豪族、六朝与隋唐的贵族、宋代的形势户、明清时代

---

① 参见重田德：《乡绅支配的成立与结构》，见刘俊文主编：《日本学者研究中国史论著选译》第 2 卷，202 页。

② 参见重田德：《乡绅支配的成立与结构》，见刘俊文主编：《日本学者研究中国史论著选译》第 2 卷，202 页。

的乡绅等。不过这些阶层的出现只是印证专制结构的支配形式的变化，他们固有的历史性、阶段性没有显现出来，实际上应把乡绅与王权支配及官僚支配区别开来，对其独立加以解释，而不是仅仅视之为同一性的整体，也就是说，不要停留在研究乡绅身份的变化上，而应注意乡绅支配的网络关系的构成和作用。

(三) 从身份研究到策略分析：美国士绅论的特征

美国中国学界早期的精英研究比较强调国家通过考试系统调控士绅在社会中的位置及地方精英维护帝国秩序的作用，这一取向受到韦伯论断的影响。韦伯认为：中国的社会等级与其说是由财富来决定的，倒不如说是由为官资格决定的。从为官资格确定士绅的自上而下的等级位置，成为相当一部分历史学家思考士绅问题的起点，也成为"士绅身份论"叙述的渊源之一。早期的社会分层研究取向偏重于士绅阶层和官僚阶层的一致性，认为他们的官僚集团属于同质性阶层。因为皇帝借科举制的手段给士绅以功名和精英地位，政府还通过规定科举科目的手段，用儒家伦理为纽带统一组织追求科举功名之人，并通过官制的流动制度变换士绅的身份，如退休归乡仍为乡绅，在官仍为士绅，形成上下流动的循环轨道，所以士绅阶层在整个社会结构中都具有同质性的支配角色，而且这种角色具有历史延续性。因此，同质性、延续性是其主要特征。早期的士绅研究基本上继承了"同质性"的观点，如瞿同祖强调士绅在官僚与民众间所具有的居间者和中介作用，强调士绅与官僚由于科举教育类目的规范性相同，同时法律又确保地方士绅与官僚之间的对话渠道畅通，因而中介者的作用得到了保障。张仲礼则通过对大量的题名录的统计，根据科举的分类描述出士绅在上下层的社会位置和规模。何炳棣从社会流动（social mobility）的角度观察下层平民上升为士绅的可能性，认为科举制使士绅的流动呈现出开放的状态，消灭了中国等级秩序内存在的不公正因素。但他仍强调官僚政治无所不在的力量和国家控制着社会流动的主要渠道，仍认为士绅与官僚的同质性是判断士绅流动程度的主要前提。对这类研究，有学者评论道：这些著作仍是强调精英与国家的关系，而不太注意精英在地方社会中的作用，它还以国家授予功名的一致性来表明整个地方精英的一致性。由于这类分析多采取社会学的研究方法，这使他们的分析带有静态的性质，其论点以不变的科举制度、功名和官职的授予这三个基本的标准来界定精英，尽管社会流动在量上的比例相当大，但他们认为士绅的基本性质依旧不变。[1]

80 年代以来，美国对士绅阶层的研究受到人类学方法的强烈影响。有的学者认为不应该以行政区域而应该以"场域"（arena）作为研究士绅阶层的基本历史研究单位，我们不能因为所有县级精英在相同的行政区域中运作，就预设他们基本上是相似的；也不能因为所有的生员具有相同的官方等级，就预设他们会以相同的方式行事。相反，只有仔细考察精英活动的"场域"结构，我们才能有效地评价和理解士绅阶层的多样性。[2] 所谓"场域"，在这里是指精英及其他人涉入其间的环境、社会舞台、周围的社会空间，通常也包括地点。场域既可能是地理上的（村庄、县、国家），也可能是功能上的（军事的、教育的、政治的），"场域"这个概念也包含了构成此一场域成员的价值观念、文化象征和资源的集合。[3] 同样，由于中国领土辽阔，场域的自然和社会生长形态异常复杂，我们只有在洞悉和理解了场域的多样化形态之后，才能估计出地方精英在区域生活中支配的差异性。这使我们更加注意基层社会环境的面貌，而不是简单预设官僚制度与科举功名对塑造士绅角色的决定性作用。

士绅阶层研究的一个重大突破，就是强调应从地方精英对基层资源控制策略，而不是从结构分析出发；观察士绅作为主体角色在乡村生活中的实践过程，而不是被动性地使之成为结构性指标驱动下的支配对象，或者成为某种趋势性叙述中的一个因子。士绅也有自身应对世事变化和

---

[1]　比如张仲礼就认为："在晚期几个朝代中，绅士的地位和条件都变得固定化了。政府掌握的科举和功名制度使绅士阶层的成员人数确定下来。这样，绅士集团也就更容易辨别和区分。"参见张仲礼：《中国绅士——关于其在 19 世纪中国社会中作用的研究》，李荣昌译，1 页，上海，上海社会科学院出版社，1991。

[2]　参见 Joseph W. Esherick and Maey Baekus Rankin edited，*Chinese Local Elites and Patterns of Dominance*，University of California Press，1990，pp. 3-24.

[3]　参见 Joseph W. Esherick and Maey Baekus Rankin edited，*Chinese Local Elites and Patterns of Dominance*，University of California Press，1990，pp. 3-24.

控制相关资源的处置方式和反应策略，以随时在变化中维持自己的支配地位。精英所能控制的资源十分复杂，包括物质资源（土地、商业财富、军事力量）、社会资源（权势网络、亲属群体、社团和协会）、个人资源（技术专长、领导能力、宗教力量或魔力）或文化资源（地位、荣誉、头衔、特定的生活方式）这一概念所包括的一切文化交易。①

精英或想成为精英的人，会在各项策略中使用他们的资源，以期提升或维持其在社会中的位置。研究精英的策略，可以使我们了解精英是如何创造和维持其权力的动态过程。他们成为历史直接的介入和创造者，在实践中不断创生出各种策略以满足自身利益，而不是结构叙事中的某颗被动的棋子。时间的变化也使人们的实践手段和策略设计不断丰富和发展，形成、维持和修改着业已存在的文化结构，而文化结构又反过来制约着人们生活的社会环境和实践行为。在具体研究中，一些学者已经不仅仅考虑士绅是否有功名的问题，而且注意他们如何利用地方宗族的文化传统和地方网络建构起自己的文化霸权，或者利用职业多样化（如经商）来集中家族的资源以维持精英地位。②

(四) 中国士绅研究的"大叙事"风格

正如本章第一节所述，中国学者的士绅研究早在 20 世纪 40 年代就已开始，并存在着历史学方法和社区研究方法的区别。由于特殊的原因，50 年代以后，社会学中的社区分析方法完全退出了士绅研究领域。80 年代恢复士绅研究以来，中国学者的研究基本上还没有进入策略分析这一层次，原因是他们仍把结构变迁带来的士绅身份分化现象作为衡量其变动的唯一指标，而没有从士绅作为场域主角的取向出发，逼近和复原士绅实施社会支配时所采取的现场策略。士绅还是大时代变动棋盘上的一颗棋子，而不是活生生的具有能动性的个人或群体。

80 年代以来，中国史学界曾出现了两本具有代表性的研究士绅的著

---

① 参见 Joseph W. Esherick and Maey Baekus Rankin edited，*Chinese Local Elites and Patterns of Dominance*，University of California Press，1990，pp. 3-24.

② 参见 Joseph W. Esherick and Maey Baekus Rankin edited，*Chinese Local Elites and Patterns of Dominance*，University of California Press，1990，pp. 3-24.

作：贺跃夫撰写的《晚清士绅与近代社会变迁——兼与日本士族比较》和王先明撰写的《近代绅士——一个封建阶层的历史命运》。贺跃夫虽仍持"身份论"的观点，但却在与日本武士身份的参照比较中确立中国绅士转型的位置，论说虽仍嫌简略，但尚有新意。比如在审视绅与商之间的社会流动方面，贺跃夫认为清代士绅与日本德川时代武士的一个重要差异是，德川时代的武士既是一种身份，也是一种职业。各级武士作为将军或各藩主的家臣，均是从他们所侍从的封建主那里获得生活来源。在严格的等级制度之下，各级武士按其世袭的等级所获得的采邑或禄米额是固定不变的，向其他社会阶层的流动也被禁止，许多下级武士由此陷入了贫困化。与之相比，清代的士绅则不同，他只是一种身份，而不是一种可带来稳定收入的职业，士绅的地位和特权提供和扩大了他们获得经济利益的机会，但这种身份本身却并不直接意味着经济地位。① 但是，贺跃夫并没有从底层绅士在社区中的具体作用进行详细的个案分析，而是把中日绅士与武士的比较重新放在了国家行为的框架下予以解释，而且在缺乏反省的情况下把国家政策导向作为判断士绅转变优劣的标准。他认为，中国近代以来的绅商合流速率加快，绅商群体人数大增，但绅商在整个士绅群体中仍占少数，而明治时期以后的日本士族却在"士族授产""殖产兴业"的政策下，大量迅速转化为地主和小工厂主，这种差别的形成乃是由两国国家实施现代化政策导致的不同取向所造成的。也就是说，明治政府在经济近代化中的杠杆作用明显地强于中国晚清政府，因为家禄是武士群体享有高人一等的封建特权的财政基础，而俸禄改革则从经济上瓦解了旧武士群体，迫使他们不得不寻求新的职业与新的牟利生财之道。② 而国家则通过"士族授产"的方式大力扶助趋于没落的士族阶层，使其有效地向资产阶级推进。与之相反，清政府经过洋务运动移植和引进西方的工业和技术，但缺乏相应的配套改革措施，如币制改革、设立近代银行金融体系等，清政府对国内民族资产企业不能提供有效的保护，更不能提供必要的扶植，难以在清末的经济近代化中发挥

① 参见贺跃夫：《晚清士绅与近代社会变迁——兼与日本士族比较》，114 页，广州，广东人民出版社，1994。

② 参见贺跃夫：《晚清士绅与近代社会变迁——兼与日本士族比较》，157 页。

杠杆作用。这种"国家杠杆说",由于仍由自上而下的视角观察士绅的作用,很容易仍是在近代化叙事的趋势研究框架内简化士绅身份转换的外部环境和动力机制。士绅功能在复杂社会结构中的转换这一比较研究课题,被归并入国家对现代化趋势选择的强弱这个大叙事尺度下进行衡量。

我国史学界自 80 年代以来一直提倡社会区域史的研究,但由于受大通史写作方式的影响,对社会历史的分析往往陷入某种"趋势论情结",即总是把一个复杂的有相当区域差异色彩的历史现象,尽量删减为单线的趋势性描述,形成一种"大纲式写作"。这种"大纲式写作"的特征是,描述某种事物的转型一定要从它的起源说起,而基本不考虑前人的研究是否已经对转型的前阶段进行过积累式的研究,也不考虑以这些研究作为讨论问题的前提。这样就造成每项研究都求全求大,内容难免重叠交叉,没有办法在更深的横断面上进行开掘。比如我们在阅读有关士绅的研究著作时,往往看到的几乎是同一类型的从"源流"向"转型"的叙述,大多也是以身份的变迁为主。阅读这些作品,我们无法判断在什么样的程度上对知识的提问方式有了积累式的增长和变化。

如果我们拿贺跃夫与王先明研究士绅的典型著作加以对照,就会发现两者的叙述方式和结构框架存在着惊人的雷同,从起源到转型的概述,完全遵循着一种经"趋势论"概述后再向"要素论"切换的模式。[①] 两书的第一章分别题为:"前近代社会中的士绅与武士"(贺著)和"千年流变——绅士阶层的历史考察"(王著),显然都是在讲源流。以下各章所叙述的与士绅相关的"要素"内容几乎可以一一加以对应。如两书相互对应的标题即有:"对内忧外患的对策——士绅与团练"(贺著)、"从保甲到团练——基层社会控制与绅士阶层"(王著);"绅与商——清末绅商透视"(贺著)、"风动潮涌——收回利权运动与绅商力量的崛起"(王著);"绅权与民权——士绅在清末宪政中的政治动向"(贺著)、"迷离的'绅权'——早期民权的历史内涵"(王著)。

士绅角色与各个要素的对应关系反映其身份转变对现代化潮流趋势的适应程度,而且这种适应程度变成了评价士绅转型成功与否的唯一标

---

① 参见王先明:《近代绅士——一个封建阶层的历史命运》,1~3 页,天津,天津人民出版社,1997。

准,而士绅在各种具体场景中到底表现出了什么样的行为却被忽略了。命题重复写作的致命弱点,还在于其大纲式的叙述总是诱使人从头说起,造成人人都具有原创能力的虚幻式假象,进而忽略了前人成果对自己研究起点的规范作用。这概括起来也可以用"学术内卷化"来形容之,即学术产品出产得越多,其中的学术增值的含量越少。比如贺著、王著都涉及士绅与团练的关系,王著出版于1997年,比贺著晚出三年,在叙述上却与贺著大同小异,著者并没有把贺著的研究当作讨论的起点和前提,以期在知识增量上推进对士绅功能的了解,而是基本重复了贺著中所描述过的士绅与团练之间的基本关系。重复的结果其实就大大压缩了"问题意识"创新的深度和可能性,在士绅与团练的关系上可能会增加具体的史实描述,但并不含有知识增值的意义。类似的问题不仅出现于士绅研究之中,而且普遍出现于各种历史著作的撰写中。所以我国史学界的研究现状给人的总体感觉是大框架、大趋势的作品多,对微观局部进行细致刻画而具有历史现场感的著作十分罕见。

二、村落共同体的功能演变与地方组织诠释的多义性

(一)"五阶段论"学说下的基层组织形态

中国学者自50年代以来专门讨论中国社会基层组织的论著非常稀少,这是因为长期以来,中国史学界基本上是按"五阶段论"的标尺来规划中国史研究的格局的。按照"五阶段论"的标准,判断一个社会历史阶段是否具有发展和变化的要素,在于其生产力与生产关系发展的水平,特别是主要以生产关系是否适应生产力的发展为尺度来判断社会历史演化阶段的性质。因此,任何一种研究对象是否被纳入视野或受到重视,往往取决它与"经济史"和"国家主义"这两个支配因素的关系,这两个因素可以简化为以下两个标准:土地占有关系的识别;与国家控制的近疏程度。对土地占有方式的识别常常与界定阶级身份有关,例如是奴隶主占有状态还是封建领主占有状态,成为确定一个社会是处于"奴隶制"阶段还是"封建制"阶段的一个关键。在"土地占有关系"成为历史主导论题的情况下,讨论基层社会组织时,学者们往往只会注意

其与经济功能相关的控制形式，而有意无意忽略基层社会组织在其他方面的独立功能和作用。

经济史研究得出的结论，也往往会左右政治史和社会史的研究取向，例如经济史研究一直偏向于认定中国的土地占有关系有一个从奴隶主私人占有土地向封建国家土地国有制的转变，而秦汉以来土地国有制贯穿着全部封建史。在全国范围之内皇族地主是最高的主要土地所有者。所谓土地为国家所有，其意就是皇族垄断。这种皇族土地所有制在历代有屯田、占田、均田、官田、皇田、官庄和皇庄等不同的具体形式。皇族地主有赐给人土地的权力，农民对于土地只有使用权，土地私有权的法律观念是比较缺乏的。同时，这种皇族土地所有制的产生，是与大规模水利工程、灌溉事业的组织形式分不开的。由于这种"经济的公共职务"必然产生对土地的政治支配权，在这种情况下，农村公社的组织是封建社会的土地国有制的物质条件，最高所有者君主正是全国宗主的大宗主、大家长。[1] 换言之，对基层社会组织运作方式的理解，必须依附于对皇权政治支配能力的理解之下，而不具有什么独立的认知意义。或者说，基层社会组织之所以具有研究的必要，恰恰反映的是上层皇权官僚制运作在底层的表现，是一种国家行为的延续。

为了更具体地了解以上讨论问题的形式，我们可以举出两个例子。1956年3月，郭沫若在一篇讨论中国古史研究的文章中曾涉及古代基层组织的建构问题。他认为，早期中国社会基层组织——邑最初应是原始社会组织，后来就变成奴隶主控制下的劳动集中营，变成行政机构了。所以一有机会，邑人就会集体地或个别地逃亡，这是奴隶反对奴隶主的一种形式。邑的这种变化出于两点原因：一方面经济发展了，公社内部就会产生贫富分化，耕种方式就会由本族自耕变为奴隶耕作。邑中的组织就蜕变为奴隶制性质。郭沫若认为，基层组织的遗留形态是存在的：

> 如"同宗共财"之类，就是解放前的祠堂、会馆、公产、常平

---

[1] 参见杜文凯、马汝珩：《关于中国封建社会土地所有制形式问题的讨论》，见南开大学历史系中国古代史教研室编：《中国封建社会土地所有制形式问题讨论集》（下），713～714页，北京，生活·读书·新知三联书店，1962。

仓之类，也何尝不是原始社会的孑遗。但把孑遗形态或一时性的逆流夸大成社会制度，就不合乎历史唯物主义的精神了。即使承认有孑遗形态，那也是变了质的。在奴隶社会里，它的内部结构是由奴隶制的生产方式决定的，在封建社会里则取决于封建生产方式。①

其意是说，基层社会组织不可能作为独立的社会制度而存在，它只不过是生产形态变化的一个附属指标而已。

杨宽的研究与郭沫若的路径有所不同，他虽然也是从当时史学界广泛讨论的"井田制度"的构成形式和演变入手讨论村社组织，但却相对细致地描述、刻画了"村社组织"的内部结构和公共生活状态。杨宽认为，中国古代村社是有组织的，有长老作为他们的领导，负责组织和监督生产以及其他公务，在成员之间有着相互协作的习惯。公共生活中的庠、序、校是古代村社中的公共建筑，是村社成员公共集会和活动的场所，兼有会议室、学校、礼堂、俱乐部的性质。研究中也涉及对祭社和祭腊活动的描述。但是在文章的结尾部分，这种孤立而细小的村庄的性质又被最终定位为"被奴役的小集体"，村社农民也被转化成"普遍奴隶"。因为当时奴隶主、贵族及其国家，除了占有和奴役各种生产奴隶之外，还实际上成为许多村社的土地和人民的所有者。他们利用原来村社组织加以劳动编组，把村社转化成了被奴役的"小集体"，使再生产在极悲惨条件下进行，于是这种变质的村社组织便被长期保留下来。最为重要的是，这些村社成为隶属于商朝和西周奴隶制国家的基层组织，村社成员和奴隶同样受到压迫和剥削。自从西周后期封建关系萌芽，到春秋时期逐渐形成封建制，村社就隶属于各级领主，村社成员就成为隶属于领主的农民。② 可见，村社组织之所以具有研究价值，是因为它是作为国家控制地方的延伸形式而存在的，同时也能为生产形态的定性提供补充性的说明。

---

① 郭沫若：《关于中国古史研究中的两个问题》，见南开大学历史系中国古代教研室编：《中国封建社会土地所有制形式问题讨论集》（下），340 页。

② 参见杨宽：《试论中国古代的井田制度和村社组织》，见南开大学历史系中国古代教研室编：《中国封建社会土地所有制形式问题讨论集》（下），362～366 页。

（二）有关"村落共同体"的争论及其问题意识

所谓"村落共同体"是否存在的争论，起源于日本学界关于"社会共同体"问题的讨论。宇都宫氏首先提出，从中国的秦汉帝国向中世的转型，面临一个重新界定基层社会组织与上层官僚制度间关系的问题。他用"自律性"与"他律性"来区分皇帝与人民之间的制约与自治的关系。他认为如果与皇帝的关系对人民而言是他律性的，那么家族、宗族、乡党对人民而言便是自律性的世界。尽管皇帝把人民只当作单子的存在来掌握，但是人民的现实生活却因相互连带而形成共同体。结果，皇帝控制的原理与人民生活的原理，不仅性质不同，而且是对抗性的。①

谷川道雄进一步发展了宇都宫的解释，他认为：汉代以后从王权与地方社会之间已形成了"自治（律）的世界"与"政治的世界"的区分状态。因为汉代自律空间的拓展可以以里的出现为标志。各个家族互相联系的日常性的场所是里，里是各个家族的聚居形态。里也是一种地缘的共同体，若干个里汇集起来，便形成称为乡或亭的城郭都市，更进一步汇集起来就是县。因此，乡、亭、里是郡县制的下部构造，却并非是单纯的从属机关，里是由父老层所领导的自治体，又从各里的父老层选出"乡三老"执掌乡内的教化，进而再从乡三老中选出"县三老"，则是与县令以下的地方官对等的。要而言之，以里为基础单位的自治体制，是经由乡延伸到县，这显示其借着宗族关系和乡党关系而结合各家族间之日常连带的空间范围。不过这种空间边界只达到县一级，实际上乡就已显示此种自治世界的界限，而在超越此种界限的那一边，则有所谓县、郡、中央，可以说是政治的世界。"政治世界"与"自律世界"反映出的关系是，作为政治世界的国家存在的理由在于乡里社会的维持、再生产的功能。谷川认为，汉帝国作为政治的世界把自律的世界纳入自身之中的过程，虽是凭借前者之领导权而完成的两个世界的统一，但在此统一形式之中，可能会蕴藏着自律性世界逐渐完善并形成独立的空间支配能力。这就是所谓"帝国的终结与古代原理的克服"。这使我们联想到费孝

---

① 参见谷川道雄：《中国的中世》，见刘俊文主编：《日本学者研究中国史论著选译》第 2 卷，111 页。

通所描述的"双轨制"原则，两者的思路有一定的相似性。其表现是，自律的世界在空间上发生了重要的变化，由此导致基层社会组织形式的转变，进而涉及"村落共同体"的出现。自后汉至魏晋，中国村落曾发生重大变化，其中就是"村"的出现。根据唐开元户令，唐代并无都市与农村的区别，所有的村落皆由里制统一起来，都市之里称为"坊"，田野之里称为"村"。三国以后，汉代的乡里制发生动摇，逃避战乱的移民重新组成自卫的村落。在更具体的讨论中，谷川把秦汉至六朝的共同体构造划分成前后两个阶段：即"里共同体"阶段和"豪族共同体"阶段。两者的共同性在于都是自立小农民为主要因素的村落共同体，后者乃是因为前者的内部矛盾衍生出来的，分别代表中国古代和中世的基层构造。①

　　日本学界对"村落共同体"的重视源于对战后中国学立场的反思。早期的日本中国学界为了克服所谓"停滞论"，力图把中国史纳入世界同质化的发展阶段中来，这就是把历史唯物论的世界史发展法则作为公式，套用在中国史的解释上，即"世界历史阶段论"的对应规则。此规则认为古代即是奴隶制，中世即是封建制。问题在于，如何证明在中国曾经有过奴隶制、封建农奴制的社会构成阶段，因此这种尝试在战后逐渐淡出学界。因为学者们发现，这些生产方式在欧洲史上曾表现出明显的形态，而在中国则无法用划一的标准揭示出来，中国社会的基本部分是由自立小农所构成的。因此，应该尝试从中国社会的自立小农本身的存在中，去寻找其促成历史发展的因素。谷川推测组成中国社会的"村落共同体"本身，正是形成中国历史的主体因素，而这正是"停滞论"刻意回避的课题。如果假设欧洲社会的特征是以私有财产制的发展构成的历史，那么中国历史的特质就应当从村落共同体本身的自我展开过程加以

---

　　①　参见谷川道雄：《中国的中世》，见刘俊文主编：《日本学者研究中国史论著选译》第 2 卷，131 页。

理解。① 同时，"村落共同体"的讨论应该避免把基层社会组织的权力关系简单抽象成独立的阶级关系，而是从阶级关系与属于更基本存在的共同体之间的矛盾来把握历史。阶级是由共同体中因其内部矛盾而酝酿出来的产物，所以比起阶级来说，共同体属于更为基本的存在，而阶级原理是从"共同体"本身发展的结果。这样就把抽象的阶级关系具象地落实到了社会更为基本的层面，同时也就为基层空间的研究开辟了道路。

三、从结构功能分析到社区史研究

（一）现代化叙事的差异："指标化"与"要素化"

要想透彻地了解中国基层组织的研究状况，就必须首先搞清楚他们展开讨论的知识前提是什么。80 年代以来，中国的社会史研究基本上以现代化论作为自己的论说前提，以取代政治史的"革命叙事"。但现代化叙事支配下的中国史研究虽然仍体现出了某种宏大关怀的特征，却展示出了与西方中国学截然不同的研究取向，笔者把它们概括为"指标化"与"要素化"分析的不同。西方中国学的现代化叙事基本上脱离不开两种类型：一种是整体性的"趋势论"研究，强调从中国社会结构的演变态势出发，观察与前现代化社会的区别。另一种则是人们所熟知的"中国中心观"支配下的地区史研究，强调对中国基层社会进行细致的描述。整体式的"结构研究"方法常常借助一些社会学指标衡量中国社会的现代化程度，把现代化的一些标准基本视为带有普遍分析意义的工具。而地区史研究则主要是想站在中国社会内部的视角观察其演变，而不急于从定性的角度对这种社会的内涵做出判断，尽管这种态度有故意寻找中国社会"剧情主线"之嫌。

如果仅从整体研究立论，我们可以罗兹曼（Gilbert Rozman）《中国的现代化》一书作为分析的案例。罗兹曼在这本书中完全按现代化理论

---

① 参见谷川道雄：《中国社会构造的特质与士大夫问题》，见《日本学者研究中国史论著选译》第 2 卷，181～182 页。又参见足立启二：《历史发展的诸种类型与中国专制国家》，见武汉大学历史系编：《中国前近代史理论国际学术研讨会论文集》，武汉，湖北人民出版社，1991。

所公认的指标为参照来观察中国社会的变化。他所采取的基本上是帕森斯倡导的结构—功能主义原则，即认为现代社会与传统社会之间的根本差别在于社会分层化和整合的程度。罗兹曼的指标设计是：

> 把现代化看作涉及社会各个层面的一种过程。某些社会因素径直被改变，另外一些因素则可能发生意义更为深远的变化，因为新的、甚至表面上看来毫不相干的因素引入，会改变历史因素在其中运作的环境。①

到底什么是现代化的指标在社会学界素有争议，罗兹曼把指标简化为下列几项：

> 国际依存的加强，非农业生产尤其是制造业和服务业的相对增长，出生率和死亡率由高到低的转变，持续的经济增长，更加公平的收入分配，各种组织和技能的增生及专门化，官僚科层化，政治参与大众化（无论民主与否）以及各级水平上的教育扩展。②

按照现代化理论家的说法：现代化作为体制转变的一个复杂过程，现代化体现在称为"社会流动"和"结构变化"的某种社会—人口的特征中，然后扩散到政治、经济和文化的变化。因此现代化也意味着社会的一种能力，以产生一种制度结构，它能够适应不断变化的问题和要求。③ 尽管现代化指标由于出现了各种歧异性解释，而且处于争论状态，但罗兹曼仍明确以这些基本的指标构成解释中国历史的框架，比如他从政治结构、经济结构与经济增长、社会整合及知识与教育的角度衡量中国现代

---

① 吉尔伯特·罗兹曼：《中国的现代化》，4页，南京，江苏人民出版社，1988。

② 吉尔伯特·罗兹曼：《中国的现代化》，4页。

③ 参见 A. R. 德赛：《现代化概念有重新评价的必要》，见西里尔·E·布莱克编：《比较现代化》，135～138页，上海，上海译文出版社，1996。

化的程度，并把 19 世纪与 20 世纪两个时代用同样的指标类型加以比较。①

罗兹曼方法的长处在于整体和趋势分析，比如他在观察政治结构时，不再抽取更为次级的研究单位，而是直接研究国家的行动，特别是上层政府控制并分配资源的能力对现代化进程的影响，同时对政治结构的注意也会延伸到区域性和地方性的责权分配，延伸到诸如村社及血亲组织之类的分散单位。但是对这些单位的重视，并不是从这些组织自生的形态和内部动因来考虑的，而更多是因为这些单位对于决定中央政府所追求和颁布的政策之成败，往往起到至关重要的作用。政治结构对于现代化之所以意义重大，乃是因为它影响着决策，影响着决定政府执行什么政策，并做出何种选择的协调与控制，而不是基层社会组织在现代化浪潮中存在着自洽的合理性。

从社会整合的角度立论，罗兹曼也注意到了人力资源的量与质、人力资源的空间分配和组织、再分配的各种过程以及人际关系的各个方面等。其中每一个因素都可能是现代化的一个指标，也可能是对现代化过程有所助益的一个方面。② 但考虑的核心问题仍然是这些指标与整体性资源配置和调度的关系，以及大规模的社会控制过程。这里不妨再重复一遍，罗兹曼框架的优势，是把一些貌似零散的要素整合进了一个指标系列之中并一一加以指证，形散而神不散地为现代化叙事的逻辑服务。其弱点是把中国历史强行纳入现代化整体论说圈套的痕迹过于明显，由于追求自上而下的政策对资源分配的整体调度的影响，从而忽略了基层社会组织及传统社会自发运转的重要性。特别是传统的组织完全作为被动的因素被置于修正和改造的位置，这个取向颇有"西方中心论"的嫌疑，而且把现代化的指标示意为中国社会和世界范围内其他国家的唯一选择。

---

① 在另一篇文章中，曾任美国亚洲研究会主席的奈特·毕乃德在《现代化与近代初期的中国》中，曾以日本箱根举行的一次研讨会中所定义的八项现代化指标为根据衡量近代中国的发展状况。参见奈特·毕乃德：《现代化与近代初期的中国》，见西里尔·E·布莱克编：《比较现代化》，212～232 页。

② 参见吉尔伯特·罗兹曼：《中国的现代化》，4 页。

和罗兹曼相比,热衷于创建中国近代社会史体系的中国学者却面临尴尬的困境。一方面,他们建构"总体历史"的情结仍然很重,比如一再强调像布罗代尔这样的"年鉴派史学"家对于中国史学的重要性,这显然是政治史宏大叙事情结在心理上所造成的投影;同时在建构总体社会史框架的过程中,国内学者在使用社会学理论和概念时也显得有些犹疑不定。比如乔志强在《近代华北农村社会变迁》一书的"结论"中曾经指出:作为客观存在的一个社会史体系结构就是社会构成、社会生活、社会功能。其中社会构成是社会本身的组成情况,及其存在的各种形态的发展和变迁;社会生活部分旨在探讨社会如何生活、如何运行;社会功能部分主要探讨社会多种功能的发挥以及当社会功能受阻和产生弊端时,如何进行调整和变革,实现社会变迁。[①] 乔志强进一步明确地把社会构成分成诸如人口、婚姻家庭、宗族、社区、民族、阶级与阶层这些要素。社会运行(社会生活)分为物质生活、精神生活、人际关系、社会组织等要素。社会功能分为教养功能、救治功能、控制功能、变迁功能数种要素。[②]

这表面上是按结构—功能分析的框架搭建起来的一个模式,但正是这种设计恰恰颠倒了社会构成与社会功能相互制约的位置。按照帕森斯的意见,整个社会系统应是以下的制度机构为依托的,这些制度机构是实现功能要求的基本结构,它包括:亲属结构,工具性的成就结构和分层,地域、力量和权力系统的整合,宗教和价值的整合。[③] 社会研究就是以这样规模的框架为依托,通过它们之间的互动与关联,来估计发展变化的指数和程度。而乔志强作为基本分析单位的人口、宗族、阶层这些因素,虽然反映的也是这几类系统内部的变迁,它们却往往是作为次级要素出现的。帕森斯认为只要在以上四种指标的范围内考察社会变化,就可洞悉整个社会的发展趋势。而乔志强恰恰把社会中的次级结构

①　参见乔志强主编:《近代华北农村社会变迁》,12 页,北京,人民出版社,1998。

②　参见乔志强主编:《近代华北农村社会变迁》,14～15 页。

③　参见 D. P. 约翰逊著:《社会学理论》,525～526 页,北京,国际文化出版公司,1988。

性要素当作社会史研究的主要指标进行分析，并逐一单独考察这些次级要素的功能。乔志强曾以生物的人作为这种"社会史知识体系"的譬喻，他认为一个高明的医师，首先要对组成生物的人的各种器官有深入的了解，然后他要了解人体如何运动、代谢、循环等，最后他还需对人体各种器官的功能有了解，如此才能全面地、准确地把握这个生物的人。① 对各个次级要素功能的剖析，相当于对人体各个器官的分析，可正是由于其仅仅定位于对单独器官功能的分析，反而让人无法了解人体全身的动态流程。也就是说，按照这种次级要素功能分析划分的章节，我们只能了解某个"器官"的变化，却看不清"器官"之间的联系，以及通过互动引起的总体变化。对这些相互之间互不相属的要素进行分析的结果，使得文集的整体结构看上去十分松散，这似乎显示出"总体史"研究在中国尚未达到成熟的阶段。

（二）对"要素整合论"的突破：人类学方法的介入

近几年出现了一个引人注目的现象，那就是文学、社会学、人类学、法学等学科的一些学者开始介入对中国历史的研究。值得注意的是，他们的介入不是把自己的学科当作一种历史过程来加以叙述，如用文学史、法律史等规范性的所谓"学科史"概念来描述历史上存在的相关学科的内容，而是企图用各个学科的方法资源去重新规范和解释历史学内容本身。这完全体现出两种截然不同的治史路径和风格。比较典型的表现是汪晖从"现代性"分析的角度对中国近代思想史所做的重新梳理，② 和梁治平从法律文化的范畴出发研究中国法的概念起源及其与相关文化因素的关系等。③ 另一类表现是人类学方法对社区史研究的重新建构。对中国基层组织的历史研究而言，人类学的介入显得意义更为重大，这主要表现在两个方面：首先，社会结构、经济转型和基层组织与权威的形态一直是社会学与人类学共同关注的对象，不过在以往社会学与人类学

---

① 参见乔志强主编：《近代华北农村社会变迁》，13页。

② 参见汪晖：《汪晖自选集》，桂林，广西师范大学出版社，1997。

③ 参见梁治平：《清代习惯法：社会与国家》，北京，中国政法大学出版社，1996。

研究中很少包容结构形式的历时转型和改造过程，学者往往关心的是共时状态下的某种结构要素的变化。因此，在结构的研究中包容历史过程和维度的观点就变得十分醒目和重要。其次是，社区史的叙述不应该成为简单的单线进步史的表现形式，社区的形成和基层组织的变迁也不应成为仅仅是阐述现代化程度的被动性要素。人类学家王斯福就认为：

> 过去，人们把现代化当成是使"传统"成为过去的不断前进的过程。现在，我们对这种发展的系列不再满足了，无论"现代化"包含什么别的东西，它一定包含社会认同的再生产。也就是说，现代化包括社会记忆的感受和制度。社会记忆的制度创造了"无时间性"，而这种"无时间性"即我们习惯认定之"传统"。实际上，所谓"传统"与现时代电视或旅游一样具有当代的意义。①

王斯福所说的传统"无时间性"，意指"传统"也可能在现代社会中被重新创造出来，而且这种创造过程与对社区历史资源的重新使用和诠释有关。传统不必然就是僵化形态或者注定是被现代化潮流涤荡的对象，而可能是仍具有创造力的社区组织的源泉。对传统重构社区组织能力的评估显然与现代主义社会学影响下的历史学者的诠释取向有所不同，受"现代化论"影响的社会史研究常会把以传统社会组织的构成为特点的社区（如家族社区）拿来与现代工业化国家作比较，试图说明传统社区是非理性的产物，而现代社会是理性的产物。这一假设认定，传统社区因为是"非理性的"，所以必然为"理性的"现代国家所消灭。② "乡村文化"与"都市文化"的对峙范畴的确立，实际上是"传统—现代"二分法观念的表现形态，它确实深刻影响了中国社会史的基本研究方法和取向。比如乔志强就曾认为：

> 传统社会在中国主要表现为封建性、宗法性、停滞性、封闭性等特征，而现代社会则表现为民主化、工业化与都市化、社会阶层

---

① 王斯福（Stephar Feuchtwang）：《社区的历程——溪村汉人家族的个案研究·序》，天津，天津人民出版社，1997。

② 参见王铭铭：《社区的历程》，11页。

流动化、教育普及化等特征。由传统社会向近代社会的演化过渡，就是社会的近代化过程。①

如此研究的结果由于把注意力集中于对传统解体过程的描述，反而对传统在基层社会中表现出的活力和塑造作用语焉不详，或干脆予以忽略。

比如以往对基层社会组织的研究，往往只关注组织结构变迁如何适应或不适应现代民族国家的需要，并以此作为评价其现代性价值的唯一尺度，而没有真正从基层社会的立场观察"草根组织"自身的演变更新能力及其对现代国家政策做出的各种不同姿态的回应。

人类学家把历时性因素引入研究领域，是基于对以下传统组织现象变化的观察：一般"现代化论"者认为，一个社会结构越开放，那么传统因素在其干预下会消失得越快。可中国在70年代改革开放前后发生的社会变迁却恰恰质疑了以上的理论假设。在70年代以前，中国是一个与世界相对隔绝的地区，通过国家以集体合作（如人民公社）的形式对地区性传统组织（如宗族）的取缔，曾经一度成功地把社区组织整合、改造成了符合国家目标动员的新型机构。如果按照现代化论者的预设逻辑，改革开放之后的国家威权借助现代化的政策导向力量，应该更加有效继续着这一政治强制造成的历史现象。可是事实恰恰相反，地方组织中的传统形态如宗族及其相关的宗教祭祀圈却如雨后春笋般复苏了起来，甚至在农村造成了范围广泛的"乡村文化复兴运动"。由于国家威权控制的相对松弛，一些地方宗族组织又重新取代了50年代以来成形的行政村体制，在破除迷信的现代化风潮之下一度销声匿迹的宗族祭祖系统，反而在现代化变为基本国策之后拥有了更强的认同与组织能力。有人甚至认为，"现代政治"只是一种理想模式和企图，而并不是现实。就当代社会现象而言，由于家庭承包责任制的实施，造成了民间社会对旧有家庭模式的新需求，导致传统家庭意识的复活。同时由于集体机构的力量减弱，社区的生产和生活的社会互动缺少组织者和资源，因而旧的家庭房祧关系、婚缘关系作为社会资源得到重新重视。这些逆反现象的出现，使传统的社会学意义上的现代化理论受到了质疑和挑战，也同样使中国近代

---

① 乔志强主编：《近代华北农村社会变迁》，15页。

社会史在此基础上预设的一些基本命题遭到了动摇。

就是在这样的背景下，一些人类学者注意到了社会学功能论往往会忽视在社会结构不断变化的同时，象征体系却有可能保持相对稳定的历史事实，而开始集中于对基层组织中一些具有象征意义的组织的研究，如对宗族、庙祭和仪式等的考察。如此重大的变化表现在人类学家在构建研究框架时，已不关心各种功能要素是如何被整合起来，向一个线性规划的总体目标移动，或为全能式的总体框架服务，而是更注重开掘社区生活中支配日常行为的稳定因素的作用，以求复原基层组织运作的原生形态。人类学的这一取向也影响了一部分社会史研究者，他们开始从一种粗糙的现代化论式的社会结构趋势分析，转向比较精细的社区因素的研究，比如对宗族、祭礼系统的考察等。

如果具体观察基层组织的研究，笔者认为人类学方法的一个主要贡献，就是把原来社会学意义上基于对基层组织作为现代化工具的认识，转化为拥有自主调节性的功能及文化系统加以重新定位。比如王铭铭在对福建溪村的研究中，其理论基础表面上建立于社会学家吉登斯从传统国家向现代民族国家转换的国家理论，实际上却对其进行了比较符合中国历史演变的修正。吉登斯认为，从社会的基层组织看，传统国家的社区控制比较弱小，而到了民族国家时代，基层社会的控制有了很大增强，并成为国家控制社会的基本手段。在传统社会结构中，基层社区的社会、经济和教育文化基本上是以社区的自发性组织为途径达成。在民族国家时代，这些则成为超地方的、全民的事务，直接经由行政力量实现。王铭铭对溪村的研究则是试图证明，国家政权对地方组织的渗透固然起到了所谓"规划社会变迁"的作用，但是，这个过程也包括乡土传统对社会变迁的适应，因此不限于社会变迁。他试图进一步探讨变迁与乡土传统的延续的矛盾与统一的过程，以便对村落自身的社会演变规律，特别是传统的适应能力加以强调。①

比如民国时期保甲法的实施，是国家政权向基层渗透，力图以村级行政取代自然村权力的主要步骤之一，但是民国时期保甲法的创设并没

---

① 参见王铭铭：《社区的历程》，84 页。

有致使家族制度走向消亡，而仅仅意味着家族作为一种村政制度被新的政区和权力结构所取代。家族的组织、区域网络、经济功能和仪式相当大部分得以保存，家族认同感、通婚制度、轮耕轮祭制度基本上沿用旧法。再者，保甲制度并没有触动乡族势力的社会—文化根基，而为家族的持续发展提供一定的生存空间。① 王铭铭举例说，溪村教民国民小学的成立，俨然是乡村走向现代化的标志，可是学校的管理阶层却是由村内最大的陈氏家族所支配着，不但学校的校长是本族人，就是资金来源也是由陈氏家族的公田和族房长、族民捐助。② 这反映出了乡村文化传统在现代村政体制下的延续能力。

人类学给目前中国社会史研究提供的基本启示是，当我们观察近代以来的社会变迁时，不要仅仅从国家和上层决策的角度来自上而下地探索基层组织的变迁态势，并预先规定了以传统在现代化浪潮下的消亡过程作为研究揭示的对象，社会变迁不仅预示着国家推行的政策及其各种现代化要素对传统社会的单向性改造，而且也是传统社会抵抗存续和反向改造的过程。人类学者开辟的另外一些研究角度如基层权力结构的演替、仪式领袖与象征权威的关系等，也都通过相关研究得到了印证。③ 还有一个特别值得注意的领域，是"历史记忆"的重构对社会生活的影响。景军在《记忆的神堂——一个中国村落的历史、权力与道义》一书中首次引入了起源于法国的"社会记忆"理论，通过描述甘肃一座孔庙衰落后，又通过村落社区和复杂的文化组织重新复原其形象的过程，试图理解村庄的过去是如何作用于村民的生活的，以及各种权力角色如何通过操控礼仪知识、文字技能、历史见解和政治意识这四个相互区别的知识范畴，塑造出底层的社会记忆。这项研究为我们理解政治生活与社会生活的交互作用提供了相当新颖的思路。④ 而我们以往的中国近代社

---

① 参见王铭铭：《社区的历程》，89页。

② 参见王铭铭：《社区的历程》，102页。

③ 参见朱秋霞：《家族、网络家族和家族网络在村庄行政权力分配中的作用》，载《中国社会科学季刊》（香港）1998年夏季卷。

④ 参见 JunJing, *The Temple of Memories：History, Power, and Morality in a Chinese Village*, Stanford University Press, 1996.

会史研究，恰恰强调的只是政治单向渗透的过程，并刻意论证这种支配的合理性，而没有把传统自身的复活再生能力纳入研究视野，更未从基层社会生存的实态角度为传统的创生能力予以同情性的理解。传统不应成为诠释现代化叙事的被动性要素，而应拥有独立自足的演进规则，至少两者处于平行存在、互相较力的状态，既然是输赢未定、互有消长，就不能预先做出裁判。

(三) 基层社会组织的"另类"研究：大叙事的逆转

如前所论，既有的社会史研究框架由于受到现代化进步理念的深刻持久的影响，同时也受到中国古代"资治"传统的鼓励，所以基本上是按照一种所谓"历史的发明"构造出中国社会演变的现代过程，以这种现代构造为切入点，把基层组织构成要素加以切割。这实际上是国家意识形态与权威结构在社会科学领域进行支配的一种反映。社会学中体现出的"现代主义"原则在史学界的运用基本上助长了这个趋势。概括起来，这个趋势的特征是基本继承了政治史青睐宏大叙事的传统，把基层组织的各个要素如何按现代化指标进行改变的描述，视作历史学解释的主要任务。其实如果把马克思看作具有现代主义倾向的社会学创始人的话，那么原有政治史的叙述框架对社会阶段的划分，与中国社会史的单线阐释具有异曲同工之妙，都没有走出传统—现代的二分阴影。① 人类学的介入至少让历史过程的描述具有了双面的性格，在这个过程中，任何基层历史的表现方式都有一种基于其自然构成形态的发生与发展的合理性。近些年来，一些社会史的研究者力图从基层组织的要素运转中来获知某些历史因素的稳定性。这些研究者不像人类学者那样从现实对历史的回溯角度关注所谓"传统的再造功能"，但却真正赋予了基层组织以独立演化的位置。其中的突出表现是，他们均不约而同地对地域的基本构成单位如宗族、祭祀行为、户籍等给予了核心的关注。如90年代初，郑振满在《明清福建家族组织与社会变迁》一书中就考察了儒家庶民化过程对宗族支配能力的影响。

---

① 如陈支平就认为，家族复兴是落后东西的死灰复燃。参见陈支平：《近五百年来福建的家族社会与文化》，264～265页，上海，上海三联书店，1991。

郑振满认为，在中国史学界的视野里，家族组织是一种政治性的社会组织，自唐宋以降，由于阶级矛盾的激化，推动了家族组织的形成与发展，并使之演化为基层政权组织。作为封建政权的有机组成部分，家族组织阻碍了阶级斗争和阶级分化，延续了中国封建社会的解体过程，这是国内学者对于宋以后家族组织的基本见解。这些年来，家族组织的经济功能逐渐受到重视，有不少学者研究了明清徽州、江南、福建及珠江三角洲等地区的族田，对家族组织在工商业活动及城市经济中的作用也有所论述。不过，国内学者论及家族组织的经济活动，一般仍是为了说明族产对于掩盖阶级对立、加强封建统治的作用，明显地表现了政治社会史的偏好，[①] 把家族理解为贯彻封建上层意识形态的工具。这样的总体化和政治史的理解，不仅把家族视为无地域差别的一致性团体，而且极易从单一的功能出发理解家族在地方上的作用，从而忽视了家族在其他若干方面如治安、司法调解、户籍管理、赋役征收、宗教仪式、民俗活动等方面的整合功能。

郑振满认为，自宋以后，由于程颐、朱熹等儒学宗师的倡导，逐渐形成了一种"庶民化"的宗法理论，为民间宗族组织的普遍发展提供了意识形态方面的前提条件。特别是他们从文化伦理的地方化角度设计的祭礼，"不用王制，以义起之"，其目的是把原来只适用于贵族及官僚阶层的"敬宗收族"之道，转化为社会各阶层的共同行为规范。这种"庶民化"的祭礼，虽然始终未能正式载入法典，但却成为民间"敬宗收族"的重要理论依据。特别重要的是，朱熹设计的"祠堂之制"框架下"五世则迁"的小宗之祭，经过地方社会的创造性转换，使之祭及四代以上的祖先，小宗之祭被转化为大宗之祭，使宗族的发展规模得以扩大和延续。另外，民间在居室之外设立祭祖专祠，自然也就突破了"庶人祭于寝"的禁令，从而使贵贱之间在祭祖方式上的差别趋于消失。

郑振满特别注意到，儒家伦理和宗族聚居规则的庶民化，实际上加强了明清基层组织的自治能力。在福建地区，至迟自明中叶以后，家族组织已直接与里甲制度相结合，演变为基层政权组织。他着重考察了家

---

① 参见郑振满：《明清福建家族组织与社会变迁》，9页，长沙，湖南教育出版社，1992。

族组织在户籍管理和赋役征派体制中日益强化的职能，得出了以下初步结论：原来史学界估计明清专制集权的高度发展，也许只是官僚政治的一种表面现象，因为专制集权的维系是以基层社会的自治化为代价的。明清时期的官僚政治，实际上是无所作为的，并不具备有效的社会控制能力，这就为基层组织的发展留出了空间。乡族组织与乡绅集团的空前活跃，对基层社会实现了全面的控制。在民间化的统治体制中，家族组织历来是最基本最有效的社会控制工具。因此，基层社会的自治化，必然导致家族组织的普遍发展，并使之趋向于政治化和地域化，从而造就了大量的依附式宗族。① 郑振满以上的结论看似无甚新意，因为 40 年代费孝通已经从社会结构的变迁角度提出了"社会组织双轨制"的原则。但是郑振满是从宗族组织聚合强化的角度，并以福建区域为场域，刻画儒家组织原则的庶民化过程，这无疑拓宽了对士绅作用及"草根社会"研究的范围，而且开始扭转了自上而下看社会组织演化的政治史单调视角，特别是对宗族在某一区域内所起的政治功能之外的经济、文化功能予以了特别的关注。

　　刘志伟在与科大卫合作的《宗族与地方社会的国家认同——明清华南地区宗族发展的意识形态基础》② 一文中，则强调应该超越血缘群体或亲属组织的角度。他们认为，明清以后在华南地区发展起来的所谓"宗族"，并不是中国历史上从来就有的制度，也不是所有中国人的社会共有的制度。这种宗族，不是一般人类学家所谓的血缘群体，宗族的意识形态也不是一般意义上的祖先及血脉的观念。明清华南宗族的发展，是明代以后国家政治变化和经济发展的一种表现，是国家礼仪改变并向地方社会渗透过程在时间和空间上的扩展。刘志伟在这里强调的是国家行为对宗族功能的建构。这与人类学者强调传统的再造的路径有所不同，而且与郑振满有关宗族自足性的视角形成了争论的对立。但其从意识形态认知角度研究宗族行为通过何种渠道向地方社会扩张和渗透，以及宗族礼仪在地方上的推广如何把地方认同与国家象征结合起来，仍不失为一条相当独特的路径。

---

①　参见郑振满：《明清福建家族组织与社会变迁》，257 页。
②　载《历史研究》2000 年第 3 期。

以宗族制度和祭祀圈为核心考察基层组织的变化明显受到了人类学社区史研究方法的影响；而另一方面，一些学者力图从旧有的社会史命题中翻出新意，在新的方法论框架里对其加以阐释。例如刘志伟就通过重新审视明清广东里甲赋役制度在基层的功能及其演变，突破原有经济史研究过于实证主义式的制度史分析架构，而把它置于国家—社会支配行为的互动状态中予以考察。其研究的出发点和关注的焦点，并不是制度的演变本身，而是透过明清时期里甲赋税制度在一个地区的实行情况，考察地方政府与基层社会之间的关系及其变动趋势。① 具体而言，这一研究更根本的目的，是要探明这套制度在规范地方社会秩序和社会组织时起着什么作用；它又是依赖什么社会资源得以有效运作；里甲体制下社会秩序的紊乱如何导致里甲体制陷入危机；在严重的社会压力下，赋税制度的变革如何与里甲体制性质的根本改变相配合。② 刘志伟认为，明清之际存在着一个从里甲制向图甲制转变的过程，这个过程最主要的转换是"户"的登记的内容由原来的"人丁事产"转变为土地或税额，赋税征收的货币化、定额化、比例化和单一化的趋势是户籍制度改变的基本依据。图甲的编制，已经不是一种以家庭和人口为中心的组织，而变成了一种以田地赋税为中心的系统。里甲在清代普遍称为"图甲"。尽管"图"在明初已经是"里"的别称，但两个名称本来是有不同意义的："图"的名称，侧重在户籍的登记形式，而"里"的名称则出自社会基层组织。虽然两个名称指的是同一事实，但它们之间的意义却有微妙的差别。清代的图甲体制的核心在"图"这层意义上，因为它主要是一个户籍登记和税粮征收系统，而不是一种社会基层组织系统，但同时，它又在"户"的层次上与社会基层组织系统接轨。这反映出地方政府与基层社会在户籍编制和赋税征收上面的关系更为复杂化了。在图甲制中，政府册籍里的"户"直接登记的是土地或税粮，但社会成员仍然由户籍系统来稽查。这样政府就必然需要依赖种种中介势力实现对编户齐民的控制，从而为种种中介提供了一种空间。在这个空间中，宗族、士绅、胥

---

① 参见刘志伟：《在国家与社会之间——明清广东里甲赋役制度研究》，4 页，广州，中山大学出版社，1997。

② 参见刘志伟：《在国家与社会之间——明清广东里甲赋役制度研究》，12 页。

吏等中介势力在社会控制体系中扮演着更加重要的角色。他们既作为政府和民间社会的中间人,又分别在不同场景下扮演双方的同谋和对手。他们自己还与政府或民间社会有利益的冲突,在影响和左右政府与民间社会的运作的同时,又受政府和民间社会的制约。清代中期以后的社会秩序,在这种复杂的矛盾关系中形成了某种平衡和稳定的机制。①

中国社会史面临一个争论不休的课题是,从明到清,国家对地方的控制能力到底是加强还是削弱了?换个角度说,基层社会组织的自主空间是否有所扩大?中外学者就此问题曾经发表了汗牛充栋的著作。其中比较典型的说法是,19世纪初叶以来,中国社会空间中就存在着一个类似于西方的"公共领域",这些"公共领域"是从传统的一些地方自治组织如善堂、乡约、商会中衍生出来,发挥着近似于近代的社会功能。然而这个观点由于只是强调自治组织的社会作用,却没有寻找出就传统意义而言这些组织是如何疏离国家控制的有效证据,所以仍有搬用西方"市民社会"理论的嫌疑。

而刘志伟对图甲制解释的意义,在于揭示了清中叶以后基层组织在国家威权系统中寻找出缝隙的重要缘由,特别是从研究里甲向图甲转变时造成的基层空间控制的变化,说明清中叶确实出现了相对宽松的、有利于自治的氛围,而这种自治状态完全是在传统的社会组织转换的意义上形成的。按照刘志伟的说法,在清代图甲制中,每个社会成员要成为有籍之人,从而确认自己的社会地位,以拥有一定的土地财产并向政府承担纳税责任为前提,但由于户一般是由某种民间社会集团共同使用和支配的,这就意味着没有土地财产的社会成员要获得户籍,可以而且一定要从属于某一拥有户籍的社会集团,成为其中的成员。同样道理,一个人如被取消了在某一社会集团中的成员资格(例如出族),也就意味着变成无籍之徒,除非他拥有一定的财产能力重新立户,而这又是相当困难且须付出一定代价的。这样也就必然加强了民间社会集团(一般组织为宗族的形式)的统合力和支配权力。由此可见,明清里甲制下户的性质的演变,意味着社会成员的身份地位是建立在土地财产和对民间社会

① 参见刘志伟:《在国家与社会之间——明清广东里甲赋役制度研究》,13页。

组织的从属关系的基础之上，而不像过去的传统那样建立在编户齐民对王朝的直接人身隶属关系之上。在这样一种与以往的传统不同的社会秩序下，民间社会必然与国家权力在政治上和利益上趋于一体化，处在民间社会与国家权力之间的中介的作用就具有了更重要的意义。① 同时，自明中叶以后宗族组织的普及化及其职能的强化，是户的演变的基本社会原因。不仅仅单纯研究宗族规模的伸缩，而是把宗族与户籍关系勾连起来加以考察，实际上为重新审视近代以来的国家—社会关系提供了一个新颖的思路。因为以往的研究仅仅关注于属于基层组织要素如宗族、礼仪的社会及文化功能，强调这些要素的自发性演变过程，往往更注意民间社会对空间表面性的占有。而对户籍的动态考察，却使这些地方要素与国家政策的曲折调整联系了起来，即在国家与地方的相关和相叠层面对地方自治系统的形成及其控制程度予以出色的解释。这种从经济史的训练出发而达致的对社会基层的认识，无疑为地方自治及其权力结构运行的研究提供了重新设问的基础，特别是对清初大一统皇权控制登峰造极的政治史假说予以了有力的修正。

近期的社会史研究还出现了一个非常重要的进展，即受到象征人类学理论的影响，力求从文化的意义上解释一些基层社区的格局及底层人民的行为。以往的社会史研究基本上体现出的是两种倾向，一种是受"经济决定论"和阶级分析法的政治经济学流派的影响，比较强调通过对经济利益（如土地、财富）的占有程度来划分社会层次，理解各层次之间的互动行为的发生原因。这样的分析路径很容易把社区生活仅仅理解为一种经济利益角逐的场所，从而遮蔽了对其复杂功能的认识。另一派受社会学中功能学派的影响，往往把社区历史按照普通人民功能需要的角度加以理解，也就是说，普通民众生活需求的要素分析成为社会史的主要任务，这固然可以使原来基于利益分配格局之上的社会研究趋于复杂化，对基层生活的理解也更趋于丰满，但一些非功能性需求如祭祀、社戏等属于心理精神层次的内容仍未被纳入视野，而象征人类学对此层面的解释为社会史研究进一步拓展建立了理论前提。象征人类学的基本

———————————
① 参见刘志伟：《在国家与社会之间——明清广东里甲赋役制度研究》，259页。

理论及其应用在此不再赘述。① 其在西方中国学的研究中已渐成气候，在国内社会史界亦已有人小作尝试，如陈春声在《信仰空间与社区历史的演变——以樟林之神庙系统为例》一文中，即尝试着运用类似理论考察广东东部韩江三角洲神庙系统与信仰空间之间的互动关系，特别关注多重因素对这种互动节奏的制约。

陈春声认为，在以往社会史的分析框架中，不管是信仰圈还是祭祀圈，往往被理解为一种比较确定的可满足共时性研究需要的人群地域范围。而他则试图通过对广东东部一个村落的神庙系统的研究，描述一个相互重叠、动态的信仰空间的演变过程，以及这种信仰空间所蕴含的权力支配关系和超地域的社会心理内容。其实，神庙的修建不是一种孤立的宗教行为，它与社区内部格局的转变有着相当密切的关系。不同类型的神庙是由不同的社区阶层和人物筹建的，其表征出的象征意义也就同时有所不同，比如火帝庙建庙的直接动因在于防止商铺发生火灾。火帝庙最初作为八街商人的庙宇，后来却升格为樟林全乡的主神，成为社区中唯一可以游遍全乡的神明，说明随着海上贸易的发展，商人在这个港口市镇上的地位与影响力的提高。除火神庙外，樟林还存在着一个各社社庙、各地头土地庙等构成的庙宇等级系统。在这个系统之外，关帝庙、文昌庙、风伯庙和新围天后宫等具有官方色彩，其建立和运作包含有较多外来因素的庙宇也同时存在着，各有其意义和功能。但共时态的结构描述显然无法洞见乡村庙宇的相互关系，而应视之为一种复杂互动的时间历程的结晶或缩影。②

比如对火神的信仰在很重要的意义上表达的是大众心理的认同。在樟林乡，这种认同常常表现为乡民们"有份"和"无份"的感觉。比如对民间象征意义上的火神庙，就有"有份"的感觉。而对一些外来官方色彩的庙宇，不管地方官员及客商船户在这些庙宇的建筑、祭祀仪式和庙产管理上花费了多大心血，当地百姓事实上仍很少对这些比火神庙的社庙更有"正统性"的庙宇产生"有份"的感觉，说明这些庙宇并未实

① 参见王铭铭：《社会人类学与中国研究》第 5 章，北京，生活·读书·新知三联书店，1997。

② 参见《清史研究》1999 年第 2 期。

现本地化和民间化的过程，与社区生活有较大距离。

陈春声把"空间分析"力求置于一种微妙的乡土心理状态即是否有份之中加以理解。他认为民间神祇的信仰，在很重要的意义上表达的是大众心理的认同。在樟林，这种认同常常表现为乡民们"有份"和"无份"的感觉。"份"是一种相当微妙的情感，而且常常呈现多重迭合的交叉现象。一个乡民心目中可以有对于许多庙宇的层次不同的多种有份或无份的感觉，而对于同一个庙宇或同一个仪式，董事司理者和参与表演者、一般乡民和看热闹的外乡人的"有份"的感觉也很不一样。把这些有份和无份的复杂关系，放置在樟林这样一个社区的动态神庙系统之中，其实际的存在形态，其实是难以用祭祀圈或信仰圈之类的简洁的分析性概念来把握的。对信仰空间的历时性的过程和场景的重建与再现，常常更有助于对实际社会关系的精妙之处的感悟与理解。①

(四)"地方自治"的多重释义及其对基层社会研究的适用性

近代中国对"自治"一词内涵的使用经历了错综复杂的变化，往往和近代以来发生的若干政治现象紧密相连。比如与反清、议会民主、立宪、分权这些不同的政治理念相结合，成为政治话语集中表述的焦点问题。而作为制度设计的"自治"，也由不同的政治势力支配和推动，成为实施各种政治理想的手段。从"自治"原义上说，应有自我统治和自我治理的意思，与国家的权力控制处于对峙的状态。

从中国历史发展的语境中立论，传统中国社会中早已出现了"自治"的构想或者类似的理念，比如汉代以来就存在的"封建—郡县"的争论，就隐约含有地方社会是否应该更多地从中央分权的问题。清初顾炎武提出的"乡官论"，要求在县以下多设乡官以辅县政，以分其权，但其主体思路仍是以此手段来补"官治"的不足。近代以来对"自治"话语的各家阐说，在某种意义上说也是传统"自治"诸说的延伸与放大，但它与古代相异的地方在于面临两重复杂背景的制约：一是太平天国以后地方绅董势力的膨胀和对地方事务支配能力的空前加强，导致在传统秩序之

① 参见《清史研究》1999年第2期。

内被认可的国家与地方的关系面临重新定位和调整的难局，因为传统意义上的补充"官治"不足的"自治"理论根本无法应对地方势力扩展的现状。二是 19 世纪末 20 世纪初民族—国家建构过程强行介入地方社会，导致国家与地方之间面临一个如何设定双方边界的难题。

两者空间关系的重新设置实际上蕴藏着一个悖论：如果说太平天国之后的政治格局为"地方自治"让渡出了一个相当开阔的发展空间的话，那么我们又如何解释和估计 20 世纪初国家政权建设对基层社会渗透加剧的程度？如果我们考察"自治"概念的引入及近代知识分子对其进行选择之后所使用的基本策略，应该多少能回答这个问题。"地方自治"一词曾有"local autonomy"和"local selfgovernment"两个对应的英文词。前者是指居住在特定区域内的人们按照自己的意愿决定并处理该地区内部的事务，隐然含有与国家权力相对抗或排斥国家权力之意。后者则是在强调地方自治团体从属于国家权力的前提之下，指居住在特定区域内的人们按照国家法律处理该区域内部的事务。有的学者认为，从近代西欧、日本地方自治形成的历史和制度特征来看，现实中不存在与国家权力相对抗，或排斥国家权力意义上的"地方自治"。[1] 值得注意的是，中国近代"地方自治"的概念是由黄遵宪率先从日本加以引进的。而作为日本近代"地方自治"理念源头之一的格内斯特（Rudelf Gneist）理论，最初并未把英国制度称为"地方自治"，因为格氏认为地方行政和整个国家的法律体系必然是一个统一体（地方单位只是行使行政权而没有立法权），而且不能和国家更高的职能分开，自治和国家的行政机能保持一体化的一致。[2] 有趣的是，这个概念引入日本后才被加上了"local"这个前缀。日本实施西方宪政的先驱者山县有朋受到格氏学生阿尔伯特·莫斯（Albert Mosse）的影响，主张在宪法实施之前建立地方自治制度，

---

① 参见黄东兰：《近代中国地方自治话语的形成与演变》（未刊稿）。

② 参见 Philip A. Kuhn, "Local Self-Government under the Republic：Problems of Control, Autonomy, and Mobilization", in Wakeman Frederic, Jr and Grand, Carloyn eds, *Conflict and Control in Late Imperial China*, Berkeley：University of California Press, 1970, p. 271.

以便使地方自治成为宪政政府推行其制度的有力基石。①

　　而中国近代"地方自治"的提倡者黄遵宪及其同道梁启超等人，则主张把湖南地方自治的推行视为具有地方议会立法职能的实体而并不是简单的具有地方政府的行政职能。这种设计实际上是想把西方具有现代民族—国家性格的中央核心政治体制，浓缩到地方社会之中，使其影响普通老百姓的日常生活，同时使之成为国家宪政的基层政治细胞。也就是说，从表面上看，黄遵宪由日本输入"地方自治"思想及其在湖南所进行的实验，似乎提倡的是绅民"自主""自立"，由"自治其身"到"自治其乡"，完全配合了太平天国后晚清帝国被迫向地方分权的总趋势。但细究其意，黄遵宪所追求的显然并非权力的分散，而是如何在现代民族—国家的宪政框架内重新安置"地方"的位置，使它成为全国统一宪政的基层运行单位。所谓新的"地方主义"及其在近代表现出的能动特征，与强大的统一国家不应该也并非处于谈判的对立状态，而是协调包容的同构关系。

　　按孔飞力的观点，在中国社会中，控制和自治的原则（the principles of control and autonomy）在理论和实践两方面都是不可分离的。在这种情况下，"地方自治"很容易转化为一种国家行为，只不过这种国家行为被反映在"地方自治"中的时候，从古代到近代的时间流程中会发生明显的变化。比如早期"封建论"的倡导者如顾炎武，其目的并不是要强化地方管理的自主能力，而是要维系专制集权结构的稳定。而康有为虽然也声称现代地方自治制度和古代封建分封制度在原则上的一致性，但却强调了社会秩序相对于政治秩序的自主性，同时承认个人自我宰治、自发合群并自我管理的自然倾向是内生于社会秩序之中的。② 这似乎有点接近于西方"市民社会"理论中所揭示的"公共领域"产生的自发性

---

　　① 参见 Philip A. Kuhn，"Local Self-Government under the Republic：Problems of Control，Autonomy，and Mobilization"，in Wakeman Frederic，Jr and Grand，Carloyn eds，*Conflict and Control in Late Imperial China*，Berkeley：University of California Press，1970，p. 272.

　　② 参见张广生：《从国家与社会关系的视角看康有为地方自治思想的现代品格》（中国人民大学硕士学位论文），24 页。

和自主性原则。然而当我们理解近代以来关于"地方自治"的话语时，似乎应该注意到国家与地方知识精英在民族主义和富强目标导向下的合谋过程。因为改革者的政治规划恰恰可能仍是通过新型的控制程序把地方精英的行为纳入国家要求之中，从而在现代性的意义上改变控制与自治的关系结构。"地方自治"的各种设计由此变成现代国家指令的诠释者和贯彻者。在控制—自治的平衡机制下，现代国家的要求已不仅仅限于维持稳定的社会和经济系统，而且要促进经济增长和国家权力。国家实现现代化对政治社会体制改造所必须进行的前所未有的高投入，使得国家对地方的控制甚至盘剥达到了前所未有的程度，从而破坏了控制—自治的双轨制平衡状态，而向国家控制的一方急剧倾斜。这种把"地方自治"诠释为"准国家行为"的始作俑者，正是19世纪末期崛起的新一代知识分子，他们对地方国家关系的设计虽然一度无法进入官方主流视野，却通过运动的方式最终影响了国家的决策。戊戌变法失败之后不久，清廷的"新政"即全面实施其变革原则，即是明证。

由此我们就不难理解，民国初年"地方自治"的推行在民间社会中不仅得不到想象中的支持，而且还遭遇到了相当严重的抵抗。因为民初"地方自治"的表述和制度追求，往往成为国家向民间自治延伸的渠道和中介，其结果是，"自治"的古义不但无法发挥转化，反而可能日益丧失了其题中应有之义。因此，如果我们把"地方自治"的研究视为"中层理论"建构中应予重视的领域，就必须不仅只关注其传统意义上的"自治"内涵及其在古代近代知识群体中的表述轨迹，而且要特别注意"自治"之义的现代性内涵已不仅仅具有其原有的地方与中央之间的协调谈判的关系问题，而且与世界体系范围内的民族与国家的认同及国民精神的塑造均有不可分割的联系。康有为所阐释的"公羊三世说"，其递次演进的态势实际上就是尝试把"地方自治"从一种由中央与地方相互支撑的传统文化认同关系，放置在世界视野里的民族国家认同关系网络之中加以重新考察的过程。在这个意义上，知识分子发起的各种"话语运动"，有可能会在制度层面转化成国家威权所支配的控制力量。由于这种力量对基层社会的有效干预作用，自然会引起相应的反应。但与此同时，地方精英也可能利用这种国家行为转而为地方利益服务，从而重新确立了自己在基层的支配地位。

黄东兰曾对此进行了研究，她注意到，1909 年以后，地方自治进入具体实施阶段时，各地纷纷爆发"自治风潮"。对民众以暴动形式拒斥地方自治的推行，一般有两种解释：一种观点认为，地方上具体从事地方自治的人以"自治"为名中饱私囊，因而招致民众的不满和反击。第二种观点认为，围绕地方自治，地方社会存在两种相互敌对的势力，一种是僧侣、官僚、地痞等旧势力，一种是倡导自治的新势力。旧势力煽动民众反对新势力，从而导致了"自治风潮"。而黄东兰通过对江苏川沙县自治风潮的个案研究，却给我们描绘出了另外一幅图景。她更加重视的是地方自治在空间建构方面的实际作用。这幅图像显示，从地方自治在县以下基层社会的实际运作来看，地方自治制度的导入并没有给传统的君民关系和国家—社会关系带来本质性的变化。以往关于清末地方自治的研究如萧邦齐和孔飞力的观点，主要强调清政府试图借助地方自治，把地方精英吸收进国家机构，从而将国家的行政控制进一步推向底层社会。但是，清末川沙县地方自治的个案分析却揭示了与此相反的一面：清末实施地方自治后，官吏与民众仍然处于相互隔膜的状态，参与地方自治的地方精英，则扮演着类似于以往介乎官吏与民众之间的士绅十分相似的非官非民的角色。在川沙县境内，同治和自治绅董的关系绝不是近代行政体系中的上下垂直关系。①

黄东兰的"自治风潮"研究对以往理论所构成的最重要挑战在于：她试图证明，国家不但没有利用地方自治限制地方精英的行动和有效地控制基层社会的生活节奏，相反，地方精英最大限度地利用了地方自治所赋予的合法地位，获得了较前更大的活动空间。特别值得强调的是，地方精英们的活动并不仅仅停留在承袭以往由士绅，或以士绅为中心的传统慈善活动的组织方面，而是最大限度地利用了城镇乡地方自治章程赋予自治公所的活动空间，甚至把触角延伸到本应由国家实行的地方行政的合理化、效率化的领域之中。这种由地方精英自发进行的自下而上的改革，与近代民族国家自上而下的官僚化、组织化的近代化过程背道

---

① 参见黄东兰：《清末地方自治制度的推行与地域社会的反应——川沙"自治风潮"的个案研究》（未刊稿）。

而驰。黄东兰强调地方社会资源对作为一种国家行为的自治制度设计的利用，很容易让我们想起杜赞奇分析华北农村社区组织对国家权力既应付又对抗的关系时的基本方法。杜赞奇就是试图用"权力的文化网络"这个中层概念来描述近代国家威权重压下的基层社会如何通过再生产其资源，以消解转化来自上方的干预力量。当然，黄东兰并没有像杜赞奇那样把国家政权的力量估计得如此强大，而是更加强调民间抵抗力量对国家策略的巧妙修正，并且把这种修正的力量估计得远比国家干预对地方事务的运作更为有效。

　　为了进一步消解那种过度注重国家权力对乡村社会形象拥有决定性塑造力量的传统观点，李怀印致力于一种建立于不成文的惯例（established practice）之上的村社隐性话语与显性权力之间互动关系的分析，研究其在塑造村社结构方面所起的作用。李怀印批评杜赞奇的"权力的文化网络"这个中层概念含混不清、无所不包，算不上一个空间概念。他认为要探究乡村权力日常运作的真相，必须回到村社这一具体而真实的空间。而对一个农民的日常生活领域而言，真正对他有意义的，是其所置身的一个特定的"社群"（community）。社群由一系列调节关系构成，它们规定了社群成员对资源应有的分享权，要求其成员在享有其应得的一份权利和要求时，承担应尽的责任和义务。20 世纪早期的华北农村，类似的调节关系呈现为各式各样的惯例和村规，它们规定着村民的具体权利和义务，调节着他们之间的相互关系。在绝大多数情况下，社群的范围跟自然村的疆界是吻合的，即一个村庄只有一套村规。李怀印称这类村庄为具有特定含义的村社（village community）。村社成立的理由，不仅因为它自有一套调节其成员之间相互权利与义务的惯例或村规，更重要的是，它还有一个维持此一村规日常运作的"村社话语"（community discourse）。① 李怀印是想通过研究村社之内外不同权力要素对村规话语的争夺来界定空间控制的框架和各种关系的位置，显然比杜赞奇的"权力的文化网络"要更具体、更明确，相对而言，也更接近"中层理论"的品性。但问题在于，对于获鹿县村社中的民众具有如此重

----

　　① 　参见李怀印：《20 世纪早期华北乡村的话语与权力》，载《二十一世纪》（香港）1999 年 10 月号。

要性的村规话语，是否能在相应的其他地区起着类似的权力聚焦争夺的
功用，包括以村社界定空间是否具有普遍的示范意义，仍是需要加以证
明的课题。换言之，"村社话语"的中层支配能力还需要以更多的经验研
究加以检验。

　　不过，李怀印也注意到，村民对村规的有效利用也有时间的限制，
上述的情况基本反映的是 20 世纪一二十年代的情况。因为这个时期，民
国政府主要依靠地方精英调动各种乡村资源，以实现国家的现代化，结
果地方精英也往往利用这种机会加强自身的权力，形成乡村民众反抗政
府渗透的支持力量。县里活跃的精英组织利用新建立的自治政府来扩大
自己在地方政治上的影响，保护本人和所在社区的利益。在乡村的最底
层，内生的组织机构（endogenous institutions）如乡规运作得十分有效。
而 30 年代以后，国民党政府加强了对基层政权的控制力度，地方精英的
代表机构逐渐被剥夺，传统地方精英被迫退出政治舞台。但并非像杜赞
奇所估计的那样，精英的位置完全被村棍和地痞所取代，而是内生的乡
村机构与惯例的作用仍十分牢固，旧式村规虽然在一些地方有所调整，
却仍支配着乡办的选举与运转。村中精英们虽不在村办任职，却也继续
在社区中发挥作用。通过对河北获鹿县 30 年代粮银推收制度的研究，我
们会发现尽管政府不断侵入社区领地，但村社仍是个牢固的统一体，还
未走向分裂，更谈不上解体。这意味着 30 年代乡村与政府之间的关系既
有继承也有变化。①

　　黄东兰和李怀印的研究显然修正和发展了从孔飞力到杜赞奇以来美
国中国学界对国家与地方关系的设定，并尽量使研究趋于精细化。其意
义在于，这些研究进一步缩小了探讨半径，从某一个事件或一个更加具
体的支配规则如村规的控制场景入手，仔细体味地方权力在更小单位的
空间中所发生的错综复杂的运作关系。这些尝试对"过密化"（内卷化）、
"权力的文化网络"等中层概念的质疑和批评，有可能为中国史学界对基
层社会"中层理论"研究对象和范围的重新界定提供参考。尽管他们的
研究目前尚缺乏规范化的解释能力，但明显已具备了与以往中层解释进

---

　　①　参见李怀印：《20 世纪 30 年代河北获鹿县乡长制研究》（未刊稿）。

行对话的能力。

　　过去的研究还表明，中国近代推行的所谓"地方自治"基本上都带有官方的背景。尽管如此，在城市与乡村呈现出的自治形态仍是有相当差异的。这主要表现在政府对城市空间监控的有效性可能会相对高于农村地区，所以地方自治表现出的形态更像是变相的国家控制行为。比如有的学者从医疗社会史的角度证明，20世纪初的北京自从引进了西方医疗制度以后，传染病的区域监控往往和北京市展开的地方自治程序有相当紧密的联系，实际上就是对城市传统空间重新进行分割和重组，以便使之更加符合城市现代化的功能运转需要。其最突出的表现就是力图打破旧有城市社区分布的自然格局，把分散的自然区域的生活状态整合进符合现代城市社会动员的节奏中来，这种现代性城市框架包括公安、卫生、救济、教育、实业等内容。① 景军对定县的研究也证明，现代医疗保健体系的确立，可以看作"地方自治"实施的一个重要后果，但最终却转化为一种相当纯粹的国家行为。② 可是另有一些学者则试图证明，尽管城市空间较之乡村空间似乎更容易为政府所控制，但民间社会仍可能在此控制中寻找到自我表现的缝隙。王笛就对学者普遍认为中国城市被国家所紧密控制，因而毫无自由可言的观点提出质疑。他认为如果我们深入到中国城市的内部世界，具体考察社会共同体，就会发现其真实面貌与我们的常识性理解相去甚远。③ 王笛以成都为对象，考察中国城市中最基本的单位街头和邻里以及在这个层次的社会生活，并探索社会共同体内的自发组织及与社会自治的关系。在一个没有市政机构的城市里，居民们自由地使用城市的公共空间，自己管理邻里事务，实际上享受着相当程度的自由，或者更准确地说是"社区自治"。城市居民，特别是下层民众把街头用作商业空间、日常生活空间和节日庆典空间，而很

---

　　① 参见杨念群：《北京"卫生示范区"的建立与城市空间功能的转换》，载《北京档案史料》2000年第1期。

　　② 参见景军：《定县实验——西医与华北农村，1927—1937》（未刊稿）。

　　③ 参见王笛：《街头、邻里和社区自治——清末民初的城市公共空间与下层民众》（未刊稿）。

少受到官方的控制。① 很明显，以上的研究都是从不同的角度切入空间问题的研究，得出的结论也似乎各有道理，但在如何界定空间的边界和功能方面缺乏同时可照应双方观点的解释概念，因此仍很难调和两者的分歧。

鉴于以上的情况，有的学者则想另辟蹊径，不是从空间而是从关系的角度理解"地方自治"和国家控制之间形成复杂张力的意义，这是一个值得注意的视角。张广生在研究清末义和团运动期间的梨园屯诉讼案的论文中即使用了这种言说策略。他认为在梨园屯诉讼案反复交涉的过程中，不同的势力和群体以不同的姿态介入了事件。而围绕这个事件形成的错综复杂的纠葛关系，是很难用空间的移动加以解释的。也就是说，城垣之内的秩序和地方乡野的秩序之间如何连接，很难用普遍主义式的上层制度理性，或者用特殊主义的乡土"草根惯例"两者中的任何一种所界定的空间加以描述。在梨园屯诉讼案中，国家控制和地方自治并非是截然分开的两极，因为"控制—自治"不是什么正式制度的结构，而是在各方交往沟通中不断建构着的"关系"。②

所谓"关系—事件"的视角还有另一种颇为近似的社会学表述方式，社会学家称之为"过程—事件分析"。一些学者在从事农村调查时发现，与城市中的社会生活相比，农村中社会生活程式化和模式化程度是很低的，实际上缺少一成不变的正式程序和正式规则。在许多情况下，即使存在这样的程序和规则，有时也不会真正起作用。相反，一些重要而敏感问题的解决，往往要采取非正式的方式或相机处置的弹性手段。③ 比如收税的干部与普通民众之间的关系，就很难用规范性的程序加以认识，而更多地需要随机性的理解。特别是中国农村社会正处在一个高度转型的时期，农村社会生活所表现出的不确定性就会更加明显，所以根本无

---

① 参见王笛：《街头、邻里和社区自治——清末民初的城市公共空间与下层民众》（未刊稿）。

② 参见张广生：《从帝国到民族国家：一个晚清村庄的冲突、控制与自治——梨园屯讼争的一种历史叙事》（未刊稿）。

③ 参见孙立平：《"过程—事件分析"与当代中国国家—农民关系的实践形态》，载《清华社会学评论》（特辑），5页，厦门，鹭江出版社，2000。

法用某种套路式的认知方法去框限它。比较可靠的方法是观察人们的社会行动，特别是由他们的行动所形成的事件与过程。甚至可以说，农村生活中的微妙性也正是隐藏在人们的社会行动，特别是事件性过程之中。这是在正式的结构中，在有关的文件上，甚至在笼统的村庄和乡镇社区中很难见到的东西。这比较符合社会学解释逻辑实现"三个转变"的要求，即从单元到情境，从性质到联系，从因果到事件。这样的转变也赋予社会现象以能动的特性，从而克服静态结构分析的死板和僵硬。而在具体的互动过程分析中，也都非常强调"情境"（situation）和"场景"（setting）的因素。① "过程—事件分析"给历史研究，特别是社会史研究的启发是，促使研究者更加关注人的具体活动方式，而不要仅仅关注类似发展趋势、演变框架这样的庞大命题。目前的社会史研究缺乏的恰恰是对人的具体行为之隐秘性的把握能力。不过我们也应该看到，"过程—事件分析"仍停留在一种对历史或现实的描述性阶段。就历史研究而言，对现实生活隐秘性的洞悉，虽然有可能丰富研究者对历史现场的感悟能力，但由于这种感悟具有相当强烈的即时性和随机性特征，所以很难把它转化为某种中层分析的概念，以便进行可重复性的操作和验证。这样所造成的结果往往是，人们再现了许多历史的细节，但却无法认知这些细节之间的关联性，也即缺乏整合这种细节的基本手段，因为历史研究毕竟不能仅仅依靠再现来达到自己的认知目的。

---

① 参见孙立平：《"过程—事件分析"与当代中国国家—农民关系的实践形态》，载《清华社会学评论》（特辑），10 页。

第五章 "中层理论"的建构与中国史问题意识的累积和突破

一、"中层理论"的诠说与合理移用

中国在 20 世纪初所形成的具有现代意义的社会史研究传统，由于不断在论证或批判现代民族—国家建构的合理性与不合理性，或者为革命动员提供历史性依据，所以社会史研究大多以集体叙事的书写手法揭示中国社会与外部世界的关系，书写形式也多以大通史或断代史的宏观叙述为主。进入 80 年代，一些崇尚传统述史风格的社会史家，为了回避集体叙事的意识形态制约，从儒、道、佛的经典资源中提炼出连续性的要素，用以和西方争夺"现代性"的发明权；或者回归乾嘉传统治史方法，专注于对史料的整理钩沉，其细节描绘足以补大叙事粗线条述史之不足，然而其精英式手法却始终没能建构起诠释民间基层历史的有效框架。多少年来，中国社会史界一直在寻找把宏大叙事与乾嘉式的史料钩沉风格进行有效衔接的突破性方法，以避免徘徊于目的性极强的政治图解或碎屑冗琐的朴学遗风这两个极端之间而止步不前。当然，万灵的药方是不存在的，不过从"中层理论"的建构中我们也许能发现协调两个极端取向的可行性方案。

"中层理论"（theories of the middle range）在社会学中原则上被应用于指导经验性调查，同时也是描述社会行为组织与变化和非总体性细节描述之间的中介物。"中层理论"当然也包含抽象成分，但是它们更多地接近于在经验研究中发现出可观察的材料时才发挥其作用。① 按照"中层理论"的提出者罗伯特·默顿的说法,对"中层理论"的提倡是因为急需建立与阐释"统一性理论"不同的框架。这些"统一性理论"总是认为对一种"社会学式理论的整体系统"（a total system of sociological theory）的研究,可以帮助观察到预先规定好的社会行动、组织和变化的每一方面。这一取向已经像那些包罗万象的无用的哲学系统一般受到了挑战。但一些社会学家仍认为,总体的社会学理论足以广泛地包容大量准确的有关社会行为、组织和变化的细节,并足以有效地指导对经验问题的研究。

默顿指出发生这种状况的原因是社会学家成长的氛围为一种综合的哲学系统所支撑,任何 18 世纪或 19 世纪初的哲学家要想提高自己的品位,就必须发展出自己的哲学体系,每个系统都标示出个人对普遍的自然、人性等问题的总体看法的价值。哲学家们创造总体系统的企图成为早期社会学家效法的模式。孔德和斯宾塞均是在广义范围的哲学体系内表达他们的社会学观点的。另一些社会学家也试图为"古典学科中的新科学"（new science of a very ancient subject）提供知识的合法性,这就要求立即建立一种社会学思想的总体框架,而不是发展一种专为解决特殊社会学问题而设计的特殊理论。②

社会学家在寻求确立他们的知识原则合法性时所遵循的另一条路线,是力求提炼出一种科学理论的标准体系而不是哲学体系,这一路径同样会导致企图创造一种社会学的整体系统。这个系统假设思想体系在大量的基本观察积累起来之前就能有效地发展起来。而且其基本信念受生物学影响,认为不同空间中出现文化成果可以发生于同样的历史时刻之中,

---

① 参见 Robert K. Merton,"On Sociological Theories of the Middle Range", in *On Social Stntcre and Science*, edited and introducted by Piotr Sztompka, The University of Chicago Press,1996.

② 参见 Robert K. Merton,"On Sociological Theories of the Middle Range", in *On Social Stntcre and Science*, edited and introducted by Piotr Sztompka, The University of Chicago Press,1996.

而这些历史时刻可以表现为同样成熟的历史阶段。① 我们注意到，中国历史学家也曾经受到这个系统思想的启发，一度也曾追求中国历史与世界历史发展阶段的对应性和相似性，比如"五阶段论"的模拟性研究就是历史学受社会学框架支配的一个实例。

默顿提出解决问题的办法是，在帕森斯式的巨型理论与低层命题之间建构起具有明确界定的可操作化概念，这些概念构成的陈述以说明有限范围的现象之间的协变关系。虽然"中层理论"是抽象的，但它们也与经验世界相关联，从而促进研究。这种对经验与抽象层次的衔接，是概括出更为宏大的理论所必不可少的步骤。②

法国社会学家布迪厄（Pierre Bourdieu）曾经批评对"中层理论"的使用。他在论及为什么自己不提出"中层法则"（laws of the middle range）的时候，认为"中层法则"首先是一种满足实证主义要求的做法，并批评对它的应用容易流于琐屑和片面，而"中层理论"所赋予的实证主义式的满足正是科学予以拒斥的东西，因为概念的真正含义来自于各种关系，只有在关系系统中，这些概念才获得了它们的价值。布迪厄于是发明了"场域""惯习"等概念来替代"中层理论"过于贴近经验性的推导方式。③

就笔者的理解而言，布迪厄对"中层理论"的批评，正是社会学对内部脉络进行反思，进而发起新的方法论变革的结果。布迪厄认为，在高度分化的社会里，社会世界由大量相对自主性的社会小世界构成，"这些社会小世界就是具有自身逻辑和必然性也不可化约成支配其他场域运作的那些逻辑和必然性"。④ 但对于"场域"的研究不应该只限于内部经验式的考察，并据此厘定自己"中层理论"的对象范围，而是要看到

---

① 参见 Robert K. Merton, "On Sociological Theories of the Middle Range", in *On Social Stntcre and Science*, edited and introduced by Piotr Sztompka, The University of Chicago Press, 1996.

② 参见乔纳森·H·特纳：《社会学理论的结构》，吴曲辉等译，105～108 页，杭州，浙江人民出版社，1987。

③ 参见皮埃尔·布迪厄：《实践与反思——反思社会学导引》，李猛等译，133 页，北京，中央编译出版社，1998。

④ 参见皮埃尔·布迪厄：《实践与反思——反思社会学导引》，134 页。

"场域"的界限是由各种社会力量的关系作用所决定的。因此,"中层理论"恐怕只能看到"场域"内部的存在方式,而无法洞悉"场域"之间权力关系的复杂纠葛。但是,布迪厄仍强调,"场域"的界限只能通过经验研究才能确定。① 而布迪厄本人的理论建构也是经过大量的经验研究方才完成的。他的主要著作如《区隔》《学术人》《教育、社会和文化的再生产》都是经验实证研究的范本之作。因此,布迪厄对"中层法则"的批评,主要是因为它出于对宏大叙事的反叛而又有过度的实证主义之嫌。但"中层理论"基于经验研究构筑中层理念的基本取向却并未被完全放弃。"场域""惯习""文化资本"等概念的不断出场,仍体现出"中层理论"的某种风格,只不过其界定更倾向于把研究对象放在权力互动的关系网络中,而非在内部结构的实证研究中加以把握。这也可以说是一种批判性的继承关系。这就保证对"中层理论"的反思完全不会重新走向对"大理论"的简单复归。

二、"现代化叙事"果真取代"革命史叙事"了吗?

现在让我们回到中国研究方法上来,如前所述,中国社会史学界比较缺乏在"中层理论"的范围内建构可操作性概念的能力,这是因为中国社会史的主流基本上遵从的是与19世纪以来西方社会学界构建与哲学体系相关的宏大叙事的研究传统。这和西方中国学界的情况正好相反,西方中国学界特别是美国中国学研究在20世纪60年代以后就已通过学术反思开始疏离巨型理论的控制,而建立起了一系列可操作的中层解释范畴,如"市民社会理论""文化权力的网络分析""过密化模式"等。这些理论一开始应用就引起了一波波的争议,但对于中国史研究的模式转换却起了相当重大的推动作用。所以评价它们的贡献,就必须将其放在西方中国学的脉络里进行评判,否则就会造成批评角度的错位。我们这里可以举德里克对美国中国学界的评价来观察一下发生这种错位的可能性。

---

① 参见皮埃尔·布迪厄:《实践与反思——反思社会学导引》,138 页。

德里克曾经在分析美国中国近代编史学时认为，中国近代史学存在着一个研究范式的危机，危机起源于80年代以后美国中国学对传统"革命范式"的否定。值得注意的是，在分析"革命范式"时，德里克并没有忽略其意识形态的特征，认为韩丁（William Hinton）的名著《翻身》描绘的土改史诗化的形象具有理想化的色彩。然而德里克强调，任何一部质疑其陈述的著作，在提供自己的新分析过程中，应当首先对其描述作明确的剖析，指明其错在何处。可是大多数著作无论是论述土改、资产阶级还是市民社会，论者们都是撇开先前基于"帝国主义""阶级"等概念的解释，直接进行与革命范式相悖的论述。① 由于80年代以后的"现代化范式"没有包容和检讨旧式"革命范式"提供的理论前提，其新方法就同早先基于"革命范式"的解释一样陷入了片面和只看眼前的泥坑，形成了自身解释范式的危机。②

德里克在文章中严格区分了自然科学与社会科学的范式。他认为历史解释范式与自然科学的最大差别乃是在于，历史学无法构成一个唯一或主导范式，即使是在某些范式似乎具有支配性之时，它们也不可能主宰所有史学家，甚至也不会主宰大多数史学家。言外之意是，历史学作为社会科学要想在一种理论中持续全面包容以往的论说，几乎是不可能的，所以历史学作为所谓"科学"，从来都不具备自然科学解释所具有的范式转换的"革命性"效果。

但是按照德里克的假设，"革命"史学向"现代化"史学转变应该被看作库恩式的"范式转换"，但新范式要能被接受，就必须既能解释支持旧范式的论据，又能说明用旧范式无力解释的论据。换言之，新范式的成功之处就在于它的解释更具有包容性。实际上德里克在此陷入了自己设置的悖论陷阱，因为他的假设依据的是库恩的理论：科学家共同体从事科学研究时在某一时期总有一种主导范式，虽然它可能会受到质疑，但只要它能成功地解释它所旨在解释的现象，其主导地位就不会动摇。

---

① 参见德里克：《革命之后的史学：中国近代史研究中的当代危机》，载《中国社会科学季刊》（香港）1995年春季卷，141页。

② 参见德里克：《革命之后的史学：中国近代史研究中的当代危机》，载《中国社会科学季刊》（香港）1995年春季卷，143页。

随着与范式解释相冲突的证据积累到一定程度，以至于无法将该范式视为理所当然，并转而寻求更好解释论据的新范式，危机爆发了。然而德里克又紧接着否认历史学拥有支配性主导范式的可能性，因为史学的研究对象具有更为主观的能动特性，不可能按照自然科学的客观程序予以把握，可他一转眼又用自然科学的累积范式对论据的处理要求历史学。这样不但使自己的推导走入了逻辑悖论，而且显然是用自然科学的论据范式处理"革命"与"现代化"的假设关系。

其实既然德里克已经承认，由于历史研究对象具有明确的主观色彩，历史学并不可能如自然科学那样建构起一种主导的范式，那么中国近代史研究中"革命"与"现代化"的模式根本不可能像自然科学那样存在范式转换的否定性关系，而只有可能存在一种并列或重叠的解释关系，只不过各自突出诠释的是中国近代社会进程的不同侧面罢了，除非出现政治权力强行干预的特殊情况。我们注意到，"现代化"解释模式采取的一般是"中层理论"的策略，如大多使用"内卷化"（过密化）、"权力的文化网络""社会资源"等中层概念。然而这些"中层理论"未必就有完全取代"革命"模式的范式转换效果，往往只不过从另一个侧面揭示了"革命"宏大叙事所忽略的某一面相。这一取向并不排斥对"革命"性大规模社会动员的讨论，但也确不打算为"革命"的动因提供解释，因为那不是其阐释领域之所在。

尤其值得关注的是德里克提出"革命"史学反思的学术背景。德里克所批评的"现代化"史学虽然不一定是直接反思"革命"史学的结果，但两者仍有相当明显的关联性。因为在中国历史上，革命发生的过程恰恰是迈向现代化国家的步骤之一，中国革命后采取的诸多政策也与对"现代化"模式的选择有关，即使是在改革开放以前的封闭时期也是如此，如工业积累成为中国优先发展的政策等。因此，中国学研究采取地方史与社区研究的微观取向也只是对革命解释之大理论的一种扬弃。正因如此，我们恰恰不应该用革命史学所运用的宏观取向评价其得失，而应看到这种取向对中国社会内部结构和转换方式理解的深化作用。既然不存在一种统一的支配性的模式，那么我们也不应要求"现代化"模式就一定要包容或反思"革命"模式遗留的前提和论据。因为"革命"与

"现代化"之间也许根本不是什么范式转换的关系，而是复杂的重叠关系。由于各自处理的对象和范围并不一致，怎么可能要求出现像自然科学那样的范式转换奇观呢？

落实到对"中层理论"的评价上也是如此。德里克对"现代化"模式的批判也即是对与之相适应的"中层理论"的批判。因为70年代以后，西方中国学界的"现代化"模式（包括"后现代"解释）的建构大多是由"中层理论"达致的。比如罗威廉（William T. Rowe）就说过："如果我们转而选择适用一些限定性更强的中层判断（尽管这很难使我们完全摆脱种族中心主义和东方主义的困境），那么我相信，这将是建构对中国历史之研究的一条潜在的有效途径。"① 所以就美国中国学界而论，对"现代化"理论的批判只能表现出在细致的区域分析发展到一定阶段时，其内部自然会发生从宏观理论的角度补充其微观研究的转向要求。可是如果把这种美国学界的转向不分畛域地直接移植到中国史学界作为我们选择方法论的参照，则会发生很大的问题，因为中国社会史界从来未真正出现过"革命"之外的叙事取向，也从来未真正超越巨型理论对研究方向的限定而转向更多元的叙事空间，这与美国中国学界多变的研究局面正好相反。所以在中国的语境中，大力提倡"中层理论"和"区域研究"的建构策略，以使中国社会史的解释能力趋于多元化，恰恰是最为急迫的课题。当然，建立中国式的社会史"中层理论"模式并非是直接移植西方社会学理论，或实现所谓的"范式突破"，而只是实现一种研究取向的意向性转换。这种转换不是对以往解释的替换而是修正。如此看来，"中层理论"的崛起和导致的研究模式的转移，应该和以往对革命的阐释方法构成并列而非替代性的关系，对"后现代"观点的运用同样也是如此。

---

① 罗威廉：《晚清帝国的"市民社会"问题》，邓正来、杨念群译，见邓正来、亚历山大编：《国家与市民社会——一种社会理论的研究路径》，413页，北京，中央编译出版社，1999。

三、黄宗智的"过密化"概念对"中层理论"建构的导向意义

笔者在本书的第一章已概要性地分析了东西方几种对中国社会史研究很有争议的模式。在中国大陆的研究语境中,上述的某个模式如20世纪30年代以来的社会史研究传统曾经挟政治意识形态的力量支配历史学家多年,另一些诠释方法如心理主义模式、国家—社会二分框架等基本采取的是民间形态,并没有进入史学主流。就笔者自己的观察而言,中国社会史界并不存在美国中国学界发生过的所谓方法论的阶段性转换问题。即使在美国中国学界内部,也不存在所谓"范式"意义上的解释危机,因为"现代化"模式采取的路径表面上与强调整体性效应的"革命"解释迥然有别,实际上其具体命题的分析却与"革命"模式具有内在的衔接性。例如,对"市民社会"与"公共领域"概念的移植,强调的是中国城市在19世纪也出现了类似西方的资本主义因素,多少就与大陆史学界在"革命"模式的制约下进行的资本主义萌芽的讨论具有某种呼应。尽管"资本主义萌芽"问题从属于大陆的"革命"叙事,而有关"公共领域"的讨论则属于典型的现代化论述框架,可两者都是要企图寻找出中国革命发生的近代化因素和动力。黄宗智称此为"规范认识"的危机,他曾解释说:

> 所谓规范认识指的是那些为各种模式和理论,包括对立的模式和理论所共同承认和已成为不言自明的信念。这种规范信念对我们研究的影响远大于那些明确标榜的模式和理论。它们才是托马斯·库恩1970年《科学革命的结构》中的"规范认识"(paradigm)一词的真正含义。近数十年累积的实证研究动摇了这些信念,导致了当前的规范认识危机。①

黄宗智所说的"规范认识危机"也就是德里克所说的"范式危机"。两者

---

① 参见黄宗智:《中国农村的过密化与现代化:规范认识危机及出路》,135～137页,上海,上海社会科学院出版社,1992。

的区别在于，德里克只把"现代化"模式取代"革命"模式后造成的困境看作"范式危机"，而黄宗智则进一步把"现代化"模式与"革命"模式潜在享有共同话语资源时所导致的认知错误视为"范式危机"的征象。那么黄宗智果真突破了这种"范式危机"的限制了吗？我们留待下面讨论。

至少从中国主流史学来说，"革命"模式的退隐和"现代化"解释的凸显并没有显示出两者的断裂性，也从来未出现过德里克所预言的范式转换的突变过程，相反两者的衔接性还是相当明显的。比较突出的例子是，李泽厚的《告别革命》一书出版时遭到国内史学界的普遍非议，基本的原因即在于其有可能否定"革命"模式的合法性与合理性。但批评这一模式的学者恰恰均是"现代化"论和现行开放政策的有力支持者和阐述者。更为意味深长的是，李泽厚观点的阐述本意恰恰是为"现代化"论提供合理依据。这里边批评空间的错位与意识形态作用的相互纠葛是非常耐人寻味的。但笔者以为，也正是这种"革命"模式与"现代化"模式的相互衔接和包容，导致了中国历史研究的危机。这首先表现在，"现代化"论的论述过程始终是"革命"运动叙事大框架的一个组成部分，而无法独立确定自己的阐释规则和范围，其重要表现是同样呈现出"过度决定"（overdetermined）的色彩。① 所以问题并不在于"革命"叙事是否合理，或通过范式转换去突破其限制，而在于我们能否在"革命"之外营造出自己的解释空间，因为中国社会史并不仅仅存在一个"革命"式的主题。看看社会史研究的现状就知道，除了"革命"论的解释之外，我们并不拥有多少阐释近代以来社会变化的有力工具，即使是流行一时的"现代化"论框架，基本上也是或者变成依附于"革命"论的残余，或者采取弘扬精英传统的心理主义策略，强调新儒学等传统资源对社会演变长盛不衰的作用。

与此相反，西方中国学界却在"革命"的解释之外积累起了颇为复杂的"中层理论"解释系统。尽管西方中国学内部和笔者本人都对其社会学人类学术语的移植方式提出过尖锐批评，但"中层理论"的广泛运

---

① 参见艾尔曼：《中国文化史的新方向：一些有待讨论的意见》，见《学术思想评论》第 3 辑，425 页，沈阳，辽宁大学出版社，1998。

用及其对史料开掘的指导作用，毕竟对中国社会的细部分析做出了重要贡献。当然，西方中国学受人类影响对中国社会所做的深描工作也有趋于极致的迹象，因此出现德里克这样的批评并号召向宏观"革命"叙事回归，也颇符合其学术钟表摆荡的周期率。可是中国的社会史研究却始终悬在半空之中，无论是"革命史"模式还是"现代化"解释都还没有对基层社会和文化做出令人信服的深入发掘，更别提"中层理论"的创构了。

如题所示，我们这里所描述的所谓社会史解释可能出现的新变化，并不是在一种范式突破的意义上来加以界定的。因为前面已经证明，历史学可能根本就不存在自然科学意义上的"范式转换"的可能性。我们无法满足库恩所规定的那种彻底性要求，即在放弃一个范式之前必得先证明其无效，或者既能解释支持旧范式的论据，又能说明用旧范式无力解释的论据。因为我们现在尚无法证明任何一种历史解释模式是彻底无效的，任何富有创意的历史学观点也不可能完全容纳旧有模式的各种解释前提，而只能在反思的基础上另外圈划出自己的研究领域。这时命题是否有效已不取决于客观标准，而往往更取决于现实面临的主观需要。那么我们意欲何为呢？

首先要强调，新型社会史不存在一个范式转换的要求，但也不是一个简单的类分范围的概念，而应是与本土语境相契合的"中层理论"的建构范畴。台湾的杜正胜倡导从生态资源、产业经营、日用生活、亲族人伦、身份角色、社群聚落、生活方式、艺文娱乐、生活礼仪、信仰宜忌、生命体认到人生要求等范围，建构新社会史的框架。然而笔者以为，划定范围当然重要，但更为重要的是厘定与传统研究方法不同的规范性概念和解释思路。这些界限的划定不一定具有范式突破的意义，却一定代表着不与以往框架重复的实际操作含义，否则大量史料的发现与阐释有可能不过是为解读旧有框架服务的工具而已。

其次，所谓"新社会史"，就是要在由传统经济史出发而建构的整体论式的架构笼罩之外，寻求以更微观的单位深描诠释基层社会文化的可能性。当然这种"深描"一定会把西方影响的外在维度内化于研究过程之中，同时要避免使现代化"拯救论"处于独尊状态，因为我们目前的中国社会史研究一般都是为描述现代化对中国社会的拯救作用服务的。黄宗智曾经注意到,在80年代初,当中美学者在相互隔离多年之后刚刚展开学术对话时,中国研究社会经济史的学者尚能凭借对生产关系领域的研究与西方中国学强调人口因素的流派相抗衡。同时,黄宗智也敏锐地观察到,中国学者所持有的"封建主义说"和"资本主义萌芽论"分别代表两个极端。"封建主义说"认为自给自足的自然经济阻碍了资本主义在中国的发展,造成了中国社会长期停滞的局面;"资本主义萌芽论"则认为明清以来商品经济的扩展已促进了资本主义诸多因素在中国的出现,并导致了封建生产关系的松弛和衰落。与之相应,20世纪50年代的美国中国学界同样持有传统中国在本质上无变化的观点,只是他们并不采取"封建主义"与"资本主义"的对立模式,而是源自近代化理论中传统中国与近代中国的对立模式。研究的重点不是封建中国的阶级关系,而是传统制度与意识形态;在社会、经济领域则强调人口对停滞经济的压力。① 黄宗智得出结论说,尽管大洋两岸的史学思维存在种种差异,但双方运用的主要理论体系实际上具有一系列共同的基本信念,这就是所谓"规范信念"。但由于以后的实证研究积累证明了一系列悖论现象,例如商品化未必会导致经济发展、明清时期持续扩展的商品化与糊口农业长期持续的事实,反悖于"资本主义萌芽"和"近代早期中国"模式的断言,也反悖于"自然经济"和"传统中国"模式的认定,这一对悖论现象向所有模式共同认可的"商品化必然导致近代化"的不言自明的规范信念发难,由此引发了规范认识的危机。②

　　黄宗智是从整体上比较和把握中西有关中国学研究的差异的。如果返回到双方各自的研究领域范围内进行观察,实际上双方的研究深度和运思路径的自我更生能力和有效性并不对等。国内学者由于深受"五种生产方式"和"经济化约论"影响,论证大多从经济史角度入手,顶多兼顾阶级分析的政治史视野,而很少顾及相关社会文化层面的分析。"封

---

① 参见黄宗智:《中国农村的过密化与现代化:规范认识危机及出路》,138页。

② 参见黄宗智:《中国农村的过密化与现代化:规范认识危机及出路》,139~141页。

建主义说"和"资本主义萌芽说"仅仅局限于经济史的分析架构,这是由于国内学者没有及时跟踪和批判性地引入当代社会理论分析的缘故。而在西方中国学的视野内,对中国传统制度和社会变迁因素的分析一直呈多元并趋、群论争鸣的态势,社会学、人类学资源的不断交叉渗入,使之对中国社会的理解更趋于细致化,构成了诸如施坚雅的"区域经济"理论、萧公权与周锡瑞等的"士绅社会"理论、罗威廉的"市民社会"分析、黄宗智的"经济过密化"分析、杜赞奇的"权力的文化网络"及乡村基层政权"内卷化"的研究、艾尔曼的"文化资本"解释方法等。这些方法曾经屡遭批评,但即使在相互驳难的氛围中,中国学研究仍呈递进式的发展趋向。美国中国学研究给我们的启示与其说反映在具体研究呈现的多元形式上,毋宁说是反映在其通过知识共同体不断交互辩难,所导致的对创造性解释能力的有效发挥上。与之相比,我们自己的社会史研究虽然不乏出色的个人研究成果,但由于缺乏有效的知识共同体和相互驳难的氛围去深化这些成果,使之发展为可操作的规范体系,所以始终形不成系列的概念化方法去应对西方中国学的挑战,特别反映在"中层理论"的建构上更是如此。

比如在我们的研究中,特别是与经济史相关的革命史研究中,往往只注重把农民描绘为一个整体的阶级,他们具有整齐划一的身份和意识,其行动往往也是跨越村庄边界的整体性表现,而没有注意农民作为自然村成员的身份和意识。实际上农民所处的村庄与国家之间的关系,不只取决于国家政权之性质和外来因素的制约,也受到村庄内部结构的影响,而农民本身的行为和理念自然也应在基层村庄这一层面内部加以理解。西方中国学界就有"形式主义"和"实体主义"的区分:"形式主义"者强调自然村为深入基层社会的国家政权和士绅所控制,如最终被整合于上层体系之内,或者完全结合于更庞大的贸易系统之内;"实体主义"者则从人类学的视角强调村级网络的重要性,特别强调内部权力组织和宗教信仰的聚合力。①

让我们再回到黄宗智对"中层理论"的解释上来,看他是否突破了

---

① 参见黄宗智:《中国农村的过密化与现代化:规范认识危机及出路》,141页。

自己所批判的"规范认识危机"的限制。事实证明，黄宗智的"过密化"理论实际上并没有突破他所假设的"范式危机"所设定的界限，而仅是从经济史的角度昭示了中国社会内部无法酝酿出资本主义突破性因素这个命题。王国斌曾经批评说，黄宗智对农村发展的论证，把中心放在了人口与自然之间的长期关系上，他所勾画出的图像显示人口增长的压力使单位面积的土地上投入的劳动力增加，精耕细作导致农业总产量增加，但每投入一个劳动力的边际产出并未增加，反而减少，甚至为负，造成经济发生"过密化"现象。黄宗智本来是想解释中国经济所特有的动力是什么，而并不特别关注中国未发展起资本主义这一问题，但是在讨论中哪些特点他认为值得讨论，哪些问题他觉得无关紧要，却又取决于前者。①

　　黄宗智的论证显然并没有突破他自己标示出的所谓中国学"规范认识危机"的限制。他尽管归纳出了中美学界两组对峙概念中包含的共通信念，并揭示出商品化和经济不发展这对悖论，但并没有在社会发展的解释中提出"第三条道路"的模式。他的结论仍可归并到中国自19世纪以来为什么没有走上现代化道路这一总体命题之中。尽管如此，他的研究又确实丰富了中国地区经济史"中层理论"的建构，主要是"过密化"概念对于理解商品生产与工业生产之间的关系与区别具有十分重要的示范意义。正如夏明方所指出的，黄宗智的研究不仅要证伪专业化和分工必然带来较高的生产率是经济发展的最重要起源这一"斯密型动力"解释，指出历史上存在不依靠分工的市场，最为重要的是，他并未由此切断了不依靠分工市场这种所谓"虚假的商品流通"与"斯密型动力"为解释基础的市场之间的关联性，而是把被中国大多数学者驱逐出境的"伪商品经济"复归原位，将其纳入一个更一般意义上的商品范畴之中，即凡是供买卖的货物都是商品，然后区分为"小农为谋生而进行的商品化"与"促进经济质变性发展的资本主义的商品化"。在西方近代早期以及近代出现的市场发展与资本主义的关联，实际上是偶然发生的，甚至是例外的，我们不能以这种模式去了解世界各地各个时代的所有商品化

---

① 参见王国斌：《转变的中国——历史变迁与欧洲经验的局限》，李伯重等译，45页，南京，江苏人民出版社，1998。

过程。① 黄宗智的框架显然不仅是一个证伪的过程，还是一个建构新型解释的过程。以后杜赞奇用"involution"概念去分析华北农村社会组织和权力网络，就是受这一经济史思路的启发，进一步用此概念解释中国基层政权与国家控制的关系。就西方中国学研究的经验而言，虽然并不存在所谓真正的"范式危机"，而大多只是基于相似的"现代化框架"之内的不同解释之间的冲撞，然而其现实意义仍在于通过"中层理论"的累积达致修正或丰富中国学研究的原有解释能力。所以中国社会史界要想真正与之形成有力的对话，不一定非得沿袭或搬用其在特殊背景下形成的"中层理论"的内在理路和诠释手法，却必须形成自身合理的、中观的本土分析架构，否则不但会陷入共通的解释规范的危机，而且在自身的研究脉络里也形不成富有知识积累特征的学术传统。

90年代以来，中国经济史界受"过密化"理论的启发，有的学者也试图从中国本土经验的角度出发，提出自己的中层解释框架，其中秦晖的尝试最为明显。秦晖有意避开以满铁资料的分析为基础的对华北和江南地区的研究，而从农民学的角度提出了分析西北区域经济状况的"关中模式"。秦晖毫不隐讳地指出："关中模式"的提出，是与流行一时的以江南地区为中心的所谓"太湖模式"相对立的另一极端。"太湖模式"的论证一直在中国社会经济中居于主流地位，而且有泛化为普遍模式的趋向。它的基本设问方式是：中国东南地区一直存在着商品经济相对发达而地主—佃农制占压倒优势的另一种模式，其中尤以太湖流域为中心的江浙地区最为典型。这里的农民不仅在很大程度上被卷入了地区、国内市场，还在一定程度上被卷入了国际市场。而另一方面，此区域从宋、元以来自耕农日趋消失，土地异常集中，而且地主土地几乎都出租，很少或几乎没有经营地主，与关中形成鲜明对比。②

尤为重要的是，中国史学界基本上以作为一个区域典型的"太湖模

① 参见夏明方：《生态变迁与"斯密型动力"、过密化理论——多元视野下的旧中国农村商品化问题》（1999年9月南开大学"明清以来的中国社会国际学术讨论会"论文）。

② 参见秦晖、苏文：《田园诗与狂想曲——关中模式与前近代社会的再认识》，46页，北京，中央编译出版社，1996。

式"为据,形成了与西方社会发展形态进行对比的论证基础。其结论的二分特征尤其明显,诸如西方的农民是农奴,中国的农民是佃农;西方是庄园制,中国是租佃制;西方封建主是贵族领主,中国则是土地自由买卖。最后把社会矛盾归结为"两极分化""土地兼并危机",并从中导出西方发展而中国停滞的种种因果解说等,莫不以太湖型的社会为依据。①

正是为了消解和对抗这种某一区域的经济关系泛化为普遍历史解说的弊端,秦晖极力主张把"关中经验"的特殊性作为建立中国本土社会经济史分析模式的参照性前提。他对关中社会经济关系状况的考察,揭示出了与一般推理程序相反的现象。例如宋、元以后关中农村逐渐小农化,大地产与无地农民均有所减少;到民国时期,租佃关系几乎消失。这与通常所讲的"两极分化""土地兼并""租佃经济"模式迥异。再如,与商品货币关系斩断宗法纽带的一般推理相反,近代中国商品经济最发达的东南农村宗族关系与族权势力最强大,而相对闭塞保守、自给自足的关中农村,反而相对少有活跃的宗族组织和强大的族权。但关中农民的自由个性与独立人格却并不因此而得以比南方发达。② 关中所出现的对传统命题有可能造成巨大挑战的历史现象被概括成"关中无地主"和"关中无租佃",也就是想挑战"商品生产"与雇佣劳动现象必然相连的推导公式,而形成了以下悖论式的提问:为什么自然经济(相对而言)的华北多雇佣,而商品经济(相对而言)的江南却多租佃?"自然经济下的雇佣制"与"商品经济下的租佃制"相比,哪一个离"封建"更远,离"资本主义"更近?③

对关中的经验研究,还否定了一些貌似具有普遍适用意义的关联性结论。如秦晖发现:雇工普遍领取实物报酬(如麦子或棉花),其生产也

---

① 参见秦晖、苏文:《田园诗与狂想曲——关中模式与前近代社会的再认识》,53～57页。

② 参见秦晖、苏文:《田园诗与狂想曲——关中模式与前近代社会的再认识》,89页。

③ 参见秦晖、苏文:《田园诗与狂想曲——关中模式与前近代社会的再认识》,94～95页。

并非面向市场，雇主经济的商品率并不高于常人。关中地区一些商品价值较高的作物（如棉花）在经营地主经济中并没有特别的重要性，相反，某些材料显示出雇佣关系与商品经济之间甚至存在着某种"负相关"。这就证明关中雇佣关系与商品经济和社会分工的发展几乎没有什么关系。

对关中历史状况的经验研究，还对以往经营地主和小农的劳动生产率到底孰高孰低的问题做出了不同凡响的解答。比较传统的经济史观点认为，经营地主是一种先进的资本主义生产，其劳动生产率一定高于小农。黄宗智"过密化"理论的关键基点也建立在经营地主与小农在劳动生产率的差异方面。由于人口压力增大，小农始终存在着边际劳动报酬递减的现象，而经营地主则因可以辞退雇工，使人员投入与土地产量保持一定的平衡和伸缩性，所以不存在由于劳动过分密集而导致"内卷化"的问题。所以一般结论是：华北经营地主与小农相比，技术水平与土地生产率均无甚区别，但劳动生产率较高。而秦晖的研究则发现，关中经营地主经济中的劳动密集化程度并不亚于，甚至很可能还高于小农。而且据清代关中农书看，关中一些农庄中处于自然经济下的经营地主，其经济中的劳动过度投入与边际劳动报酬递减很可能比当地的小农还高。而在这样的条件下，其土地产出率则有可能略胜普通小农一等。这与黄宗智所说经营地主土地生产率并不高而劳动生产率则居优势的情形恰恰相反。[1] 其原因是因关中存在的特权性的沉重土地税延缓了边际劳动报酬递减的出现——过度集约化带来的报酬递减可因土地缩减带来的税额降低而得到补偿。另外，雇工工资的极低水平也使雇主可以比较不在乎"递减律"。[2] 因此，关中的雇佣既非资本主义，也与华北的经营地主雇工有很大区别，它不仅不具有近代性质，而且也未见得比"封建的"租佃经济更称得上成功的经营形式。

"关中模式"的提出还从社会组织构成的角度，对传统"封建论"提出了挑战。一般的社会史研究容易从土地占有的经济史角度界定"封建

---

① 参见秦晖、苏文：《田园诗与狂想曲——关中模式与前近代社会的再认识》，98 页。

② 参见秦晖、苏文：《田园诗与狂想曲——关中模式与前近代社会的再认识》，100 页。

社会"的性质和特征。"关中模式"的封建社会比起其他地方例如太湖流域的租佃型封建社会来，前近代的色彩（亦即封建色彩）还更为浓烈。例如我国学术界多以与"租佃制"相联系的"商人地主化"为我国封建社会一大弊端，认为这使得工商业的资本积累无由形成。可是关中富人不仅对工商业资本的累积兴趣不大，而且甚至连地产积累的冲动都没有，出现了无权势者当不了或很难当地主，有权势者又不屑于或用不着当地主的特殊现象。也就是说靠豪强权力形成的封建割据恰恰不是靠土地垄断积累而成，比如关中有名的"恶霸"主要不是一个以财产所有制关系为基础的规范式阶级概念，而是一个以人身依附关系即统治—服从关系为基础的等级概念，因为他们所占据的有形资产尤其是地产并不多。①又因为关中没有南方那种法典化的族规、财力雄厚的祠堂族产与足以向政权挑战的族权，但有着远比南方发达的按宗族关系向国家集体承当差役的连环责任制。这些特征差异都会使关中形成具有与华北完全不同的地方控制模式。

关于"关中模式"的意义，秦晖的自我评价是主要不在经验方面，而在于逻辑方面，即它可以证伪"封建主义的基础是地主土地所有制"或"封建生产关系就是地主占有土地收取地租以剥削佃农的关系"这类举足轻重的传统观点，从而为我们重新认识封建社会，重新认识封建主义的本质规定性，进行封建社会形态学的理性重构打开逻辑思路。

如果我们暂时撇开经验与逻辑孰轻孰重的争论，而从其典型作品《田园诗与狂想曲——关中模式与前近代社会的再认识》这部著作分析，就可发现，其前三章的论说是有相当深入的经验研究作基础的，包括搜集运用了大量的关中档案和地方文献，其中尤为珍贵的是土改时期对关中阶级及经济现状的现场分析。"关中模式"赖以建构起来的基本逻辑要素如"关中无地主""关中无租佃"和"关中有封建"等，都是经验研究的一种结果。但可惜的是，这种经验分析没有进一步扩展为一种中层意义上的对社会发展动力性的解释方案，并以此成为进一步讨论区域比较问题的新基点。比如他没有进一步提出关中社会组织构成或更加具体的

---

① 参见秦晖、苏文：《田园诗与狂想曲——关中模式与前近代社会的再认识》，101～102 页。

运作情况，没有把经济史的分析进一步延伸到对地方控制和支配模式的深入讨论之中，从而通过对关中社会的典型形态做出细致描述，在更具体的层面提出与"太湖模式"及"华北模式"相异的规范性诠释，而只是满足于"否定了什么"，而没有彻底追索"证明了什么"。也就是说，"关中模式"的提出不仅需要证伪一些理论，而且还需要建构一些足以支撑这些证伪结论的经验性和要素性的新命题。然而，秦晖在此书的第四章以后逐渐游离了关中社会结构和形态分析这一具体讨论主题，而进行了大量诸如"自由封建主义""宗法农民文化的社会整合""农民文化的伦理观""农民思维方式"等更加抽象的逻辑建构式的讨论。这种相当具有本质性特征的巨型问题设计，恰巧反过来又强化了本已由"关中模式"证伪了的对普遍模式所进行的传统诉求的有效性。这样对宏大命题不加节制的抒情式阐发，显然缺乏"中层理论"要求的那种"自我约束感"，因为秦晖对农民学意义上的很多基本判断，即使部分能从其对"关中模式"的证伪式讨论中引申出来，或部分与之重叠，却显然也无法完全证明他所讨论的一个过于庞大的农民学框架中所有命题的合理性。相反，这些如此宏大的农民学命题恰恰可能遮蔽对关中区域社会现状的具体讨论。所以在"中层理论"的意义上，"关中模式"虽有"中层"的形似，却难以构成对具有规范意义上的"过密化"理论的真正挑战。

四、"儒学地域化"概念：知识社会学建构的得与失

如前所述，西方学界运用"中层理论"对中国近代社会的诸多问题进行解析，经过十几年的探索已渐成风气，而且出现了一批引人注目的研究成果。与之相比，国内的相关研究尚处于起步阶段，原因是还没有多少人有意识地从此角度出发，融会西方中国学既有的研究成果，培养自己"中层理论"的建构意识和知识共同体。即使是较为稀见的几种著作，在论题设计和结构叙述方面也仍未达致成熟的境界。不过尽管如此，对处于尝试阶段的中国历史学"中层理论"的构造方式予以批判性关注，并以之和西方中国学已成规模和定式的研究进行比较，仍不失为一件有意义的事情。我们可以以"儒学地域化"概念建构的得失为例，探索一

下"中层理论"在中国史研究中的应用前景。

《儒学地域化的近代形态——三大知识群体互动的比较研究》一书的写作出发点是想说明，近代湖湘、岭南、江浙三大知识群体在从事不同的日常生活和社会运动时，凭借和利用了具有相当深度的传统区域儒学资源。换言之，近代知识群体的行动依据，不是整体性的儒学框架所能解释的，它背后必然有某种相当地方化的，具有很大差异性的话语条件作为基础。这本书的不同之处，也正是想在各种区域话语网络与相关的知识群体行为之间建立起一种合理的解释关系，并且试图用"儒学地域化"这个中层概念对这种复杂的互动关系加以涵括。①

这种解构"整体论"儒学，同时试图建立区域儒学话语互动系统的努力虽然并未在史学界招致广泛反响，却也引起了一些其他学科学者的相关讨论和批评。评论者对"儒学地域化"解构儒学整体论的做法及其知识论探索的定位似乎并无异议，关键在于解构的方式是否真正冲出了传统解释的圈套。比如关于"知识论"的定位问题，邓正来的评论就十分明确。他说：从知识生产和知识增长的角度看，中国的历史学研究大体仍处在库恩所谓的"常规"而非"革命"的阶段，或者说仍处在具有高度政治性的"事件史"论式或虚妄的"逼近乃至还原历史"的客观主义范式支配之下。然而需要指出的是，仍有一些严肃的学者在不断地努力，力图摆脱这种知识范式的支配；而在这些努力当中，《儒学地域化的近代形态——三大知识群体互动的比较研究》这本著作具有着相当重要的意义。首先，它所讨论的主题乃是近代中国知识群体及其所拥有的知识与中国近代历史运动之间的关系。然而就此一论题而言，至少有两个问题值得注意：一是书中讨论这一论题的目的显然不同于其他的同类研究，因为《儒学地域化的近代形态——三大知识群体互动的比较研究》一书的目的并不在于就事论事地对当时的事件性材料或思想形态进行论辩，而在于透过中国近代区域知识群体的研究，对隐含于其后但却处于支配地位的常规性历史研究的理论框架进行实践性的追究，而这最为凸显于作者在本书开篇就明确宣称的"知识论"定位；这一"知识论"立

---

① 参见杨念群：《儒学地域化的近代形态——三大知识群体互动的比较研究》，北京，生活·读书·新知三联书店，1997。

场的定位，不仅表明了作者置历史研究于历史哲学运思层面的意图，而且还在其相当具体的叙事中，标示出他对纯粹的思想史研究路径以及纯粹的社会史研究路径的摒弃，及其对主客观互为渗透和影响的知识社会学立场的主张。邓正来认为，作者正是依据于知识社会学的立场，在具体的分析中发现了中国近代知识群体于不同地域间的差异，更为重要的是这些不同的知识群体在与社会互动的过程中所表现出来的不同的知识主张及其所形成的不同事件。这一发现或许就是《儒学地域化的近代形态——三大知识群体互动的比较研究》书名的由来。正是这一发现，一方面促使作者对80年代盛行一时的由林毓生先生所倡导的所谓"反整体论"的认知方法进行反思和批判，因为林毓生在反对"整体论"的同时实际上却陷入了视儒学为一同质性整体知识类型的"整体论"窠臼之中，而另一方面又决定了作者所采取的"非整体性"的方法论原则。[1]

程农则对"儒学地域化"在概念解释层次上的建构努力予以肯定。他认为每一个进入历史著述，成为研究对象的"历史事实"与"历史问题"，都是历史学家建构的产物。那些主要是对前人已经建构出来的研究对象提出新的解释的著述也可能很精彩，但功夫首先下在建构新的研究对象上的著述或许更有启发性。当然，这里所说的建构必须是实质性的，必须有新的问题意识，以至于新的历史观念。大陆学界一般所谓的"填补空白"往往并不具备这种实质意义，而只是在既有的问题意识和历史概念上，对前人尚未触及的地方作详细展开。从这样的角度衡量，《儒学地域化的近代形态——三大知识群体互动的比较研究》一书在基本视角上的创意是显而易见的，因为"儒学地域化"是作者自己建构起来的一个新的历史概念，并且显示了新的问题意识。[2]

当然，对这本书知识社会学定位的肯定，并不意味着其中对儒学

---

① 参见《现代知识论可以为中国历史学提供什么？——〈儒学地域化的近代形态——三大知识群体互动的比较研究〉研讨会观点汇录》，载《中国书评》1998年2月号。

② 参见《现代知识论可以为中国历史学提供什么？——〈儒学地域化的近代形态——三大知识群体互动的比较研究〉研讨会观点汇录》，载《中国书评》1998年2月号。

"整体论"的批评就一定合理，所以相关评论比较集中地认为，"儒学地域化"概念可能犯有把知识形态实体化和把制度化因素自然化的失误。而这两个问题实际上都与作者所援用的理论资源亦即法国社会学家福柯的"话语分析"理论紧密相关。福柯的"话语分析"理论不仅关注揭示知识与权力间的关系及其对话语承受者的支配或规训的意义，而且还更从结构主义一脉出发强调不同话语之间的争夺或互动，因为作为一种结构主义的哲学变异，福柯所侧重的并不是关系中的项，而是各项之间的关系。然而，作者却在把握福柯理论时出现了偏差，忽略了其结构主义的基本诉求，从而在强调中国近代儒学地域形态的同时，也把与每个地域相关的知识形态实体化了。这种将不同地域的知识形态予以实体化的过程，实际上也就是不断强化不同知识形态间差异的过程，但是却忽略了将这些不同知识话语形态间的争夺学术语言支配力和争夺某种正统性支配权的政治关系加以追究——而这种政治关系很可能是这些知识形态得以形塑和不断强化的重要机制之一，因为它与每一种知识形态宣称各自知识的正当性和生存合法性紧密相关。与前述问题紧密相连，作者在力图打破"整体论"认知方法而确立"儒学地域化"在近代中国的形态的同时，也忽略了福柯"知识话语"理论与他自己倡导的"儒学地域化"观点之间的紧张。作者受制于中国历史训练的前见，自然地将视角"定驻"在自然意义上的地方性学堂上，并由此强调了中国近代知识形态的自然地理因素性质。然而福柯所强调的"知识话语"却不具有这种自然性质，因为无论是他所分析的监狱和军营，还是学校等制度性空间，都不是自然的地理因素的产物。相反，他在界定"知识话语"形式或者"知识话语"边界的时候所诉诸的则是人为建构的制度性因素。①

程农的评价取向与邓正来略有不同，他更着意于从空间建构的角度定位和把握"儒学地域化"概念的解释能力。他意识到，虽然前人早已注意到了地理分布与士大夫构成、学派分野等之间的关系，但这本著作对"儒学地域化"的提出与讨论，却超越了这些随感式的观察，发展出

---

① 参见《现代知识论可以为中国历史学提供什么？——〈儒学地域化的近代形态——三大知识群体互动的比较研究〉研讨会观点汇录》，载《中国书评》1998年2月号。

了一个颇为复杂的历史叙述。书中依据对儒学历史的梳理，将"儒学地域化"放到唐宋以降儒学转变的大脉络里来界定，并勾画了这一现象在晚期中华帝国尤其是清代的演变情况，进而从这一角度考察了近代思想史与政治史。作为整体，作者的工作突出了以往研究不甚注意的若干重要的历史面相，将我们对其的感觉磨砺得敏锐了。举例而言，"儒学地域化"概念的一个重要内涵就是从空间关系把握士大夫历史。这种空间特性远不只是自然地理意义的，它们更多地是士大夫在各种实践中塑造出来的，并且又参与着对这些实践的塑造。作者叙述了各种学派如何塑造各自的学术空间，导致各种话语复杂并列的格局，并讨论了这种"儒学地域化"在中华帝国体系中民间的、边缘的位置。尽管其对这些问题的把握有一些含混之处有待澄清，但儒学演变在空间关系上的复杂内容，的确由于这些工作而得到了前所未有的强调和阐述。①

程美宝的批评则从广义的区域研究的角度切入。她认为，目前国内史学界打着区域研究招牌的论著所划定研究的"区域"的学理根据本身就颇可质疑。例如有些著作把"吴文化"或"湖南经济"作为一个分析单位，个中的道理似乎不言而喻，普遍的读者也罕有质疑这种以行政区域或习以为常的分类作为所谓区域研究的基础。但在实证研究中，我们会察觉这种划分其实是相当主观和随意的。面对这种盲目跟风式的雷同研究趋向，我们所要设问的，其实不是以这样或那样的标准划分区域是否合理，而是区域研究作为一种研究取向，到底在历史观和历史方法上，将会带来一场怎样的革命？以此标准衡量，"儒学地域化"从区域研究取向出发，并质疑梁启超的线性的、进化论式的历史叙述，但作者实际上并没有完全放弃这套论述逻辑，只是把梁氏的时间性论述替换成空间性的分类，即把其所说的器物之变化归功于湘学，把制度之变化归功于岭学，把文化之变化归功于江浙学人。作者在这样做的时候，似乎没有仔细考虑过他所使用的区域划分的理据，给人的印象是仅仅把一个整体分成几个整体，实际上是重蹈了其所批评的林毓生的覆辙，掉入了"整体

---

① 参见《现代知识论可以为中国历史学提供什么？——〈儒学地域化的近代形态——三大知识群体互动的比较研究〉研讨会观点汇录》，载《中国书评》1998年2月号。

论"的陷阱。

"儒学地域化"归纳出三大地域知识群体的特色,进一步企图做的便是从人文地理因素入手,解释造成各地特征有异的原因。可是作者太相信中国士大夫笔下所描绘的地域特征了。书中引用的材料大多出自各种地方文献,其中表述的与其说是历史真实,不如说更多的是发言者感性的认识与评价。在这里,作者似乎忘却了运用他推崇的"话语分析"来引导读者读出这些史料的弦外之音。程美宝认为,运用这些前代士大夫综述的地方特色,去解释作者自己归纳的地域知识群体特色,恐怕有双重的危险:一是究竟这些"特色"或"个性"本身是否属于事实,还是只是观点;二是用一种"特色"去解释另一种"特色",是否只是循环论证?

在程美宝看来,我们往往会因应自己研究的需要,进行临时性和分析性的地域划分。在处理政治和经济问题方面,客观参数较多,诸如行政、税收和军事的管辖范围,商品(特别是实行分区专卖的盐)和货币流通的范围等。然而,在处理文化现象方面,则绝对不能单从研究者的眼光出发,漠视研究对象的主观意识。这又联系到近年人文社会科学十分关注的"认同"(identity)问题。我们按照自己认识的语言和风俗分别而划分出来的文化区域界限,往往只是一厢情愿,是绝对不能强加于我们的研究对象身上的。阅读历史地方文献,我们大抵可以了解到士大夫的地域意识,但我们更难掌握的是大多数目不识丁的老百姓的地域意识。我们可以在平面的地图上按照我们的需要划分区域,我们可以在立体的历史时空里根据文献划分区域,但必须时加警惕的是,研究对象脑海中的区域观念,并非一定和我们作为研究者划分的区域范围叠合。

对于"儒学地域化"对区域传统话语的分类原则是否合理,程美宝的意见是:问题不是出在如何分类,而是出在为何分类。这种以行政区域划分文化或学术区域的做法,究竟是否是梁启超及其同时代其他学人的创造或者经过他们多番实践之后蔚然成风,尚待进一步考证,但可以肯定的是,这种做法到了今天,应该需要重新考虑。稍不留神,梁启超笔下的"某地之学"(如"粤学"),便很容易由为一时之便而创造的临时分类,演变成一个超越时间的实体。事实上就以"粤学"为例,有清一代,"粤学"都并非粤省学者自我认同的标签,而是直到梁启超一代知识分子尤其是广东学人崛起于学界,才变成了一个习以为常的说法。我们运用这些具有涵盖性的地域概念时,必须尊重历史人物的自我认同感,明白当时的使用者对该概念的理解和定义。研究者的责任,应该是了解某种地域观念形成的历史过程,而不是按照自己的认知,替它们进行重新定义和划分。①

程美宝的批评与邓正来的担忧有些不谋而合,他们都是担心"儒学地域化"的设定曲解了福柯"话语分析"的原意,把一个制度性的建构过程,仅仅理解为一个单一沿袭的自然区域的描述过程,从而钻入了传统史学设定的圈套。这种批评当然有相当的道理,而且在某些方面也确实切中肯綮,颇有启发,不过这些批评也忽略了一点,即"儒学地域化"的提出,并非简单沿袭传统的类别分析方法,它对"区域"空间的理解也不是简单的自然地理概念,即使对地方文献时有引述,也是把它作为背景而不是论题依据加以使用的,笔者以为这二者有着相当大的区别。作为背景使用,就不是僵化地套用,或对传统文人地理描述不加反省的搬用和模仿,而是特别注意分析其实践行为特征与知识话语形成的对应互动关系,借此观察区域在近代的动态建构过程,同时也注意到书院作为制度化的知识生产单位,对空间再造的制约作用,制度和知识话语形成了互为检验的关系,这一点在《儒学地域化的近代形态——三大知识群体互动的比较研究》一书"下篇"的论述中表现得更加突出。

五、"儒学地域化"概念在西方中国学脉络中的定位

有的学者则已经意识到了"儒学地域化"概念的提出,可能有建立中国史研究"中层理论"解释框架的意图,并想通过这种框架的进一步完善,来回应西方中国学研究已经提出的中层问题,并与之展开对话。也正因为如此,《儒学地域化的近代形态——三大知识群体互动的比较研究》一书不可避免地受到了不同传统和背景的多元影响。这种影响包括

① 参见程美宝:《区域研究取向的探索——评杨念群〈儒学地域化的近代形态——三大知识群体互动的比较研究〉》,载《历史研究》2001 年第 1 期。

中国传统和西方理论两个方面。其中汪晖就认为作者面临三个传统的熏陶：第一个传统是中国自己的史学传统，其中既有旧的史学传统的影响，也有中国现代史学传统熏陶的痕迹。作者虽然不断试图摆脱这个构架，但他还是很尊重这个传统，这表现在书中大量使用历史例证来解释问题。第二个传统就是福柯的系谱学，即把它作为一个话语来解读。比如说为什么过去理学里面分关学、洛学、闽学等等，这本身就是一个 discourse。如果用来分析这些话语背后的东西，就可能是典型的福柯系谱学的解读方式，但不是作者现在采用的这种方式。现在这个方式反而是很尊重中国传统史学的路子，把地域化作为一个史实，而不是一套话语来处理。第三个传统是这本著作好像应在美国的中国学系谱里占据一个重要位置，因为它是"中层理论"的建构问题。

汪晖把"儒学地域化"的论说方式放在美国中国学的理论脉络里进行了一番解析，比较了两者在建构思想与社会之关系方面所表现出来的异同点。美国中国学有一个漫长的发展过程，跟欧洲汉学非常不一样，因为它主要是战后发展起来的。"战略研究"和"现代化"理论的出现，构成了美国中国学研究观察中国的两个重要背景。所以从费正清开始，出现了"冲击—回应"的模式。以后的汉学家很大程度上是靠回应和批评这一模式而构建自身的体系的。从孔飞力开始首先开掘出所谓地方史研究的新领域。这个新领域开始追问所谓中国的"现代性"问题，并追问：到底这个现代问题是从哪儿来的？是对外部的一个回应呢，还是在当时中国历史内部已经存在了转换的基本动力？通过这种追问，地方史研究逐渐对思想史的模式构成了挑战。人们意识到，几个精英的思想怎么可以解释那么多的社会变迁呢？于是有大众文化的研究相配合而兴起。在这个过程中，有一些学者坚持思想史的研究，但是把社会史结合了进来，比方说艾尔曼从事的就是这项工作。《儒学地域化的近代形态——三大知识群体互动的比较研究》这本书的优点与局限可以通过参照艾尔曼的著作看出米。艾尔曼关于"常州学派"的研究以及对从理学到朴学过程的研究，实际是要解释中国的现代思想到底是怎么发生的，也就是说要解决今文经学作为近代改革思想的兴起，到底是对西方的回应还是另有别的来龙去脉这个问题。他发现"常州学派"的发生与清代的宫廷政治、常州的社区生活的联系有关，这就越出了地方研究的范围。汪晖很同意戴逸先生提出的应重视北京作用的意见，认为不考虑到这一点，地方史就无法解释"常州学派"与清代社会政治的互动关系。因为整个近代社会（不只是近代社会，到近代只不过更明显），社会的动员、流动、互动关系是一个无法用区域性范畴来解释的问题，纯粹的地方史研究尤其不能解释革命的产生。比如洪秀全、毛泽东出现于不同地区，可是为什么革命会最终波及到全国？

解释近代史的一个基本难点，是它的区域性起源和社会动员幅度之间的关系，你很难在一个局限的视野里进行说明。比如艾尔曼就没有清楚地解释康、梁的公羊学在整个知识传统和社会互动网络里应处于什么位置。如果无法用"常州学派"来说明康、梁的公羊学，也就不能简单用宫廷斗争解释公羊学的产生，就像不能把公羊学兴起作为对西方挑战的一个回应一样，这个关系是相当复杂的。所以一方面作者这本书的长处就是从地方史的角度出发，同时还观照了几个区域，然后再研究它们之间的互动关系。这样的一个视野是非常重要的。①

关于本书论点与美国中国学界构建"中层理论"解释传统的关系，程农作了以下理解：作者既然认为近代思想史关注重点由器物到制度再到文化的演变，不能解释成作为整体的士大夫阶层思想认识的逐步发展，而更多地体现了不同地域知识群体对西方冲击的不同回应，那么近代三大变革的递进阶段如果被置于知识领域的类别中进行分析，就会发现每一次变革的背后均有与之相应的知识类型予以话语式的操纵，如洋务运动往往与湘学知识话语的经世原则相关联，戊戌维新与岭学知识谱系的特殊表现方式密不可分，晚清教育变革的形式也基本上受到江浙知识分子话语的支配和影响。程农以为这种解释有简单化之嫌，但作者将这一视角作如此强烈的发挥，却又的确强化了人们对从不同场域的相互关系来把握近代思想史的敏感性，从而更能注意从这一角度观察历史的重要性。比如对美国中国学家兰钦的一些论述的领会就是例子。兰钦在研究

---

① 参见《现代知识论可以为中国历史学提供什么？——〈儒学地域化的近代形态——三大知识群体互动的比较研究〉研讨会观点汇录》，载《中国书评》1998年2月号。

晚清京城清议的论文和关于晚清浙江精英政治主动性的著作中,认为 19
世纪后期的京官中下层、地方士绅渗入基层管理和通商口岸是滋生政治
异见的三个主要场域,它们之间存在着复杂的相互影响,从这些脉络里
逐渐形成区别于洋务脉络的政治观念和实践,并产生出 19 世纪 80 年代
的全盘改革思想。兰钦并不重点关心思想史,这些讨论在其著作里也并
未展开,但如果有了《儒学地域化的近代形态——三大知识群体互动的
比较研究》中对空间关系的敏感性分析,就可以欣赏这种论述的含义,
并考虑其充分展开的可能了。①

在评价这本著作处理近代空间与时间关系的得失和叙述框架的合理
性方面,学者们也进行了独到的评议。朱苏力认为,作者对近代史变革
"三阶段论"的批评,打破了近代化视野中中国同质性的假说及体现在梁
启超对近代三大变革言述中的超级知识分子的形象和超级知识分子的反
思模式。由于对儒学的地域化研究,至少在一定程度上展示了知识发展
的相对独立性及知识群体对知识构造的特殊意义,这就摆脱了先前庸俗
化的知识与社会、知识与政治过于直接联系的观点,为知识的独立发展
的可能性争取了一种社会意义。但"儒学地域化"的研究并没有完全放
弃知识与社会联系的观点,相反,将地域化儒学发展脉络同其他地方性
因素,例如书院、社会动荡和变迁甚至自然人文环境联系起来,丰富了
知识与社会的关系的分析和讨论。同时,著作的分析中隐含着一个可能
的研究领域,即知识是如何被使用的,由谁使用的,在什么时候被使用
的。在这本书中可以看到相对独立的"儒学地域化"的发展,本来并不
是为了在某种特定的环境中为了自己的生计、兴趣、信念和交往便利而
发展的,但在中国近代史的某些特定时期却扮演了不同的角色;知识生
产的历史无目的性与其历史的实际功能是两回事。

朱苏力对作者叙述历史的方式也提出了坦率的批评。他指出此书的
主题并不很明确,似乎有分裂的迹象。就书名和所讨论的问题在全书中
的比例来说,讨论的应是"儒学地域化"的过程;但就导论及后文研究

---

① 参见《现代知识论可以为中国历史学提供什么?——〈儒学地域化的近代
形态——三大知识群体互动的比较研究〉研讨会观点汇录》,载《中国书评》1998 年
2 月号。

中隐含的思想看，又似是讨论"儒学地域化"与中国近代三大变革的关系。当然这两个研究主题肯定有交叉，但它们毕竟是两个研究主题，因此著作的结构方式和论述方式就应当有所区别。如果两方面都想照顾，主题反而会不突出，这本书的框架和材料至少是两本书的。也就是说，该书的理论框架和材料给人以"两张皮"的感觉。除了导论有点突兀独立外，即使在后面侧重实证分析的文字中，尽管作者力求照顾导论的理论框架，但分析仍然与理论线索联系得不够紧密，材料的分析没有将先前的理论线索丰富和丰满起来。

朱苏力还认为，如果讨论地域知识与近代三大运动的互动关系，应该重视知识进入近代中国历史的位置和时间。比如受湘学训练的曾国藩进入中国变革舞台的时间与康、梁和江浙学人进入的时间有差异，这种差异受体制及文化变迁等因素的影响。而对三种知识进入中国近代史的时间和空间位置的分析表明，这些知识话语本身说的是什么并不重要，甚至完全不重要，重要的是这些话语是如何分别在近代中国被人们感到是重要的，并为人们标记在历史上。因此，如果这本著作要真正讨论三大知识群体的互动或者是与三大运动的关系，就必须在这些方面把更多的社会话语实践因素和机制纳入他的分析。这即是说，在承认知识发展脉络具有自身独立性之际，仍然需强调知识形态或话语实践从根本上看是同社会联系在一起的，仅仅考虑知识群体的知识形态的内在机理是不充分的，仅仅考察知识形态与运动之间的关系也是不够的，还必须考察知识是从什么途径、通过谁、在什么时候、因为什么偶然事件、以什么方式、与谁发生了什么样的争论而进入社会，它持这种表述的目的是什么，它实际上留下了什么，是怎样获得重视的，为谁所重视。否则，过分强调知识自己的逻辑、机理有点太唯心主义。①

关于"儒学地域化"概念在借用现代社会理论方面的得失，也出现了一些争议。梁治平着重讨论了"儒学地域化"概念的使用问题，他认为引用福柯理论显得比较牵强。比如说书里强调既要清醒地认识到福柯

① 参见朱苏力：《发现中国的知识形态——〈儒学地域化的近代形态——三大知识群体互动的比较研究〉读后》，见《学术思想评论》第4辑，沈阳，辽宁大学出版社，1998。

理论的西方性质，即强调其在大的文化背景下才可能具有适用性，但又解释说在每一个具体区域里面其理论可能并不适用。书中的论述是从整个儒学古代原始形态出发，经先秦再到两汉，实际上是把它作为一个延续性的东西来观察的，基本上看作道统的延续，只不过后来分岔了，实际上讲的仍是连续性。在这个意义上作者并没有使用福柯理论。按书中所讲要展开对福柯的断裂性分析，其实整个叙述脉络并非如此。就这个意义上来说，作者对福柯的引用和自己的叙述方式是比较矛盾的。解决的办法是不必借用福柯理论。要强调儒学的发展不是铁板一块，思想史不能只研究思想，还要和社会实践联系起来，更要和知识的形成、知识的运用联系起来，那么知识社会学的方法就比较适用。书中谈地域性、民风民俗、历史事件怎样形塑了一个地区的知识形态，这是知识社会学的角度。

如果把这个问题推进一步的话，就要讨论地域的概念，那么就需要了解这个地域概念是怎么界定的，为什么这样界定。梁治平由此发问：地域和话语既然是联系在一起的，但是为什么不叫"儒学的话语形态"，而叫"儒学地域化"？地域一定有相当的重要性。我们不能简单地说，这个人、思潮、思想主要出现在湖湘或岭南，而一定要说明在地域化过程中地域在里面怎么起作用。在导论的一个注里，作者说本文并不打算面面俱到讨论各个地区不同的地理环境、经济结构这些长时段的因素，把这个问题撇开了。长时段在这里仅仅表现为一个思想的脉络，所谓深层的因素，即儒学的大传统，地域化被看作亚长时段，实际是把"地域化"这个概念掏空了。人们实际很想了解地域怎么来影响知识类型，因为作者称之为"地域化"。这是非常要紧的，实际上是书里揭示的一个关键问题。西方的一些汉学家如弗里德曼讲家族理论，其实他把地域的观念引进了中国研究，因为他讲边陲，边陲就反映了地域和中央的关系，而且他讲稻作生产和水利，都是地域里的内容。像施坚雅更不用说，他的区系理论完全按照地域来划分。作者后来有些地方涉及地形地貌的问题，比方说湖南地区产生了独特的民风。过去这种描述很多，我们可以看到县志里说哪个地方好讼、哪个地方民风淳朴，这种描述也是结合了风土人情、地方物产。但这是很难把握论证的一个事情，有一定的困难。有没有其他方式来论述地域化的形式？在讨论三大区域时产生了一个问题，就是要论证地域化本身是怎样形成的，这可分好几层问题：为什么宋、元以后产生了地域化，儒学分化为什么以地域化形式出现？书中给出一个解释，说原来统治范围比较小，可以由国家直接统治；后来范围扩大，不能不依靠士绅的力量。这种论说对不对可以暂且不管，但这个论说解决的问题仅仅是说，国家为什么不去管理它，而没有说内在理由是什么，它本身为什么要地域化，而不是其他化。

在三大"儒学地域化"的形式上，作者比较强调岭南、湖湘在思想谱系方面的不同，但是在讨论江浙时面临一个很大的问题：这个地方不是传入地。于是作者又转向地方很富庶、文化水平很高这些文化现象。其实第三个区域可以比较好地用知识社会学来说明，在特定的历史条件下，这群人"被迫"把知识变成什么样的形态。前两个例子都是从思想原因上来说明，不大容易从知识社会学角度来解释，相反容易从思想史角度来解释。如果把湖湘作为例子的话，可以尝试着把论据颠倒一下：并不是思想的传入影响了湖湘人，而是湖湘人选择了这样一种思想，或者说他们形塑、选择了这种理论，比较强调事功的、外在的理论并且发展了这种儒学。但这仅仅是一个假定，也不一定能够成立。这样作者可以从社会的角度（包括地域性的）来说明知识的形成，而不是说知识是从统绪上传下来的。为什么这些人就接受了这种知识，因为人们能感受到湖南那个地方有一股蛮气、强悍之气；军事力量为什么在这儿兴起，因为土匪很多，老百姓和土匪没什么区别，和军人也没什么区别。沈从文也当过兵，他描述给我们的感觉就是这么一个世界。换句话说，如果一个地方很重农、有尚武精神，肯定学风趋于实用，而不会学尚清谈、玄机之类，两者所接受的东西不一样。军事性的传统本身就是一种实用性很强的东西，有可能形塑了知识。作者在这里论证的相反方向可能面临一些没意识到的矛盾，当然希望用一些更合理的模式来解释它。①

---

① 参见《现代知识论可以为中国历史学提供什么？——〈儒学地域化的近代形态——三大知识群体互动的比较研究〉研讨会观点汇录》，载《中国书评》1998年2月号。

六、建构中国式"中层理论"解释的多重资源

如果严格按照"中层理论"的标准衡量我国中国史的研究现状，无论是在经验研究还是理论准备方面，80年代开始重新起步的新时期探索都还不足以形成自己鲜明的风格和具有原创能力的诠释框架。然而90年代以来的社会史发展在选题设计与方法更新上毕竟有别于80年代。我们虽然无法从总体上为这一时期的探索重新定位，或对其新内涵准确地加以释义，但我们仍可以通过具体研究的展示来观察90年代社会史融入和会通世界新思潮的程度，以及这种会通融入对理解中国社会变迁的新进展。

我以为建构起中国式的"中层理论"尚需要积累和时间。从目前的研究现状观察，可能在以下几个具体方面逼近"中层模式"的论述规则。比如从探讨中国社会空间从传统到现代的建构规则与形式入手，特别关注社会变迁造成的空间观念与结构的转换。比如笔者近期的一项研究就依据北京市档案馆所藏卫生局与社会局档案，以旧式产婆和阴阳生的训练与取缔为例，深入探讨了西方医疗体系传入北京后对城市空间变化的多重影响。其问题意识在于细致揭示西方医疗教育的规训机制，如何从内部封闭的自身运作，逐步扩展为一种威胁传统社会空间的新型社区形态，这样就把看上去是一个纯粹医学史的问题转换成了一个医学社会史的问题。以往的研究表明，近代中国城市空间自晚清以来发生了重要变化，特别是新型警察系统对城市社区的监控有所加强。尽管如此，社区传统组织的功能仍一度占据着主导地位，北京城在"新政"以前一直是个崇尚社会自我控制的城市，这种控制通过会馆、贸易行会、水会及家庭来规范个人，具有相当大的权威性。警察对社区空间的渗透与分割能力是相当有限的。但是20世纪20年代西方卫生实验区在北京的建立，比警察制度更为有效地破坏了传统社区中有关生死控制的形式和传统理念，从而使接生婆和阴阳生原有的公共形象与专业认同之间发生了紧张和错位。首先，在卫生示范区建立于原有社区之上以后，属传统医职人员的公共形象优劣的权威标准不是由地方社会的传统成员加以认定，而

是由国家体制控制下的医疗程序加以认定，这样就造成产婆在原有社区内身份的变化。

其次，产婆和阴阳生原有作为宗教仪式性的专业认同功能发生了转换。专业认同不是由地方社区中的仪式界定所能垄断，而是国家通过对医疗空间的控制，如卫生事务所网络的建立来为产婆的身份赋予新的内涵，这种内涵的依据即是现代医学体制内的产科接生技术。同时，国家通过产婆训练班和阴阳生取缔章程实现了国家权力对城市社会生活更为全面的控制。① 笔者在另一篇研究湖南书院的文章中，同样处理的是空间问题。应星则在反思中外学者关于士绅社会的诸多理论的基础上，运用布迪厄有关"场域—资本—惯习"的互动关系框架，细密地分析了晚清科举制被废除后中国近代社会的支配关系在湖南地方的复杂表现。这篇文章认为，西式学堂作为新的文化资源进入科场场域之后，由于具有高度严密而强制的地方控制性，故而迫使传统科场行动赖以维系的士绅惯习发生了很大的变异。而在 1905—1913 年，学堂积累起了替代科名的新的文化资本，学堂与各个权力场域的关系也发生了变化，尤其是皇权对学堂的支配实际上已为官绅富商所排斥。但是，学堂不仅没有从根本上改变社会支配结构，为原来的被统治阶级带来更多的上升机会，反而使文化资本与经济资本、政治资本的交换日渐公开化，从而使这种支配关系的遮掩机制被破坏殆尽。学堂孕育出的反体制冲动在事实上仍然维系着官绅富商支配权力的再生产，但却已无法实现这种支配关系的合法化了。如此一来就造成了科举废除后的"后科场场域"状态。② 此文颇值得注意的地方是采取了集体传记的研究法（pmsopography），通过分析近一百五十名各方面有一定代表性的士绅资料，重建起了中国近代变迁中普通湖南士绅的生活史，丰富了社会史研究的手段。

90 年代中国社会史界出现的一个重大变化，就是面临社会学、人类学方法的大规模渗透，特别是人类学界在田野调查的基础上开始把大量

---

① 参见杨念群:《"兰安生模式"与民国初年北京生死控制空间的转换》，载《社会学研究》1999 年第 4 期。

② 参见应星:《社会支配关系与科场场域的变迁——1895—1913 年的湖南社会》，载《中国社会科学季刊》（香港）1997 年春季卷。

相关的地方文献引入研究过程，从而在原来较为平面化的共时考察中加入了历史的维度。这一取向必将在未来数年内对中国社会史"中层理论"的建构，特别是对空间历史含义的重新界定产生重大影响。① 例如王铭铭的文章以福建泉州的铺境这一独特的空间制度为个案，详细探讨了地方社会如何适应和反抗集权制秩序的渗透与控制。此项研究表明，铺境被地方官员利用而成为城市行政控制和国家权力结构的表述工具时，地方民众同样会通过仪式挪用和故事转述的方式改造官方强加的空间秩序，从而相应地改变其原有的功能和意义。通过对铺境被各种势力不断建构的历史分析，一个复杂社会中行政空间与民间仪式地理之间，以及地方治理技术与"草根文化"之间的相互关联和互动的含义就被揭示出来了。② 这篇文章对美国人类学界流行的两种分析中国地方空间变迁的理论即"行政空间"理论和"宗教与象征"理论做出了反思和修正。

景军在探讨西北两座庙宇重建过程中，以地方文献参照田野调查的民族志资料，仔细讨论了知识在宗教文化中的角色作用问题。他的文章也关切国家与社会的关系，但却以布迪厄的"象征资本"概念为核心工具，分析基层社会在重建神圣标志的过程中人们会选择性地尊重何种知识，什么人通过何种途径拥有这类知识，庙宇重建过程中知识的运用如何反映社会变迁。其核心观点是：基层社会累积起来的不同种类的知识，构成了庙宇重建过程中必不可少的一套资源。对这些资源的必要安排与经济资源和组织资源同样重要，它一方面取决于社会组织模式的构成形式，另一方面则取决于在组织限定内操作的特殊个体的策略。这一辩证关系的主要意义之一是制度性权力与个人声望相结合，也就是说，庙宇重建的过程会成为社会组织运作的焦点性领域，围绕重建庙宇提供知识的人群通常会获得相对较高的声誉和他人的遵从，由此途径出发，庙宇

---

① 参见赵世瑜：《社会史：历史学与社会科学的对话》，载《社会学研究》1998 年第 5 期。

② 参见 Mingming Wang, "Place, Administration, and Territorial Cults in Late Imperial China: A Case Study from South Fujian", in *Late Imperial China*, Vol. 16, No. 1 (June 1995).

重建可将普通的人际关系网络转换成一种强大的社会组织力量。① 这篇文章值得推介之处是它在描述"制度化知识"的影响过程中，虽然应用了布迪厄的"象征资本"等理论，但并非盲目照搬，而是对其理论进行了修正，使之有效转化为适合中国社会变迁的概念，特别是丰富了中国社会经济史之外可资选择的研究方法。

在以往的社会史研究中，法律一直被作为国家层面的形式化与制度化规则被加以描述，几乎没有给基层社会的行为规则留下位置，更没有把这些规则视为与国家法同样重要的法律对象加以探讨。梁治平则运用法律人类学的方法，同时参酌巴县地方档案的判例，具体分析了作为地方性知识的清代习惯与习惯法之间的差异。作者指出，习惯之所以称之为"法"，仅仅从社会控制形式上做出界分是不够的。因为民间社会缺乏专门的司法组织协调社会行为，故通过机构的运转识别道德规则与习惯法规则是困难的，道德与其他日常行为规则基本混同在同一运转机制下得以实施，因此，判别习惯与习惯法的尺度设置应聚焦于是否关系到权利与义务的分配，关系到彼此冲突之利益的调整。② 梁治平对"习惯法"的界定及其实际运作的考察也许尚有值得商榷之处，但他把"国家法"与"习惯法"作为互动的两个知识系统加以区分对待，则可能为中国社会史研究特别是对基层社会运转方式的分析提供有益的视角。

中国的地方史研究目前已构成了一个热点现象，褒扬乡贤事迹，猎奇民俗文化，甚至以族类之别界定民族意识与行为传承已蔚成风气。但这些地方史研究往往把区域文化当作实体看待，热衷于重复地方史的叙述和归纳出地方文化的特性，而没有意识到任何地方文化的叙述与特性的提炼都是一种主观建构的累积过程。从此意义而言，研究地方文化发展过程的所谓"真相"，反不如把相关文本的叙述视为一个结构过程加以探讨会显得更有意义。程美宝研究广东文化的文章，就是运用了"现实的建构"（construction of reality）的分析取向，把广东文化作为一个命

---

① 参见景军：《知识、组织与象征资本——中国北方两座孔庙之实地考察》，载《社会学研究》1998 年第 1 期。

② 参见梁治平：《论清代的习惯与习惯法》，见《梁治平自选集》，桂林，广西师范大学出版社，1997。

题、一套表述话语来观察探讨在不同的时代，在何种类型的权力支配下，不同的时代内容如何被选取填进广东文化的框架之内。作者反对把广东文化作为实体主义的对象进行分析，而是放在历史语境里仔细观察哪些人有权力和资源对此进行定义，特别是在近代话语构造中，广东文化如何被整合进民族—国家建构的表述中而使原有的内涵发生转换。① 这篇文章中使用的一些基本方法，可以为未来的地方文化史研究提供另外一种观察取向。

中国的口述史（Oral History）研究正处于方兴未艾的时期，人们已经意识到，仅仅依赖于文字书写的史料很可能会遮蔽或扭曲历史存在的真实状态，特别是由集体叙事逻辑构造出的历史框架大多主要通过书面语形成的对历史记忆的垄断作用，必须通过个体声音的发掘予以突破。方慧容通过对西村农民对土地改革时期社会生活的记忆研究，大量采用了经个人访谈录音后整理出的口述文本，据此分析农民对土改运动进行"集体记忆"时所表现出的非精英化特征。作者综合参照了欧洲口述史研究方法，提出了观察农村社区村民叙述历史的"无事件境"概念。这一概念描述的是一种特殊的事件记忆心理，它的基本含义是重复事件序列中的各种事件，不但由于高重复率导致事件记忆细节的互含与重叠，而且生活在这种生活状况中的村民，在心理上也无意将这些众多的重复性事件理解为分立有界的事件，这构成传统农村社区中的村民与现代人的最大区别。"无事件境"概念的提出，无疑为使农民的个人记忆剥离出集体叙事的权力支配逻辑提供了有效的认知手段。作者在文章的第二部分中特别从个案角度考察了土改过程中调查研究的权力干预与农民记忆中的"无事件境"方式之间所构成的冲突，特别是在事件记忆中引入权力分析方法，观察调查权力对乡村记忆的切割和重组，而不是在既定的权力支配下做出无意识的历史叙述。这使我们有可能解构一些习以为常的描述历史的集体建构模式，和已达成共识的场景认识方法。吴飞对段庄

①　参见程美宝：《地域文化与国家认同——晚清以来"广东文化"观的形成》，载《中国社会科学季刊》（香港）1998 年夏季卷。

天主教区教友叙事记忆技术所进行的口述史研究，同样取得了类似的效果。①

以上我们引述了一些文章的主要观点和其问题意识的创新之处，这些文章的提问方式都是建立于既有研究命题的基础上推导而成的。不少文章之所以采取异于传统史学的切入和叙述方式，是因为意识到只有从学科交叉的运思中敏锐感受和把握各自学术领域中问题设置与历史研究范围的重叠和相关性，才能借以拓展社会史的涉猎范围，也才能在多学科方法的滋养下形成新的知识共同体，这恰恰是传统社会史研究所缺乏的氛围。这些研究初步尝试着建立具有规范意义的经验研究的多元框架，这一框架的稀薄度应与"中层理论"的叙述要求相互吻合，目的在于突破常规模式的单一性支配，在与社会史相关的社会理论的互动之间建立起一些共享的知识前提。其中特别倾向于发掘出个体生活史中被传统集体叙事埋没的声音，以解构"目的论"建构对个体生存状态的漠视。哈耶克曾经在阐明"社会事实"与个体行为均是主观模式建构的结果时说过：

> 笔者认为，那种把诸如"社会"或"国家"，或任何特别的社会制度或社会现象等社会集合体视为在任何意义上都比可理解的个体活动更加客观的观点，是纯粹的幻想。我要表明的是，我们称做"社会事实"的，从自然科学使用的"事实"一词的特殊意义上说，和个体行为或他们的对象一样也不是什么事实。这些所谓的"事实"，不过恰恰与我们在理论社会科学中所建立的那些模式一样，是一种根据我们自己头脑中所找到的要素建立起来的思想模式。②

---

① 关于"社会记忆"（social memory）研究的基本理论方法，参见 Maurice Halbwachs, *The Collective Memory*, New York: Harpers/Row, 1980 及相关的论文集如: *On Collective Memory*, Chicago University Press, 1992, 另有 Paul Connerton, *How Societies Remember*, Cambridge University Press, 1989. 关于运用"社会记忆"理论研究中国问题的论著则可参见 Jun Jing, *The Temple of Memories*: *History, Power and Morality in a Chinese Village*, Stanford University Press, 1996.

② 哈耶克：《个人主义与经济秩序》，贾湛等译，66页，北京，北京经济学院出版社，1991。

　　哈耶克反对的是，在历史研究中，把客观性的社会结构与个体活动分割开来，认定前者可以从自然科学的精确性与划一性中得到规律性的说明而个人不过是渺小的公理秩序中的一粒沙土。可一旦我们也把社会结构同样视为一种历史建构过程时，历史的多样与各种鲜活欲现的可能性就展示在了我们的面前。运用多学科手段建立共享的知识前提，进而把社会史领域扩大开放为各个学科都可参与的知识共同体，肯定是一项需要付出长期努力的工作。笔者相信，这些论文中所包含的具有理论原创性的兴奋点，也许有可能孕育出社会史"中层理论"的本土框架，如"关中模式"之于中国经济史、"无事件境"记忆理论之于中国口述史、医疗空间转换模型之于地方城市史等。

　　不容否认，这些文章在社会史范围内编织自己的叙事网络时，无论是传统意义上的马克思主义式分析，还是目前正风行于世的"后现代"观点，大多是在西方的社会理论资源提供的脉络中发言。在当今全球化的背景下，我们在对社会建制的历史进行判断时，其切入点几乎无法摆脱西方设问方式的影响，这已是无法规避的事实。但是这些文章尽管在运用西方社会理论的程度上有所不同，却大多通过修正与反思的途径，力图设问出个性化的中国式问题，并力图实现其本土化的转换。这些设问有的可能较为成功，有的难免仍有照搬套用的痕迹，不过我们仍会从中看出中国社会史研究迈向本土化的前景之所在。

第六章　身处后现代思潮中的我们：
历史如何重新书写？

一、从“后现代”到“后殖民”：中国语境下的差异与选择

后现代理论进入中国思想界伊始，就面临着十分尴尬的局面。一些现代化论者认为，中国目前正在追求现代化的总体目标，并试图尽快融入世界进步潮流的发展阶段，后现代理论阐释的命题不但与此潮流正相悖逆而显得不合时宜，而且似乎总让人联想到其理论取向仿佛与形形色色的复古思潮遥相呼应。后现代（主要是后殖民）理论在中国思想界（主要是文学界）曾一度形成了局部争论的热点，但所谓中国式“后殖民批评”的主要指向只是试图一般性地揭示国际资本主义势力的话语压迫对中国民族生存状态的影响，其话题对第一世界/第三世界二元对抗结构的设定，完全忽略了现代性在中国本土的具体表现方式，包括与官方意识形态具体权力运作机制之间的复杂对应关系。① 因此，从来就不具有真正学术积累式的方法论意义，而仅仅是变相宣泄民族主义情绪的明星炒作式的表演。这场争论不但未能在经验研究的基础上深化中国思想学术界构设原创问题的能力，而且遮蔽了后现代（包括后殖民）理论的思想穿透力对于中国学术研究的真正警醒意义。

国内思想界往往把后现代理论解构现代化叙事的激进策略，与中国

① 参见徐贲：《走向后现代和后殖民》，222～223 页，北京，中国社会科学出版社，1996。

学人本应采取的政治立场及借助现代化浪潮达致民族振兴的态度勾连起来加以考虑，这并非没有道理。但持这一观点的学者并没有注意到，后现代理论构架并非仅仅是一种反现代化的拙劣政治表态，实际上其理论内部包含着对现代化权力结构形成过程与霸权作用极为深刻的剖析与反思。因为中国一旦重新打开国门，就必然会陷入全球资本主义扩张的网络秩序之中。在这一网络的包围与控制之下，中国显然不但要被迫适应和服从其权力支配格局之下的新趋势，而且更重要的是须尽力寻找出维护自身自主空间的有效途径。在资本主义生产和消费以强制性的手段希图重新建构中国本土文化和习惯，并极力把它纳入同质性的表达系统中时，后现代理论恰恰洞悉入微地审读了这种知识/权力运作的可怕机制。

特别是在社会史研究中，后现代理论对现代性叙事的解构过程更多反映出的是一种具体的分析方法，即通过深入解析现代性预设对历史研究的权力支配关系而最终使历史情境化。比如艾尔曼在对中国现代思想史叙事与今文学派关系的研究中，发现史学界总是把早期常州今文经学所面临的问题纳入晚清学术圈的改革情境之中。这样受现代化框架影响的直线发展解释将历史叙事安排成清楚的阶段，从康有为一直回溯到魏源和龚自珍，正好预示了对现代中国思想史的关键议题与重要人物有一些未经反省的假定。更重要的是，这一假定有可能正好遮蔽了18世纪今文经学派在当时历史情境下所面临和需要解决的真实问题。所以必须通过寻究常州今文经学派的家族渊源和地方关系，把思想史命题转化为一个地方空间的问题，以复原今文经学出现的地方史氛围。① 很显然，这种叙述方式并不代表作者持有带明确意识形态色彩的反现代化立场，而是具体复原历史情境和问题意识的方法论策略。也正是在这个意义上，后现代理论完全可以成为中国社会史研究的重要诠释资源。②

后现代理论与我们发生关联，是因为其基本出发点是把非西方国家的历史置于西方民族—国家兴起和扩张的脉络中进行考察。正如杜赞奇所言，民族—国家和其意识形态工具塑造了我们的理解和对历史的分类

---

① 参见艾尔曼：《中国文化史的新方向：一些有待讨论的意见》，见《学术思想评论》第3辑，沈阳，辽宁大学出版社，1998。

② 参见杨念群：《常识性批判与中国学术的困境》，载《读书》1999年第2期。

形式。① 民族—国家的历史教育学潜移默化地把我们的生活变为学习有关对国家的热爱、赞许，或对国家疏离或背叛的羞愧和愤恨等态度的培养，而不明白能够问出这些问题的语法规则为何物，历史研究最重要的任务被变为掌握某种认同框架的教育技术。历史方法论的统治还为更古老的知识科学的模式所支配，对历史事实的证明不仅是最重要的历史工作，而且他们的积累被假定能够产生出复原过去的故事。科学规则作为构造和组织知识的方式进入历史，寻求客观规律是其中心任务，似乎不这样我们就很难构造出国家历史的时空序列和我们自身的认同边界。"我"与"历史"被当作自然科学那样作了主、客体的区分。这使我们很难承认历史对象的内容也会构成我们主体认知过程的一部分。

正是因为对此现象不满，持"后现代"观点的历史学家才受到"反思社会学"理念的启发，鼓励批判性的自我反思（a criticalself reflexivity）。② 他们认为传统的现代历史概念都是作为权力的工具形态而出现的，如果我们不思考时空如何在历史中被构造和生产出来这样的问题，我们就会被动地成为控制这些范畴解说的民族—国家的权力代言人，最终，这些范畴就会塑造我们的意识。照"后现代"历史学家看来，理论分析之所以有用，不是因为它烛亮了历史背后蕴藏着的所谓"真实"，而是激发了历史学家作为主体的存在意识。除了线性历史的判断之外，历史可以供我们追寻人类对短暂性感觉的反应，也能拓展我们的自我理解。③

后现代论者强调，对历史原貌的逼近不仅不应该主要依赖现代性知识的事后判断，反而需要有意抑制这些判断的影响与制约，以便和古人

---

①　参见 Prasenjit Duara, "Why Is History Antitheoretical?" in *Modern China*, Vol. 24, No. 2 (April 1998), pp. 105-120. 另参见 Frederic Wakeman, Jr, "Telling Chinese History", in *Modern China*, Vol 24, No. 2 (April 1998).

②　参见 Prasenjit Duara, "Why Is History Antitheoretmal?" in *Modern China*, Vol. 24, No. 2 (April 1998), pp. 105-120. 另参见 Frederic Wakeman, Jr, "Telling Chinese History", in *Modern China*, Vol 24, No. 2 (April 1998).

③　参见 Prasenjit Duara, "Why Is History Antitheoretmal?" in *Modern China*, Vol. 24, No. 2 (April 1998), pp. 105-120. 另参见 Frederic Wakeman, Jr, "Telling Chinese History", in *Modern China*, Vol 24, No. 2 (April 1998).

心通意会。但真正做到这一步其实并不容易，因为后现代论者往往是在现代氛围和学科体制训练的影响下解构现代传统的，其解构过程很难摆脱此在状态的制约，故而有必要分清"后现代主义者"（或称"后学家"）与"后现代研究者"的区别。"现代"对于前者而言经常是表明立场的贬义词，而对于后者则是研究评论的对象，不一定完全带有贬义。① 波林·罗斯诺（Pauline Marie Rosenau）也说过，西方后现代主义者可分为"怀疑论的后现代主义者"和"肯定论的后现代主义者"，后者更接近于有条件地容纳一些现代性的原则。② 中国大陆曾经出现过以"后学"相标榜的人，但尚没有出现明确以后现代方法研究历史的学者。

邓晓芒也曾敏锐地发现，利奥塔在《后现代状态》一书中用来揭示后现代状态的那种"主义"，并不是什么"后现代主义"，而恰好是现代主义。因为利奥塔强烈反对思辨哲学（如黑格尔），却热情肯定康德，包括其二元论和"知识的先验条件"等原则。因此，利奥塔不过是在后现代状态的历史条件下，用现代主义或者说是自启蒙运动以来的近代主义本身中的人文主义因素，反对或调和其中的科学主义因素而已，而并没有严格意义上的"后现代主义"。③ 不过比较彻底的"后现代主义者"仍会把主体看作现代性的一个发明和基于启蒙理性的虚构，他们怀疑某个统一融贯的主体价值的存在：

> 它充其量只是一个意识形态的建构，至多也不过是个使人怀旧恋昔的肖像。④

在如此破毁现代主体的激情运动中，中国思想史与社会史基于现代

---

① 参见何伟亚：《从朝贡体制到殖民研究》，载《读书》1998 年第 8 期。另参见 James L. Hevia, *Cherishing Men From Afar*：*Qing Guest Ritual and the Macartney Embassy of 1793*，Durham and London：Duke University Press，1995.

② 参见波林·罗斯诺：《后现代主义与社会科学》，63～83 页，上海，上海译文出版社，1998。

③ 参见邓晓芒：《后现代状态与后现代主义》，载《中华读书报》1999 年 3 月 10 日。

④ Carravetta, Peter, *On Gianni Vattimo's Postmodern Hermeneutic's Theory*, *Culture and Society*，转引自波林·罗斯诺：《后现代主义与社会科学》，16 页。

框架所做出的研究也受到了质疑。比如持后现代倾向的历史学家就认为，新儒家对儒学道统延续性的诠释正像一幅怀旧恋昔的肖像，因为道统本身是一个被建构的对象，而不是一个由良知支撑的统一连续体。余英时视道统谱系为支撑士阶层精神命脉的千年理想形态，并没有得到多少历史经验的有力证明。在后现代的视野里，儒学的各种观念和行为表现形式，常常是在某一具体历史场景中，为应对某些特定问题（社会的、政治文化的）而建构起来的。但这些展现思想形态的历史时空并不一定按照循序渐进的目的论规则发展，一旦具体语境消失，建构的舞台撤去，儒学作为大戏的主角也就会下台收场，或转换门庭。

受"后现代"影响的史学家正是不满足于中国哲学史研究中的观念史演绎法缺乏现场的"舞台感"，与"经济决定论"式的历史研究一样具有"化约论"的嫌疑，由此主张与其无望地寻求观念史框架内的普遍意义，不如转入寻觅显现当事人所处的特定脉络，① 也就是提倡社会史与思想史结合的新途径。

我们注意到，后殖民理论与后现代理论相比似乎具有更为清晰的内涵界定，因为后现代理论一般是指西方思想界内部对现代思想所假设的许多理性命题如科学进步、社会演进和人性实现等启蒙主义设计提出质疑，而后殖民理论则多从西方国家与非西方国家支配与被支配的空间关系入手，分析西方殖民主义权力的控制策略和非西方的对抗形态。但二者都有一个共同点，即这些理论的提出与流行，都是由西方内部的学者，或者是受过良好西方教育并定居于西方的非西方学者来操控与推广的。后现代理论自然不用说，后殖民理论的提出者如萨义德、斯皮瓦克和范农等人，都有在西方任教的背景，所以他们的精力主要是放在对殖民话语本身构造的关注上，仍然是站在西方看东方的角度来诠释西方的话语建构。西方的学术背景无法使他们真正站在被分析的"他者"的位置上观察其反应方式，而这些"他者"正是这些学者进入西方语境前的文化源头。一些后殖民批评如"东方主义"虽然强调与西方的对抗性，但主要还是对西方话语结构本身的分析，而没有涉及东方国家内部在遭到西

---

① 参见艾尔曼：《中国文化史的新方向：一些有待讨论的意见》，见《学术思想评论》第 3 辑。

方权力话语渗透时所采取的具体反应方式。比如已有人指出，在萨义德的著作中，作为描述对象的东方社会的人民，并没有比在其他西方作者的著作中享有更多的、独立自主的声音。萨义德既是巴勒斯坦裔，又是美国大学里一位杰出的学者；既是一个被赶出家园的、被统治支配着的社会文化中的一员，也是一个占据着统治地位的文化中一名拥有特权的知识分子，① 所以他具有地道的两面性。可是具体到中国研究中，我们最为关心的不仅是中国文明怎样在西方的东方学叙事中如何被塑造为"他者"，而更应该关心传统在被剥去现代理性这层饰物后，它的原生态表现是怎样的——尽管这种原生态是相对而言的一种存在，因为任何文化的原生态的展示都是对现代性权力关系的一种解构。中国本土文化当然与西方世界权力建构的过程有关，因为中国传统正是在这种权力关系所授予的正当名义下受到阉割和剪裁的。然而也正因如此，描述这种权力关系在成为世界支配性地位之前的中国传统存在方式就显得更有意义。

竹内好曾经从欧洲自我塑造的角度颇有创意地指出：欧洲现代性的扩展是通过把亚洲对象化来定位自我的存在的。因为所谓资本主义精神的发生只有在不断的运动中才能保持自我，同时也是朝着时空扩展的方面而保持自我的。进步的观点和与之相应的历史主义思想于是便首先在现代欧洲被确立。现代欧洲通过自我扩张——自我确立——自我保存，来获得理性的胜利。竹内好说：

> 因为欧洲只有在"欧洲的前进——东方的倒退"的过程中才能成其为自己，因此只有在它前进的瞬间，这种思维形式才是妥当的。而这一切被认为具有真理性是从瞬间永存的努力（运动）中得来的。毫无疑问，这对处于"欧洲的前进——东方的倒退"过程中的东方来说是不合适的。②

而就东方本身的现代性定位而言，"过去的东方既没有理解欧洲的能力，

---

① 参见丹尼斯·波特：《东方主义及其问题》，见罗钢等主编：《后殖民主义文化理论》，43～58页，北京，中国社会科学出版社，1999。

② 竹内好：《何谓现代——就日本和中国而言》，见张京媛主编：《后殖民理论和文化批评》，449页。

也没有理解其自身的能力。理解东方并改变它的是处于欧洲的欧洲性。东方之所以成为东方就是因为它被包含到了欧洲之中，不仅欧洲只有处于欧洲中才能被实现，就连东方也只有处于欧洲中才能被实现。"①

　　竹内好提及的问题是一旦进入现代，东方的自我定位即是在"欧洲性"中得以实现的。近代中国人也大多习惯从西方现代性的镜子中照出自己的一脸无奈。在这种观镜的对象化体验中，至少中国知识人已经被训练成各种西方现代理念的代言人。所以从社会史的角度立论，如果我们的研究要显示自身的个性，就不仅需揭示现代西方资本主义体系作为外在控制力量塑造"新东方"形象时体现出的动力机制，而且更为重要的是尽量恢复中国社会与文化在被纳入"欧洲性东方"体系之前所呈现出的实际面貌。否则，当我们在审视资本主义全球扩张的现代性观念时，仍会不自觉地把中国重新置入欧洲对世界体系的想象建构中加以理解。所以在笔者看来，仅仅揭示资本主义全球扩张系统所伴随的"东方式想象"，或论析现代国家与这种想象的共谋关系是远远不够的。更为重要的是，我们需要揭示出"中国"在进入这一想象性系统之前何以会处于那样一种历史状态——尽管这种历史状态同样是被多重权力所建构着。

　　世界资本主义体系理论无疑给中国社会史研究带来了与以往不同的崭新视野，但也正是这一视野由于过度注意资本主义在中国近代化进程中的塑造作用，所以中国的社会史研究基本上仍是偏向于在全球一体的框架内来观照东西方的二元对立，并据此阐释自己的民族独立政治主张，而没有意识到这种二元对立阐释恰是依附西方话语的一个结果，民族主义变成了帝国主义的共生物，测量民族主义叙事的强弱有可能成为帝国主义衡量自己力量是否强大的一个标尺。20 世纪初叶以来的社会史叙事日益趋于宏阔，但书写的却是中国如何走向现代化或为何没有走向现代化的悲喜剧主题即是明证。所以以往的社会史研究实际上为中国在社会主义的制度框架下进一步找到民族—国家政治话语的根据发挥了重要作用，只是这种建构方式并没有和西方启蒙以来的线性发展世界观划清界限。

---

　　①　竹内好：《何谓现代——就日本和中国而言》，见张京媛主编：《后殖民理论和文化批评》，450 页。

　　酒井直树提醒我们，无论前现代还是现代、后现代的划分，都是历史的地缘政治格局的一个结果，是 19 世纪西方借以定位国家、民族、文化位置的一种话语性的图式（discoursive scheme）。[1] 从地缘政治的角度说，19 世纪以来的西方越来越拒绝将有关的疆界予以限定，它是在不断地寻求对"他者"的征服渗透中对照出自己的实际形象的，在这个意义上，西方以为自己是无所不在的。19 世纪以来的现代化理论，总是把西方式的特殊主义通过历史主义的方式描绘成一个普遍主义式的过程。在这个过程中，作为"他者"的非西方文化表现出的特殊主义，最终也会变成这一普遍主义的组成部分，因为现代化理论试图证明所有社会都具有按普遍的法则将自己合理化的潜在能力。所以我们终于看到，在现代化隐隐约约的背景下，所有非西方理论界在阐释自己社会文化的"特殊主义"风格之时，其实都是在求证"普遍主义"所赋予它的合理意义。在此单一作用的过程中，是不存在纯粹的历史实证主义余地的。如前所论，余英时关于中国商人伦理的追踪描述，本拟是通过新道家、新儒家的内在转换研究捍卫东方文化的特殊性，可是其提问方式却是一个被普遍主义化了的西方式问题，即中国的文化伦理和精神气质是否能产生出类似韦伯所说的资本主义的动力。

　　以笔者之见，追究西方"普遍主义"的动力结构和其在遭遇非西方"特殊主义"时表现出的暴力剿伐形式，可能仅仅是问题的一个方面，中国的社会史研究应该把目光投向本土"特殊主义"的存在方式如何有效或无效地回应"普遍主义"扩张的种种历史表现。在受过"现代化"理论影响的研究者们看来，处于世界历史进步历程中的各种异质文明所表现出的特殊状态，至多只能在国际氛围内才能加以理解，而非西方文明内部的自然或不自然的发展状态及其差异性则被忽略了。因为这种差异只能表现为一种全球范围内的差异性。这些"现代化论"者表现出的是一种"空间历史的忘却"，因为他们忘记了在前现代的状况下，中国君主和知识精英正是同样以"普遍主义"的眼光去俯瞰周边社会的。这一俯瞰方式却被"现代化论"者贬为自大式的"华夏中心论"，而当代的"西

----

　　①　参见酒井直树：《现代性及其批判：普遍主义和特殊主义的问题》，见张京媛主编：《后殖民理论和文化批评》，384 页。

方中心主义"同样拒绝非西方文明具有合理化的存在价值，同时指责近代中国人迟迟拒绝被纳入西方"普遍主义"系统的层级性安排时，其"普遍主义"却被颂扬为全球化解放的力量。两种"普遍主义"只是因为时空关系的变化，其中心位置发生了移动，可最终命运和所受评价却截然不同。造成如此局面的原因固然复杂，但不能否认，"西方中心论"之所以具有更强势的扩张意义，与其现代化的权力支配系统更具有复杂有效的扩张能力有关。然而我们似乎仍不能仅仅把现代国家对社会的统制形态作为讨论问题的唯一支点，否则我们实际上仍是无异于承认西方现代化道路是历史发展的一种必然逻辑。

东方社会进入现代的一个重要过程，就是要重新确立自身的主体位置。而对非西方国家来说，现代性意识的构成又大多意味着非西方主体的被剥夺。中国恢复自身主体位置的方式之一，就是论证现代观念在中国古代社会中早已天然存在，如儒教很早就已具备了类似当代的环保意识等，其结果是这种复原方式只能通过传统的心理主义诠释手段来达致。所以东方社会要想重建主体的感觉，就不是仅仅靠在对抗西方中发现自己的位置，而是在以"现代性"画地为牢的规定之外，发现自己曾经存在的独特生活线索和空间形式。在这个"位置复原"的过程中，后现代与后殖民理论多少具有可资借鉴的价值。但是不容回避的是，"后殖民"评判的前提是认为第三世界文化所呈示的"后现代性"，充其量不过是一种后殖民形态的后现代性。这种论断的语境与中国并未被全盘殖民化的近代历史处境并不相符，所以单纯套用后殖民理论的权力建构分析方法也是颇有问题的，如范农、斯皮瓦克等人面对的研究对象都是曾被全盘殖民化的非洲与印度地区。具体到中国社会中，殖民化所遗留下的问题显然不同于印度、非洲等国家。当然中国也同样曾作为西方殖民扩张的对象，只是这种被殖民的关系却并不能完全从中国与西方的外部交往关系中得到解释，也不能单单在全球化的资本主义扩张的背景下加以外化的理解，而是要充分估计到中国本土自身中传统（社会结构群聚方式、仪式符号、象征系统、价值理念）在接受这种冲击时所表现出的特征，否则的话，我们就极易把全球资本主义以对象化的方式确定自我位置的策略，误读为是中国人民在未来现代化过程中所同样应采取的方式；也会在把视线过多关注这种全球格局的现代性扩张的同时，忽略了第三世界在各个不同场景里应对挑战和重构自我主体性的差异与变化。

二、后现代方法在中国史研究中的具体实践

20 世纪 90 年代美国中国学出现的一个重要景观，还表现在后现代主义思潮对其方法论阐释的影响方面。后现代思潮的一个出发点，就是对以往现代化理论中强调历史发展规律和终极目标的解释传统提出反思性批判，认为历史的演进序列并没有终点可寻，追溯其起源也没有任何意义，所以应把历史过程碎片化，并对其重新加以拼贴，以便击破被强加于历史现象之上的各种"本质性"规定。① 福柯对西方启蒙理性的质疑和对现代化线性发展逻辑的批判，在 90 年代初也开始波及美国中国学界。其实早在提出"中国中心观"的时候，柯文就已经开始对西方现代化发展道路的普适性发生了怀疑。他在 70 年代就强调：

> 个人直接经验历史的重要性，因为史家所谓的"历史事实"并不是外在的、客观的、界限分明的存在，它首先是当事人记录下来的自己心中的种种经验体会，然后又经过史家过滤，转化成了史家心中的经验体会，因此，史学的任务就是按照个别历史事件丰富多彩的特性重建过去，不是探求历史发展的规律与共性。②

在其近著《历史三调——作为事件、经历和神话的义和团》中，柯文把义和团事件作为历史研究对象所包含的意义分离出三个层面分别加以讨论。柯文认为，义和团运动作为一个纯粹的历史事件，和作为一种相当个人化的经历（包括旱灾与洋人来华、集体降神附体、谣传以及引起的恐慌和死亡），以及作为神话叙述的义和团（包括新文化运动时期、20 世纪 20 年代反帝国主义时期、"文化大革命"时期），所面临的解读

---

① 关于后现代主义思潮的概要评述，参见王岳川：《后现代主义文化研究》，4～17 页，北京，北京大学出版社，1992。

② 柯文：《以人类学观点看义和团》，载《二十一世纪》（香港）1998 年 2 月号。

境况是不一样的，所以必须以不同的方式加以理解。在柯文的眼里，义和团运动不仅是一个真实的历史事件，而且是一种群体记忆进行文化建构的结果，还有可能是权力运作过程中不同的派别对之进行话语构造的结果。① 这与国内学者一贯强调义和团运动的性质、社会构成与源流追踪，并带有强烈的价值判断色彩的研究途径大为不同，体现出了相当明显的后现代取向。

在文化史研究中，艾尔曼也曾经做出把清代历史"碎片化"的尝试。他在研究常州今文经学派兴起的原因时，明确否认其与 19 世纪末康有为进行变法维新时使用今文经学方法之间存在着任何渊源关系。他指出，那种把常州今文经学视为晚清变法之先驱和源流的看法，恰恰是堕入了"现代化论"者设计好的圈套，因为现代化的设计者总是把原来毫不相干的历史事实有意串接起来，构成为社会发展的普适目标作注解的若干阶段和环节，从而形成了人为的历史神话。

90 年代运用后殖民理论对中国女性进行性别研究的最重要的一本著作是贺萧（Cail B. Hershatter）的《危险的愉悦：20 世纪上海的色情业与现代性》②。后殖民主义理论家斯皮瓦克（Cayatri Spivak）曾经这样认为：在现代社会，女人在社会网络的编织程序中，早已被抛进了"次属群体"一类陷阱。在这个群体中，女人虽然是自主的，可是在殖民语境内，性别的意识形态构造方式掌握在男性的手中，女性作为对象被观察和解释都深深地植根于当代的权力网络之中，甚至那些寻求妇女解放的知识分子，也是以女性作为受压迫的隐喻形象而折射出了自己的优越感与虚幻般的解放热情。因此，在如此暧昧混浊的权力烟雾中被熏染过的女人，怎么能发出自己的声音？即使有可能在男性浑厚的和声中嵌入一丝女声，也往往会被过滤得无影无踪。斯皮瓦克对此现象一言以蔽之曰：女人扭曲变态的失语现象。

---

① 参见 Paul A. Cohen, *History in Three Keys: The Boxers as Event, Experience, and Myth*, Columbia University Press, 1997.

② 参见艾尔曼：《中国文化史的新方向：一些有待讨论的意见》，见《学术思想评论》第 3 辑。另参见 Gail Hershatter, *Dangerous Pleasures: Prostitution and Modernity in Twentieth Century Shanghai*, University of California Press, 1997.

斯皮瓦克对弱势群体的极度同情，源于西方后殖民时代对自身历史之霸权轨迹的反思意识。他们对现代线性发展观所进行的刨根问底式的剿伐，曾一度弥漫、波及不同的学术场域，点燃了多处混战的烽烟。其中"重构沉默之历史"与"历史记忆的重新排练"在如林的后现代旗帜中显得异常耀眼。"后殖民"学者出场后向现代叙事阵营亮出的一个相当致命的杀手锏，就是设定了如下的问题："倾听与辨析历史人物真实的声音是否可能？"从此辨析弱者之声突然变成了当代历史学中"声音考古"的一门显学，颇有蔚成风气之势。然而出人意料的是，"声音考古"的结局却常常是令人失望的。人们发现车载斗量的历史记录，貌似历史主体原声的高亢表演，实际上是被弥散在他周围的各种庞杂声音和制度所构造着。即使最勤奋的历史学家，用历史复原的方法去开掘诠释那些被弃至角落的文件，以期显现那微弱到听不见的声音，其实也都是徒劳的。这似乎提醒我们，当历史学家使用复原方法时，全部的历史记录所表达的关系连接的方式，只能依靠历史学家自己的地方化先见予以想象的重构。怪不得斯皮瓦克用不无遗憾的语气声称要坚决放弃"声音复原"的考古计划。

不过除了斯皮瓦克等学者之外，学术界对"声音考古"的热衷却似乎并未锐减，相反辨析声音的尺度与范围已达致毫微必究的程度，于是就有了我们面前的这本《危险的愉悦：20世纪上海的色情业与现代性》。这是一本初看起来让人颇感惊诧的奇书，整部巨著洋洋洒洒近六百页，仅注释即达一百六十多页，相当于一本书的篇幅。尽管自福柯首倡监狱研究、疯癫研究并对其予以范式化以来，至少在西方学界已经没有人对作者热衷于辨别妓女声音的行为感到大惊小怪，但是我国史学界恐怕仍会对研究者如此细致入微的追索方式颇觉有猎奇的嫌疑，所以在此仍有释疑的必要。

仿佛专为和斯皮瓦克唱对台戏，贺萧在对上海妓女进行一番"声音考古"之后，断定完全可以追索到妓女自己发出的声音。一个妓女虽然没有笔录于纸的自我陈述，但是其微弱的声音在娱乐指南、逸事集锦、小报闲谈以及禁止妓女沿街拉客的规定、医生和社工撰写的性病传播报告、援救被诱拐妇女的机构记录、对妓女痛苦的小说化描述，以及中外改革者关于取缔还是合法化妓女的争论等材料中隐隐约约地透露出来。在作者看来，妓女本身是否有一个能自主发出声音的主体性，反而是不重要的，我们跟踪的正是其在权力网络中所表现出的关系性特征。作者有一点和斯皮瓦克的思想相似，即妓女形象进入历史的时刻具有偶然性。在一个大的社会全景下，作为符号被欣赏、申斥、计算、管理、治疗、警告、挽救、调度乃至消灭的时候，妓女才会进入历史记录的视野。然而与斯皮瓦克强调弱者主体声音的纯净度有所不同，作者承认妓女本身的声音有可能在社会的泥沼中为其他声音所污染，但是通过探究妓女声音与其他声音之间的微妙互动关系，同样能逼近复原妓女发出的原声，关键在于要辨析清楚各种噪声进入的方式与区别，并予以分类和界定。所以整部著作实际上讲述的就是上海妓女形象如何被各种声音反复塑造和转换的奇妙经历。

由于作者自称要做一位讲故事的高手，故而这本书充满了对妓院神秘生活中关于交往诡计、谋财策略、狎妓程序、主奴斗法等传奇场面的描写，使你往往能在品味故事的紧张与悬念中，具体领悟权力仪式在妓女身上的聚焦与构造过程，读起来十分引人入胜。现代青楼故事告诉我们，上海妓女有一个从"娱乐的主体"转换为"危险的主体"，从审美对象转化为无序及疾病之来源的复杂变化，其中对性的控制技术与转变类型的划分与考察，颇可视为本书的一条主线。

19世纪末20世纪初，上海对妓女角色的界定一直存在着"高层话语"与"低层话语"两套表述策略。前者由传统精英阶层所热衷宣示，妓女在他们的眼中是标准的男性审美消费的对象。上海绅界控制的指南类书籍和小报，总是以欣赏的姿态描绘妓女的美貌仪表，渲染浪漫的私通，传达的是男性主义的权力与荣耀。如此表述由于沿袭了传统士大夫青楼狎妓赋诗、秦淮宴吟歌吟的审美情调，所以一度颇占上风。

而在传教士控制的租界的"低层话语"中，胁肩谄笑的妓女恰是备受压迫与疾病传播的代表，是黑暗中国的表征。"五四"时期，妓女作为一种关于性病传播将影响中国种族之健康的科学话语开始进入知识分子的视野，"妓女问题"的讨论逐渐被导向一个有关公共健康的话题。与妓女形象被医疗化几乎同时，出现了针对妓女的法律控制技术，妓女被当作城市无序化之根源，受到驱逐、取缔或监控。30 年代的警察与法官在扩大城市日常生活管理范围之时，加强了对妓女街道拉客的限制。到了 40 年代，妓女作为国家衰弱、民生不振的城市暗喻，已经完全从知识人构筑的优雅视野中消失了。

妓女作为性审美符号在男性中心视野中的衰落，昭示的不仅仅是简单的休闲时尚与风气的转移，而且是都市欣赏兴趣如何被各种权力取向塑造的过程。妓女形象中所包含的性意义不断被诠释、裁割、扭曲与抑制，恰恰是国家权力在地方空间中进行微观运作的符号体现。具体言之，国家或地方权力对妓女行为进行仪式塑造可以表现在许多方面，其中一面即是语言的规训与控制。例如在 1935 年的上海，当某位妓女被捕后，警察都会问一个程式化的问题："你为什么想当妓女？"妓女的回答经过时间之流的淘洗同样变得简练干脆："为生活所迫。"其含义乃表示沿街卖笑是为人所强迫的非自愿行为。书中的追踪研究证明，二十年以后，许多妓女仍然沿用这套老话来陈述自己为妓的动机。很明显，这是长期训练出的本能反应。因为从直接的功利角度看，这样回答决定着被捕妓女有可能被科以较低罚款或尽快释放。然而这样一来，女人自己的声音一旦进入警事记录就会变得极为单调和平淡。由此看来，无休止的捕捉与释放会规训出一幅妓女"为生活所迫"的凄惨画面。在这里，历史与警事记录的内容无关，而是一个被创造重构的对象，妓女的自我表述是警察权力暗示和操纵的结果。

另一个仪式构造的例子是对梅毒传播的文化表述。梅毒传播的文化社会阐释与下列思想有关：中国已被外国资本和致命的疾病给双重殖民化了。女性身体已作为被侵犯压榨的形象变成了国家有机体受到西方侵略的标准隐喻，性病的滋长与抑制已和中国人为种族生存而斗争直接联系在一起。在这里，妓女的躯体变成了"身体的政治"的指示物。作为性疾病的传播中介，她使病菌延伸扩散至男人的家庭中，使他们的妻儿成为受害者，从而最终损害了国家肌体的健康和种族和谐的未来。

一旦把身体作为政治权力运作的一部分加以看待，我们就会注意到，中国女性的形象始终与"现代性"问题纠缠不清。性与诸如公共卫生、科学崇拜、民族主义、女性意识等相互缠绕，不可分割，成为中国激进知识分子想象中的"现代中国"与自己黑暗的过去加以对比的重要参照。妓女不仅成了国家贫弱地位的象征，也成了知识分子顾影自悲的自画像。与此心态相映衬，妓女活动的仪式化无疑具备了双面刃的功能：它既可使之成为救亡政治话语的组成部分，而达致相对合法化（例如"五四"时期有"青楼进化团"），又可成为恢复古老道德水准的禁欲主义的借口。

"身体的政治"仪式被长期反复地加以排练，使得对妓女的控制时松时紧摇摆不定，这种局面一直延续到1949年。在1949年以后，妓女已不被作为"现代性"的组成部分，而只是现代化过程中必须被割去之毒瘤而得到了根除。可是在改革开放以后，沿袭这一根除政策却难以回避一个悖论：当代妓女行为作为"现代性"的表述方式，往往拥有制度性的根基。在国门开放以前，禁绝妓女的行动是在与全球资本主义体系相对隔离的状态下进行的。中国一旦融入全球体系，妓女作为现代社会的一部分就很难从资本主义鲜活的肌体中割除出去，这在西方也是难以解决的问题。西方现代社会科学在讨论妓女的作用时，首先会把道德意识撇在一边，主要集中在妓女是性奴隶还是性工人这一区分上。比较一致的意见倾向于认为，妓女作为一个社会阶层在现代性的语境下已具有合法性，她们是提供性服务的有执照的劳动者。这一结论虽然透出了些许无奈，却是相当现实的选择。

在中国，妓女被划归到非劳动者的行列，是妇女身份不平等和缺少"现代性"的表现。中国知识分子从不打算把经济发展和道德意识分开加以衡估，仿佛经济进步必然促成相应的道德进展，随着社会繁荣而来的道德失落常常是感叹"人心不古"的中心议题，并触发出许多道德训练的构想。其实这类心态正是传统道德主义历史观的一种现代遗留。在全球互动互渗的大背景下，社会变革已不可能把所谓"非道德"的一面经过甄别排斥在外，相反只能把"恶"相对制度化，在制度的框架和界限内建立起辨别善恶的是非标准。比如通过建立"红灯区"，限制妓女的活动范围，同时也使之成为识别正常与非正常的标志性区域，而不是总企图用道德训诫的形式把"恶"无望地剿灭在理想化的"纯洁社会"里。从此角度而言，这本书对上海妓女改造经验的细致观察及评论，完全可以成为中国社会变革策略选择的一面镜子。

阅罢此书，一幅20世纪中国社会风情沐浴下的妓女图像会逐渐变得清晰起来。对于妓女的身体，上海的传教士、学生、市政官员、医生、社会改良家、警察等各阶层均从不同的角度予以窥视、检查、研究和规范，并通过对妓女身体的借喻，创造出相互之间的联系线索。在20世纪的上海城市氛围中，妓女并非处于公众与精英话语的边缘，而成为上海男人讲述欲望、危险、性及国家命运的故事主角。而这幅刻意描绘出的图景所彰显出的意义，显然与作者的初衷不相吻合。妓女成为故事的主角与妓女能发出自己的声音显然不是一回事。

作者的笔触游走于大量罕见史料所构建的"声音迷宫"之中，以图寻觅、拼接直至复原妓女游丝般的声音时，给人的印象其实仍是在对"复合的声音"进行考古，而真正妓女的声音并没有从中被剥离出来。因为整本书的史料，包括各种公安局档案、街头小报和当事人访谈，都似乎在极力证明着妓女从未治好过久患未愈的"失语症"。

不过我们大可不必为此感到失落，尽管我们会因为听不到妓女的真声而略感失望，但我们仍会从作者在事实、事实制造者和事实阐释者之间的转换关系中，清晰地发现遮盖妓女发出声音的机制是怎样运作的。就学术立场而言，"声音考古"的过程分明是宣称，在人类创造意义的过程中，事实是被构造，而不是被发现的。复原妓女真声的努力，表达了想终结现代化叙事的一种鲜明态度。

国内学界看待妓女问题基本采取了两类极端取向：一类是企图通史性地展示妓女的畸形特征，通过把妓女与鸦片、黑帮、赌博相并列来构造出现代化叙事的权威感。妓女一旦被定性为"社会病症"，一切论述都围绕着这一先入主题展开，而妓女生活的一些细节和活动——比如妓女的分层模式、妓女与男客之间围绕各自利益构成的交往系统、妓女自我意识的结构等，好像都自然被消解了。因为"被压迫"的主题是现代化叙事中妇女解放的一个意识形态组成部分，这一意识形态必然有意删除着被断断续续压抑在历史岩缝中的不同声音，从而遮蔽了对围绕妓女身体所构成的复杂权力关系的揭示。另一类极端取向是把妓女作为古代文化的本质性产物予以溢美式的描述，而忽略了各个时期各种势力加诸其身的不同暴力仪式所产生的作用，其中不乏相当阴暗的赏玩心态。因此，国内史学界在"现代主义"与"复古主义"的两个极端来往徘徊，最终造成了妓女形象的残缺与学术诠释的贫困。而这部上海妓女的研究则在现代与复古的缝隙中穿梭掘进，也许据此拼贴出的画面略显琐碎断裂，但是其中凭借多元复合的手法重构出的妓女图像，未尝不具有相当合理的学术观赏价值。特别是对于中国史学界已呈现出的资料越多、问题越少的"学术内卷化"疲态而言，也未必不会是一帖清凉剂。

后现代理论对地区史研究的渗透导致的上述转向引起了不少争议，如周锡瑞曾经对"文化研究"的方法越来越强烈地支配社会史研究提出了批评。他认为近年来中国社会史研究的失宠，反映了把中国革命从历史舞台中心移开的倾向，因为革命已经被搬离中心舞台，历史研究的关注点就基本从农村转向了城市。即使在城市研究中，一些早期作品如韩起澜（Emily Honig）的《姊妹与陌生人》和贺萧的《天津工人》聚焦于工人阶级，并对阶级意识和工人阶级与中国革命的关系问题保持关注。而90年代以后的作品如杜赞奇的《从国族中拯救历史》和贺萧的最近作品《危险的愉悦》，恰恰从各种话语的聚集中寻求现代性的表现，寻求文本解读中构设的内在逻辑，而忽略形成这种逻辑的政治经济基础。

周锡瑞同时声明自己并不是一个保守主义者，而是同样看到了传统社会史研究的弊端，他指出：

> 社会史在其更接近社会科学形态上的一个特点是关注塑造和限制人类行为的社会制度，无论是马克思主义者还是韦伯学说的信奉者，按照这种模式取得的最好成果，都提出了有力的比较模型，其中社会经济和政治结构都被用来解释社会实践和集体行为，但这些模型倾向于否认行动者的力量，而我相信新的文化史的引人之处在了它给予了历史行动者以声音和主体性（尽管主要是那些能够留下文字记录的人），因此帮助他们成为历史过程的动因，不光是历史过程的人质。[1]

但是，"文化研究"所导致的主要问题是从强调现实是由社会构成的

---

① 周锡瑞：《把社会、经济、政治放回20世纪中国史》，见《中国学术》第1辑，北京，商务印书馆，2000。

观点，到强调现实是由文化与符号构成的观点，由于受福柯等后现代主义"话语分析"模式的影响，突出导致了把变革的动因归结为对权威话语自身的争夺、控制与实施，或者想象出国家和资本主义中的精英分子操纵了话语权力的运作，至于这一过程怎样发生和为什么发生，以及为什么某些文化实践兴盛而其他却趋于衰亡，却没有人乐意去寻求答案。所以，单纯建立在话语—权力架构分析之上的文化史研究，无法解答为什么现代中国会走一条独特历史道路的重要问题。①

三、"现代叙事"与"后现代叙事"之争：若干研究问题的辨析

后现代理论与中国社会史研究的具体结合方式目前尚处于探索之中，在西方主流中国学界也属于边缘讨论的范围，最近在美国获奖的著作《怀柔远人》颇遭非议即可为证明。但是就中国研究方法的多元发展角度而言，对后现代方法的审慎使用，既可以避免 21 世纪初社会史研究的"整体论"传统见林不见木式的"目的论"架构和政治意识形态束缚，又可削弱国家—社会及心理主义分析路径所共同拥有的，以西方现代性衡量历史演进价值的知识论预设。

这个思想贯穿到中国社会史研究中，就具体表现为对现代民族—国家叙事框架的疏离和质疑，比如何伟亚（James L. Hevia）的著作《怀柔远人》（*Cherishing Men from Afar：Qing Guest Ritual and the Macartney Embassy of 1793*）在研究马戛尔尼使华的过程中，就认为以往对这个历史事件的评价，明显是以现代民族—国家的标准来加以衡量的，即想象性地要求乾隆也必须按照现代国际关系的逻辑与准则安排对外事物和厘定自己对外交往的准则。何伟亚攻击的是西方对马戛尔尼使华所面对的清代礼仪采取"结构—功能"的分析方法。在这种解释中，礼仪缺

---

① 参见周锡瑞：《把社会、经济、政治放回 20 世纪中国史》，见《中国学术》第 1 辑。

乏充分自觉的理性乃是古代或前近代社会的典型特征。① 这无疑是"东方主义者"的逻辑。何伟亚力图通过诠释清代宾礼运作时具有的灵活而又理性的特征，来反证传统的用朝贡体系与华夏中心主义为工具的中国对外关系史表现出的谬误性。他试图证明：清朝对"帝国的想象"（imagining of empire）无法以朝贡体制加以概括，而是"以满族皇室为最高君主的多主制"（multitude of lords），而管理进贡使团的宾礼被认为是"关于主动行为的话语，而不是一套固定规则的生搬硬套的演习"。② 在何伟亚看来，马戛尔尼使华是两种截然不同的观念体系发生冲撞的意外结果，即英国的"主权平等"（sovereign equality）外交观与清朝的"差序格局"（hierarchical inclusion）天下观的碰撞。③ 今日流行于世的以国际法为基础的国际交往关系的形成，正是 16 世纪以来欧洲进行全球扩张的产物，并随着时间的推移成为一种"自然化了的霸权话语"（a naturalized hegemonic discourse）。所谓"自然化"，是指国家间应相互往来这一准则已内化为世界各国接受的常识性理念。然而按历史的现场观念观察，一个国家是否应介入与其他国家的交往网络，本应有一个自由选择的范围幅度乃至自主的权力，可是随着全球资本主义扩张边界的推移，本来拥有这种选择自由的传统国家越来越受"主权平等"这种话语原则的支配，不得不按照他国制定的所谓"国际法交往准则"约束自己的外交行动。用后发型的国际秩序准则去评判古代朝贡体系所构造的中国的世界秩序观念，并从深层的文化原因予以揭示，是费正清一代中国学家的推导思路。何伟亚认为这一思路已经预设了具有现代意义的国际关系的优先地位。④ 如罗志田就发现，何伟亚特别强调不应在西方近代理性的有色眼镜之下去审视清朝的宾礼，而应恢复在历史现场的观

---

① 参见周锡瑞：《后现代式研究：望文生义，方为妥善》，载《二十一世纪》（香港）1997 年 12 月号。

② 参见周锡瑞：《后现代式研究：望文生义，方为妥善》，载《二十一世纪》（香港）1997 年 12 月号。

③ 参见罗志田：《后现代主义与中国研究：〈怀柔远人〉的史学启示》，载《历史研究》1999 年第 1 期。

④ 参见罗志田：《后现代主义与中国研究：〈怀柔远人〉的史学启示》，载《历史研究》1999 年第 1 期。

察效果。因为马戛尔尼对宾礼的解读实际上依据的是马戛尔尼所属伦敦"文学俱乐部"中柏克、亚当·斯密等知识贵族探索真理的近代方法，马戛尔尼对"中国"的书写方式直接加入了西方理性观塑造中国形象的队伍，而马戛尔尼张扬西方外交准则，以迫使"非理性"的中国就范的姿态，成为19世纪的鸦片战争及接踵而来的各种侵华战争的重要思想武器。①

何伟亚的目的是要动摇史料与解释之间的那种通常习以为常的推导关系，特别是以18世纪以后发展起来的欧洲外交理论与实践，如各种谈判技巧及其隐含的国际关系准则来评价中国传统礼仪包含的世界观，并以此界定"先进"与"落后"的区别。这当然会遭到现代主义者的明确反对，因为他们认为依靠现代性的逻辑推演出的对历史的事后认识和由社会科学规训出来的知识，无疑可以使我们对历史有比当事人更为正确的洞察。而后现代论者则认为，这种"事后诸葛亮"式的观察是否能消解今人和古人的间隔，从而复原历史的真相，还是恰恰以今度古地模糊了历史的真相，是颇值得辨析的。

《怀柔远人》在获得亚洲研究列文森奖之后，立刻在美国中国学界引起了激烈争论。其中焦点就集中在如何解读清朝宫廷礼制的文献上面。持现代化评价观点的周锡瑞就认为，由于何伟亚对汉语文献的误读，造成他对清代宾礼的解说带有太多的想象成分。比如对汉语表述"方为妥善"的理解，"方"字与现代白话文中的介词"才"是一样的意思，即"这样才是合适的"。然而何伟亚却把它转化成了一个空间概念，"方"字被译成"squaring"，"方为妥善"被译成"与适当环境协调一致"，② 这样释读显然是出于某种文学式的想象。这种解读由于没有顾及汉语表述与表述主体的基本关联性，比如宫廷文档的习惯性用法，却根据这种误读想象原来的历史境况，就有可能违反后现代提倡的更贴近体味历史原态的初衷。这里涉及解读历史资料与解读文学文本是否应有区别的问题。

---

① 参见罗志田：《后现代主义与中国研究：〈怀柔远人〉的史学启示》，载《历史研究》1999年第1期。

② 参见周锡瑞：《后现代式研究：望文生义，方为妥善》，载《二十一世纪》（香港）1997年12月号。

现代化论者一般会认为，历史学即使需要想象，历史与文学的区别仍是非常明显的，历史学的想象不管多么诱人，它仍必须与研究对象即文献史料的描述相契合，而文学却可以凭空构思，有更大的自由度。历史文献作为文本与文学作品作为文本的解读方式亦是不一样的。文学作品的解读可以随意到作者与文本相剥离而独立，所以文本解释的建构可能直接与批评者的想象完全合一，而历史文献作为文本的内容却往往可能是特殊语境下特殊人物的专利品，两者无法截然分开作分离式的理解。然而比较极端的后现代论者恰恰认为，文学文本与史料档案之间不存在根本性的差别，对它们的阅读也应该不予区分。对此周锡瑞批评说："何伟亚颠覆史料（事实）与解释之间的那种被认为是理所当然的关系。"① 这种派生于文学批评的理论否认文本具有任何固定的意义，同时也反对在文本、阅读与理解上存在着准确与谬误之分，这套理论的运用即是何伟亚上述态度的根源。

如果公允一点评价的话，笔者以为即使周锡瑞的批评有一定道理，却并不足以从根本上动摇后现代史学对现代性叙事的批判能力。历史想象的个别失误并不能证明"想象"本身合理性的全面失败。至少对于传统西方中国学而言，完全按照功能主义的观念指责清朝统治缺乏现代意义上的"理性"的判断仍然有待重新检讨。周锡瑞也承认，清朝与亚洲邻国的关系及其交流规则远非现代的华夏中心主义认知框架所能概括，中国和英国的关系在乾隆时期也更像两个帝国基于不同外交准则的相遇。在当时的历史境况下，我们谁也无权替代双方选择什么样的规则，并决定其合理性的程度，因为合理性有时也是被塑造训练出来的，背后存在着相当复杂的权力支配运作过程。在中国，渊源于西方的所谓"普遍理性"原则是被逐渐建构起来的。很明显，我们现在习惯接受的国际关系交往的对等准则，就是西方现代意识和制度刻意训练的结果。我们当然没有理由要求乾隆时期的中国人也同样接受如此的结果。即使我们要复原这种理性支配的历史过程，也不能把这个结果提前数百年，以之作为衡量乾隆外交政策优劣的唯一依据。起码后现代的视角可以让我们避免

---

① 参见周锡瑞：《后现代式研究：望文生义，方为妥善》，载《二十一世纪》（香港）1997 年 12 月号。

发生如陈小眉所说的"自找的东方主义"（selfimposed orisentalism）。①

周锡瑞批评的另一个焦点是，何伟亚对政治态度与意识形态立场既采取批评又采取认同的暧昧态度。如何伟亚曾经说过：

> 撰写历史也牵涉到知识的创造与传播，这个政治活动是所有学术研究都要卷入的。因此，争论的焦点并不是如何使叙述更少带有偏见和更少带有意识形态色彩，而是如何在日常的多重诠释与权力结构的关联中，确定我们自己的编史立场。②

周锡瑞批评说，这样的研究只能造成"史学家并不承担任何保证其解释与史料相符的义务，他（或她）不需要在读解史料时尽量减少个人的偏见或意识形态，以求得到一种对历史的准确重构"。③ 值得注意的是，周锡瑞与何伟亚之间虽然存在着严重分歧，但仍共享一些认知前提，那就是均认为历史无法被完全客观地加以把握。但周锡瑞仍相当明显地坚持现代化的分析立场，他说："我可以断言，历史的事后认识加上来自近代社会历史和社会科学的累积性知识，使我们完全有理由相信，我们拥有优于18世纪清廷的知识。"④ 可是他并没有回答，这种知识是否与复原历史的可能性有关，及如何复原历史的客观性。何伟亚对此类事件的判断可能更有合理性，如他认为功能主义的解释仍是出于后人的判断，但清政府对自己礼仪的合法化功能有着清醒的认识，因而在讨论礼仪的功能问题时，不会发生后人替代古人实施判断的知识优越感。

笔者个人的感觉是，何伟亚更多地是为防止从西方现代国际关系准则的角度对乾隆外交政策实施价值评判。他的任务是解构这种判断赖以生存的权力话语，同时也把解构工作当作了自己的某种政治立场。如此

---

① Xiaomei Chen, *Occidentalism：A Theory of Counter-discourse in Post-Mao China*，New York：Oxford University Press，1995.

② 参见周锡瑞：《后现代式研究：望文生义，方为妥善》，载《二十一世纪》（香港）1997年12月号。

③ 参见周锡瑞：《后现代式研究：望文生义，方为妥善》，载《二十一世纪》（香港）1997年12月号。

④ 参见周锡瑞：《后现代式研究：望文生义，方为妥善》，载《二十一世纪》（香港）1997年12月号。

言说当然和政治脱离不了干系，却有可能在"同情之理解"这个层面相对平等地看待中英双方的关系，至少可以相对平和地理解各自所持立场的历史缘由。这说明，后现代方法的贡献不仅仅表现在激进地解构某种叙事策略方面，而且提供了解读历史对象的多元视角。这些视角有可能使我们对历史的解读深化进不同的层次，特别是那些被神话化的维度及其与构造其权力系统关系的探究，应是一个重要贡献。因为这类叙事往往重点不再强调过去确实发生了什么，而在于它如何被后人为自己的目的而加以重新塑造，这个角度是以往叙事所忽略的。柯文曾以"拉史曼（Rashomon）效应"加以说明。所谓"拉史曼效应"，在英语中是指不同的人依据自己所处的不同位置（不论是确实的还是象征性的），而对某个事件所做出的不同解释（不同版本的"真理"）。后现代的历史写作则进一步认为，人们所创造的历史和人们所写的、所利用的历史之间存在着一种张力。[①] 因为"现代化"叙事中的实证主义是基本拒绝对历史对象进行不同的建构式理解的，求真的逻辑具有相当的垄断性。因此，破毁现代化逻辑的层次至少应该包括两个方面：一是对历史资料想象层次的破坏，即把历史事件、历史经历和历史神话的构造分开加以认识，柯文近期关于义和团的研究对此进行了尝试。二是对原先由现代化逻辑指导下建构起来的对史料主体与边缘界限的划分。一些不被人注意的处于边际位置的史料开始被纳入研究视野，由此引发了性别研究、医疗史研究等新的研究领域。可见我们需要澄清一个误解，即后现代研究只是靠凭空想象来建构自己的史学解释框架，而完全忽略了对史料的搜集和解读。实际上真正后现代意义上的史学应该更加重视史料的开掘，只不过他们不会戴着现代化逻辑制造的眼镜去筛选甄别面前的史料，而是更加关注被主体史学遗漏掉的边缘性史料而已。

　　围绕《怀柔远人》的争论，也使笔者联想到了另外一个问题，即学术批评过程中如何遵守相应的规则，而不至于造成批评视觉的错位甚至感情的伤害。笔者发觉，对何伟亚的批评本来是美国中国学界内部的学术之争，但这场争论的部分文章翻译成中文发表后，一些中国学者也卷

---

　　① 参见柯文：《理解过去的三条途径：作为事件、经验和神话的义和团》，载《世界汉学》创刊号，123 页。

入了混战。中国学者参与讨论别国有关中国研究的争论本属正常，有些文章批评也可谓言之成理，但有些学者却无意了解何伟亚所采用后现代方法的渊源背景，而一味度之以己意，用自己熟悉的史学方法作为衡量此书优劣的唯一尺度，完全游离于相关的学术语境之外。周锡瑞与这些学者的区别乃是在于，他首先相当理解后现代想象历史的规则以及它要准备挑战的相关思想论域的复杂背景，然后通过其自身理论脉络的观察来识别其误读历史的原因。这样一来，争论双方虽然基于不同的立场，却能保证在同一个层次上进行对话和展开相互批评，至少在基本的理论前提方面不易造成误解，容易形成一种健康开放的争论风气。与之相比，某些中国学者的批评却不是基于对后现代理论的基本了解出发，谨慎地辨析理论与史料的契合程度，然后施之以有理有据的评论，而是完全仅凭自己的主观印象，一听说是用后现代方法研究中国历史的著作，马上直观反应就是不值一读，甚至在书都没有读的情况下，仅凭想象去指责何伟亚可能犯什么样的错误。近期历史学界对人类学家研究历史的批评，亦属类似的情况。批评者根本没有从人类学界自身语境出发来理解人类学与历史学界在方法论上有可能相互渗透的关系，而是一上来就否定了人类学方法对于历史学研究有可能造成的启迪意义，继而直接攻击人类学家对史料的误读。这种批评由于不是基于同一个层次和基点看问题，使双方根本无法找到讨论的基础，从而形成了令人遗憾的批评错位。[1]

四、后现代研究取向的自我调整和发展

后现代理论对中国历史学的最大冲击，在于它试图把中国在近代的变化置于一种全球发展的权力脉络之中重新加以定位，借以在相对平等的语境中透视双方的互动关系。这种路径从表面上看虽然也是从中西方相互参照的视角观察历史现象，却既可以避免"冲击—回应"模式与"帝国主义论"中暗含着的现代化霸权取向和政治意识形态的表述，又可避免仅仅从模仿中国人感情世界的移情视角出发，单面性地强调本土化

---

① 参见曹树基：《中国村落研究的东西方对话——评王铭铭〈社区的历程〉》，载《中国社会科学》1999年第1期。

传统的不变作用，而忽略了全球权力网络对其存在方式的制约。

仍以何伟亚的研究为例。如果说何伟亚在《怀柔远人》之中由于在某些地方误读了清朝宫廷的外交史料，从而在体味中国人的感性思维方式方面可能有所隔膜的话，那么他出于后殖民批评的立场对西方世界通过外交档案营造对东方世界的想象，然后以之作为推行权力扩张机制的依据的描述，却显得游刃有余，其批判的锋芒颇具有令人赏心悦目的穿透力。

在《档案帝国与污染恐怖：从鸦片战争到傅满楚》这篇文章中，何伟亚指出，从 20 世纪初到 60 年代，西方不断通过小说和电影娱乐生产系统，塑造出了一个名叫"傅满楚"的中国人形象。"傅满楚"拥有自从明恩溥发表《中国人的特性》以来，各种传教士、外交官回忆录、皇家海关报告所诠释出的所有关于中国人的国民性特征，诸如聪明、狡诈、残忍、勤劳而且讲究实际等。关键在于，"傅满楚形象"作为一种"东方化"的符号，一直延续到"冷战"时期，成为"中国威胁论"的文化表述资源，甚至成为亨廷顿"文明冲突论"理论创构的历史佐证。不过何伟亚的兴趣其实不在复原或揭示西方如何按照自己的想象建构东方人的形象，因为自从萨义德发表《东方主义》之后，有关这方面的研究已成显学，有关著作的出版也可用"汗牛充栋"加以形容。何伟亚想要揭示的是，西方在处理与东方关系的过程中，如何形成文学想象与档案管理之间的共谋关系。具体而言，他是想破坏由"现代性"叙事建立起来的档案具有绝对真实性，而完全与流行文化的虚构性无关这一人们习以为常的"神话"。流行文化与档案管理的相关性在于，英国皇家通过多年档案搜集形成的所谓有关中国记载的"纪实风格"，实际上有可能与文学作品相配合，一起助长了西方对中国的虚幻认识。这个由传教士、商务和外交机构所交织而成的网络具备两个功能：他们创造了供信息流通的安全渠道，与此同时，他们更深地嵌入中国，将中国本土再编码并使之与全球网络联通。① 同时，"傅满楚系列"所代表的流行文化描述也不完全都是虚幻的想象，其连续性的言说脉络虽然不断变幻着东方的场景，如

---

① 参见何伟亚：《档案帝国与污染恐怖：从鸦片战争到傅满楚》，载《视界》第 1 辑，98 页。

从 20 世纪初的灰暗色调的中国到具有"红色恐怖"特征的共产党国家，却都昭示着一个不变的主题，即中国如何在持续不断地威胁着西方的生存状态。这种想象一部分是从对中国传统"华夏中心主义"的历史定位中推导而来。这种推导试图证明，既然中国人自古习惯处于"世界中心"的位置，中国人就必然与西方人争夺生存空间。另一个焦虑则显然来源于对中国自身发生变化的恐惧，如 60 年代中国爆炸原子弹实验成功之后，在 1965 至 1968 年的短短几年中就有五部"傅满楚电影"在英国上映。① 所以何伟亚关注的是，西方人如何在档案基础上创造中国威胁西方这一貌似有理的幻觉的。

何伟亚对档案内容本身的诠释，是想超越以往人们对帝国想象与被殖民世界知识生产方式之间关联性的传统论述。这种论述或者纠缠于档案史料是否再现了与真实客体之间的关系，或者停留在致力于发现对殖民地遭遇的道德谴责和批评这个层面，而没有发觉帝国的认知体系所依赖的物质实践（包括人口普查、地图绘制、族裔与自然史描述以及对于这些书写媒介的收集整理和编目存储）是由想象与虚构重构起来的。这些认识体系成功地生产了对于其他民族、其他地域和其他知识的信息，也由于人们对于这类信息生产的物质性的忽略，这一套知识—档案—国家机构的实用性被遮蔽了。②

更为重要的是，后现代理论使对历史对象诠释的多种途径确立了各自的位置和价值。现代化叙事几乎只承认对历史现象的所谓"复原"程序，即比较接近历史经历的那种状态的复原，尽管他们的复原是按照现代化路径做出的主观推测，而拒斥其他解读历史的可能性。后现代史观认为被亲身体验的"过去"未必比历史上重建的"过去"更有价值，历史上重建的"过去"也未必比神话化的"过去"更有价值。因为在各自领域里，这几种看待历史的方式都有相当牢靠的依据，在各自不同的场景中发挥着作用。这种对历史对象的类别划分和各自定位，实际上大大

---

① 参见何伟亚：《档案帝国与污染恐怖：从鸦片战争到傅满楚》，载《视界》第 1 辑，108 页。

② 参见何伟亚：《档案帝国与污染恐怖：从鸦片战争到傅满楚》，载《视界》第 1 辑，92 页。

扩展了历史研究进行多元诠释的可能性。后现代面临被质疑的一个问题是，后现代强调个人经验的特殊性，这是否意味着存在一个危险，那就是一种个人经验如果只以特殊的状态存在，那么我们如何确认它对群体和社会的意义呢？后现代论者的回答是：这种独特性的背后，其实深嵌着自觉体验的过去的各个方面都会遇到的一些基本模式。① 因此，个人的特殊经验仍可以在普遍意义上构成对群体经验的说明，比如柯文通过对义和团神秘仪式的研究，发现它与世界上其他地方对降神附体的体验、对死亡威胁的恐惧等颇有相似之处。这些经验尽管可能和一些非人格性的大趋势的探寻无关，却可能构成另一种历史的微观现场。当年福柯提倡以"微观权力学"的"身体政治"分析取代国家官僚机构的上层分析，恐怕亦有此初衷。

后现代文学批评理论对史学研究的影响是多方面的，甚至触及语言书写的规则如何影响到了中国现代民族国家话语的建构过程，从而改变了思想史的解释取向。刘禾就企图通过对中西语言"互译性"的探究，来揭示现代汉语写作背后知识与权力的互动运作所包含的复杂含义，并想通过这样的方式修正传统思想史研究的缺失，特别是修正近代思想史研究中把中国思想的表述预设为具有"自明性"的做法。刘禾对原有翻译理论中把语言视为具有透明度的假设提出质疑，这种翻译理论认为各种文化之间的语言使用具有天生的本质对应性，翻译的目的只在于揭示这种对应性。这样的揭示完全删略了此对应性有可能包括的历史内涵，无形中把中国思想界对西方语汇的接受看作一种理所当然毫无悬念的被动过程，进而遮蔽了语汇输入传播背后的权力支配关系。刘禾则把现代语汇的"互译性"看作社会和历史的建构过程，特别是它与社会实践和各种历史运动之间的情景对应关系，由此提出了"跨语际实践"（transligual practice）这个概念。刘禾自己解释说："我希望跨语际实践的概念可以最终引生一套语汇，协助我们思考词语、范畴和话语从一种语言到另一种语言的翻译、介绍和本土化过程（当然这里的'本土化'指的不是传统化，而是现代的活生生的本土化），并协助我们解释包含在

---

① 参见柯文：《理解过去的三条途径：作为事件、经验和神话的义和团》，载《世界汉学》创刊号，132 页。

译体语言的权力结构之内的传导、控制、操纵及统驭的模式。"① "跨语际实践"作为"中层理论"显然影响到了 90 年代中国思想史的写作方式。如汪晖对近代关键词的梳理就受到了这一模式的影响,特别是注意到了关键词的历史建构过程,这明显使其研究成为与传统思想史叙述的分水岭。但汪晖与刘禾的不同之处在于,他不太关心跨语际实践的西方背景和构造关系或者是语际转换的临界点发生的故事,而是更注意语际转换之后传统中国的思想家在话语运作上所表现出的困惑与悖论关系,最终把一种跨文化语式转换成了探索思想界内部"自我认同"的语式。

刘禾以"跨语际实践"为工具,探索了许多人们耳熟能详的思想史命题,如"个人主义话语""国民性理论""民族国家文学"等。但"跨语际实践"的分析方法也面临着一个难以解决的致命弱点,那就是它基本搬用了萨义德批评"东方主义"的框架和"理论旅行"的假说。在这些框架中,萨义德虽然批评了西方为了自己的目的而营造东方形象的历史,也并未把它仅仅视为文本再造,而是兼顾了其制度建构的过程,但萨义德同时也把西方文明"本质化"了,认为它是一个统一和无法分割的外在干预力量。最为重要的是,萨义德基本上忽略了东方世界抵抗方式的存在及其对西方世界话语的再塑作用,而仅仅把它视为单向塑造和渗透的过程。② "跨语际实践"强调的是所谓"互译性",但我们只能看到西方话语的支配作用,而基本看不到东方话语的反支配作用的影响,因为在这个框架里,其反向影响几乎被忽略不计了。如此一来,所谓"跨语际实践"强调的"互译性"就变成了"单译性"。这可能是因为萨义德和刘禾等人是在美国大学里任教,长期接受的仍是西方教育的缘故,他们虽然有非西方的族裔身份,却无法摆脱西方语境下的单向思维。萨义德似乎自己也认识到了这一弱点,在被视为《东方主义》续篇的《文化与帝国主义》这本著作中,萨义德不再在东/西方二元对立的框架下,把西方视为主动、强势的一方,把东方视为被动、弱势的一方,而是把

---

① 李陀:《语际书写——现代思想史写作批判纲要·序》,上海,上海三联书店,1999。

② 参见詹姆斯·克里福德:《论东方主义》,见罗钢等主编:《后殖民主义文化理论》,22~42 页。

东西方的相互依赖看作近代历史的主流。① 可是"跨语际实践"基本还停留在《东方主义》的认知思路里，特别是在对"互译性"的作用阐释中，完全强调的是西方的优势支配的强力影响。比如在讨论"国民性理论"在20世纪初期从形成到流行的复杂过程时，基本上都突出强调作为弱势群体的中国知识分子如何被动接受了西方的"国民性话语"，从而转化为批判中国传统的有力资源。比如分析梁启超对国民性的理解就突出其批评国人缺乏民族主义，缺乏独立自由意志和公共精神，认为这些缺点是中国向现代国家过渡的障碍。刘禾认为，到了陈独秀倡导的新文化运动，特别是后来的五四运动时期，"国民性话语"开始向我们熟悉的那种"本质论"过渡。② 言外之意，从此中国人看待问题的方式亦被简单化了。如此诠释，完全忽略了在"国民性话语"塑造过程中中国知识分子有可能具有什么样的自主性，特别是知识分子有可能采取什么样的抵抗策略。从这个角度而言，历史的乐谱重新被本质主义式地定好了优劣高下的调子，而根本不可能视为一种历史性的建构。道理很简单，高下已判，复有何言?! 比如如果我们仅仅把鲁迅对国民性和传统的批判与明恩浦的《中国人的特性》中所描绘的中国人的形象看作相互衔接的精神批判序列，就显然低估了鲁迅思想的复杂性及其对现代性进行反思的卓越能力，至少忽略了鲁迅思想世界所呈现出的中西交错的悖论状态。③

刘禾也曾经试图探析鲁迅思想在吸收"国民性理论"时所表现出的复杂意义，她说："如果我们要更深刻地批评国民性概念，我认为不该简单着眼于鲁迅思想对从西方引进的这一理论的接受或拒绝，而应探讨两者之间的张力。"④ 在具体分析《阿Q正传》中，刘禾发现小说中与阿Q并列存在着一个叙事人的角色，这个角色有能力批评阿Q的行为和思想，由此鲁迅就超越了明恩浦的支那人气质理论和传教士话语。然而刘

---

① 参见萨义德：《文化与帝国主义·导言》，《赛义德自选集》，162~182页，北京，中国社会科学出版社，1999。又参见王晴佳：《后殖民主义与中国历史学》，载《中国学术》第3辑，255~287页。

② 刘禾：《语际书写——现代思想史写作批判纲要》，70页，上海，上海三联书店，1999。

③ 刘禾：《语际书写——现代思想史写作批判纲要》，75~85页。

④ 刘禾：《语际书写——现代思想史写作批判纲要》，91页。

禾并没有把叙事人与鲁迅思想发展的复杂脉络和悖论关系真正联系起来加以考察，而是只限于在《阿 Q 正传》作为文本意义上与相关西方作品的叙事方式的联系上把握鲁迅的精神世界。这在中国近代文学批评研究方面当然是个不小的突破，但是如果从现代思想史研究的角度看则仍显单薄。因为叙事人的设定似乎只有形式上的文本转换的意义，而没有历史与社会内容的具体分析。

值得注意的是，在最近发表的一篇题为《普遍性的历史建构——〈万国公法〉与 19 世纪国际法的流通》一文中，刘禾已经注意到了非西方国家对西方话语的抵抗、消解乃至重塑的作用。她批评费正清以来的中国学研究完全从"华夏中心主义"的角度理解清朝与西方交往的关系，认为对于西方帝国主义的抵抗并不是必须理解为"传统的"才是有意义的，"把抵抗贬为'传统'这在殖民主义史学的国际关系研究中处于核心地位，而决不仅仅限于中西关系"。[①] 因为：

> 殖民主义史学，即使按照它自己的标准，也是非历史的，因为它拒绝在传统与现代、落后与进步、特殊性与普遍性这样一些先定的概念模式之外理解那些面对面的和日复一日的抵抗的意义。[②]

因此，19 世纪中国的国际法翻译就不再仅仅是一个文本事件，也不再是一个纯粹的外交事件。这事件还有第三个方面，可以尝试称之为一个认知事件。[③] 这个认知事件与文本事件、外交事件一起，构成一个三重事件。对三重事件的交叉分析，有利于摆脱仅从文学批评和文本分析角度理解"互译性"的内涵，而力求在更为广阔的历史现场中捕捉思想变化的意义。

笔者不知道刘禾的转变是否与萨义德的转变有什么直接的关系，但

① 刘禾：《普遍性的历史建构——〈万国公法〉与 19 世纪国际法的流通》，载《视界》第 1 辑，67 页。
② 刘禾：《普遍性的历史建构——〈万国公法〉与 19 世纪国际法的流通》，载《视界》第 1 辑，67 页。
③ 参见刘禾：《普通性的历史建构——〈万国公法〉与 19 世纪国际法的流通》，载《视界》第 1 辑，69 页。

后现代解读历史的角度确实向我们原来历史学研究处理史料的方式提出了质疑和挑战。例如传统马克思主义史学家总是把生产方式转型作为社会变化的最主要依据，这不仅是基于目的论的信仰，而且是以西方启蒙以来的制度与思想为依据作为评价非西方社会历史演变的前提。它虽然质疑殖民主义对非西方世界的压迫关系，但同时又肯定了这些压迫关系所依赖的价值标准存在的合理性，只不过认为在行使和推广这些价值时采取暴力方式是不合理的。由此而观，马克思主义历史学家关于史料的假设以及分析原始材料的方法，可能和殖民主义史学的区别微乎其微。①

　　后现代理论家是从揭露线性进化观与民族国家之间的隐蔽关系出发挑战正统史观的，但他们的分析并不想完全排斥民族国家形成的既有历史地位，而只是想在一种历史流变的表述框架中考察制约国家身份认同的动力机制及种种民族主义表述的意识形态假设。国家既然是一种历史建构，而不是本质性的实体，在形成过程中，它会包容某些群体，同时也会对另外一些群体施行排斥或采取使其边缘化的策略。后现代的研究就是要关注那些构成国家对立面的"他者"，从而探究它们隐含着的国家创建的原则。以往人们往往关注国家创建过程中的统一、集中化的趋势，而看不到在这种统一过程中被压制、被遮蔽的声音，以及在压制过程中国家如何达到自己的意识形态目的。从现有的研究来看，这个目标可以说已经部分地达到了，但是正因为"后现代论"者只是集中关注民族国家建构背后的权力关系，而可能并不质疑其中的某些建构原则，所以有可能恰恰会掉进自己的批判对象所搭设的陷阱之中。比如杜赞奇在近作《从国家拯救历史——质疑有关现代中国的叙事》一书，就提出用"分叉历史"（bifurcated history）去对抗线性的、民族国家的"大写历史"（History）。② 可是有论者已指出：由于杜赞奇在书中过分集中于知识分子的叙事，而基本忽略了属于"沉默的大多数"的历史活动的表现，所以在叙述"分叉历史"时常常会露出线性史的尾巴。通过考察线性叙事

---

①　参见刘禾：《普通性的历史建构——〈万国公法〉与 19 世纪国际法的流通》，载《视界》第 1 辑，67 页。

②　参见 Prasenjit Duara, *Rescuing History from the Nation*: *Questioning Narratives of Modern China*, The University of Chicago Press，1995.

中的"分叉历史"来否定线性历史，用精英史的研究方法批判线性史，使杜赞奇表现出了难以克服的含混和矛盾。出现类似的矛盾当然不是某个研究者面临的个人问题，而是后现代理论在史学研究中遇到的普遍困境。前述贺萧对妓女阶层进行"声音考古"时所遭遇到的尴尬，亦属于同一问题。①

五、"常识性批判"：立场与方法如何区分？

前面曾经说过，当《怀柔远人》在美国获奖时，和以往一样，对于中国主流学术界而言，这类后现代语境中出现的时髦故事因为过于玄妙难解，自然波澜不惊般地被悄悄边缘化了。然而在短暂的沉默之后，中国学者终于站出来说话了，这一出手就仿佛宣判了书中所虚构的后现代神话的死刑。理由很简单，何伟亚根本就"不识字"，因为他把"怀柔远人"解说为平等对待远方的客人，实则中国朝贡体系的实质恰恰是一种不平等的构造关系。再往下推导，类似后现代创设的文化多元中心论根本就是个历史幻觉。

颇堪玩味的是，在中国传统史学脉络中，这大概属于一种典型的"常识性"批评方法，特别是清朝乾嘉以来，是否"识字"变成了迈入学问之境的基本阶梯，因为识字既是明晰义理的必要条件，也是充分条件。故学问之径向来有"尊德性"（重义理）与"道问学"（重识字）之分，而且在清初以后，"道问学"取向大有垄断学坛之势，思想史也随之形成了一种新的内在转向。自章学诚倡导"六经皆史"以来，以识字为先的传统迅速从经学弥漫至史学，并内化为一种带有根基性的批评方法。然而识字与阐发义理之辨在学术传承谱系中虽屡有消长，却基本尚属于治学态度的选择，二者之别无分优劣，具有中性色彩。可是在现代中国的学术语境中，识字的常识性批评却具有了某种权力支配的意味，从而在强调其话语力量的同时，有可能遮蔽乃至封杀极富创见之研究的申辩和伸张观点的权利。比如这次我们对待何伟亚的态度就是如此简单：你连

---

① 参见相关的评论，吴飞：《"分叉历史"中的"大写历史"》及李猛：《拯救谁的历史》，载《社会理论论坛》1997 年第 3 期。

字都不识，义理层面上的东西根本就免谈。话外音就是，只要老外识字功夫不够，无论你的著作在更高的理论层面有怎样的创设和突破，一辈子也顶多是个小儒而已。以乾嘉时期识字功夫聊以自慰的虚骄心态，变成了学术界长期拒斥乃至悬置西方研究成果的一面挡箭牌。

这种虚骄心态的产生自然有其复杂的远因，这里暂且存而不论。单就近因而言，这与80年代中国学术界呈两极摇摆态势有关。进入80年代，中国学术界忽然发现，以往史学与哲学的结构化叙事，逐步使人落入了决定论的陷阱，对人的一切活动的描述似乎仅仅是被动性地置于预设的线性目的论框架之中，进而厌倦了对马克思主义庸俗化的政治叙说，港台地区话语中强调文化内在解释的观点被大量移植和模仿，并迅速成为一大景观，正是此类转折心态的反映。港台地区话语的典范特征是一种变相的"文化决定论"，如当代新儒家所刻意强调的中国文明与西方文明的异质性，及其在现代性转折中的作用，其实与西方现代化论者对中国文化的定位是一致的。无论这种取向是否有与西方合谋之嫌，它都已确定无疑地成为"东方主义"叙事链条的一个组成部分。

港台地区话语中的史学派并不认同新儒学对儒学精神和中国文明所做出的本质性规定，而是把文化还原为一种具体的历史形成过程。但是，如此明确的历史主义态度往往限于表现思想史内部的诠释效果，我们尤其应该注意这种态度发生的特定语境。如余英时在阐释知识分子的产生过程时所表示的：我们所不能接受的则是现代一般观念中对于士所持的一种"社会属性决定论"。今天中外学人往往视士或士大夫为学者—地主—官僚的三位一体。这是只见其一、不见其二的偏见，以决定论来抹杀士的超越性。读罢这段话我们会发现，由这一路径返归的思想史方向，由于过于强调对"社会属性论"的纠偏效果，结果对知识分子身份做出了非历史性的解释，即由于过多地强调士所持守的良知具有毋庸置疑的历史正当性，从而不知不觉把自己划归进了新儒家的队列。① 另一方面，史学研究也相应从关注外部因素的社会经济史传统被纳入"内部解释"的循环圈中。在这一循环圈中，思想史的任何演变几乎都可以从国学自

---

① 参见杨念群：《儒学内在批判的现实困境——余英时〈现代儒学论〉简评》，载《二十一世纪》（香港）1997年4月号。

身演进的脉络中找到答案。大陆学术界当年热热闹闹地向文化彼岸的摆渡，正是舶运这种合流意识的结果，以致我们总有理由站在国学的立场上对不识字或识不好字的外国人说"不"，以掩饰自身缺乏具有世界性问题意识的困境。

奇怪的是，当大陆学术界与港台地区意识正急迫地合流汇入"东方主义"旋律中时，西方汉学界却在不断调校着观察中国的视角，其主要特征是认定文化并不仅仅表现为一种由文本负载的思想形式，如抽象化的儒家思想，而是应作为物质化的表现形式被关注，如文化可能是时间使用的模式，可能是身体的位置、服饰表征和公共雕塑，如果这样界定，文化就可能处于吉登斯所说的"使动—被动"的中间状态。何伟亚在美国 *Positions* 杂志上发表的一篇追溯和批评美国汉学界研究方法的文章中，就试图摆脱中国朝贡体系由文化设计决定的陈旧观念，而把它放在更开阔的背景下进行观察。何伟亚曾经批评费正清受帕森斯和韦伯的影响，把中国社会构造成一个单纯由精英控制的社会。在这种观念支配下，精英对一些文化符号观念的再生产可以直接关联到对外政策的构造层次，并决定其走向。文化在这里被视为是与贸易、法律等纠合在一起的因素，并规定其运作的方式。① 后来美国汉学界盛行的"地区研究"，就是要尝试把文化剥离出"整体论"的脉络，重新进行具体的定位。

也许有人会说，这个观点并不新鲜，80 年代以前中国学界早已摆脱了"文化决定论"的模式，力图从社会经济的角度寻求历史变迁的复杂原因。如果披览现代史学演变的曲折轨迹，发轫于三四十年代的"中国社会史论战"，确实为中国史学的结构化研究奠定了雄厚的基础。种种迹象表明，其研究方法及进程大有超越以国学视角为基础的"内部解释"和建构于文化想象范式之上的"东方主义"猎奇取向的态势。可惜这一取向被庸俗化之后，古史研究就被简化为"经济决定论"式的图解，并一度出现"五朵金花"（即集中于对"中国封建社会起源于何时""资本主义萌芽"等五个论题的讨论）代替满园芬芳的局面。就在此时，中国人也照样陷于假问题而不知，闹出过"不识字"的笑话，如不知"封建"

---

① 参见 James L. Hevia, *Culture and Postwar American Historiography of China*, in *Positions*, 1993.

二字之真义，使得反复揣摩"封建社会为什么延续这么长？"这个假问题时所渡过的漫长岁月变得没有什么知识增量的意义。话虽如此，这个账却不能完全算在社会经济史研究方法的头上，我们显然不能把庸俗化的责任都推到从迪尔凯姆、马克思到韦伯、福柯对社会制度运行的出色研究上。中国史学界需要摒弃的是两极化的立场，否则在反思庸俗化经济史观的同时，会一不留神把社会理论这个大盆里的污水和婴儿一起泼掉。也许在泼掉这盆水后，他们才终于会在重新穿起国学长袍的一刹那，为自古即有的"常识性批判"找到一个最好的借口。

以上我们追究的"常识性批判"方式是以识字为依据的。目前学术界尚流行另外一种常识性批评策略，这一批评取向往往以个人经验为原点，把对某种信念的应然诉求与实际研究中所应采取的价值中立立场混同起来，作为判断学术研究优劣的根据。比如现在有一种很普遍的说法，由于中国社会还没有完全实现现代化，那么任何属于西方"后现代"范围的方法观点在中国都是不合时宜的，甚至有碍于中国的现代化建设。对现代化的应然认同这种已相当泛化的"常识性态度"，不但被表述为政治乃至个人的诉求，而且成为衡量学术合理性的唯一标尺。在这一标尺的裁量下，像《怀柔远人》这样采取后现代视角的著作，自然会遭到激烈的批评。这次倒不是因为不"识字"，而是书中所运用的方法违背了"现代化义理"。

如何看待"后现代"显然是个大而无当的问题。在西方，支撑"后现代话语"的理论背景也十分复杂，可是落实到历史研究的具体层面，后现代的取向其实相当简单，其目的就是试图把研究的场景移出受"现代主义"（presentism）意识形态熏染过久的整体认知框架，而力图站在历史当事人的立场上发言，或倾听他们的声音。比如对中国妇女缠足问题的研究，缠足现象按现代化的历史标准衡量，早已被确认为是丑陋落后的符号象征，可是在后现代的视野里，反缠足运动有可能是现代化程序实施的一个理性结果。然而他们敏锐地发现，反缠足运动发起之初完全是由男人策划设计的，可以说是一个纯粹的男人运动，而女性自己的声音却在现代化的大潮中被彻底湮没了。我们不禁要问，作为缠足对象的妇女到底是怎样感受和认知这一现象的？在中国传统的历史语境中，

"缠足"向来是被当作审美性行为而被叙说着。也许"现代化论"者们会辩解说,"缠足"审美性的发生也是男人权力话语塑造的结果。不过这一在现代性框架支配下的判断不一定有充分的证据,因为持有现代化合理性的立场反而极有可能遮蔽妇女当事人自己的声音。后现代方法就是要复原和发掘这些被遮蔽的声音,其合理的价值是显而易见的。笔者想当年福柯解构现代叙事的深意也就在于此。福柯肯定已意识到,如果历史故事只能按现代化叙事程序包装成标准产品,历史将变得索然无味。这条包装流水线建构出的话语霸权,会使得历史中出现的多元合唱曲谱被压缩成单调的独角剧本。

需要申明的是,对缠足妇女当事人感受的追踪,并不表示研究者就赞同缠足这一社会行为,而是重构历史的一种策略,而我们往往将其误解为是一种反现代化情绪的表述。当然,也有一些后现代的研究著作如高彦颐在《闺塾师》中对 17 世纪江南妇女所进行的女性主义视角的观察,就是预先设定"五四"所昭示的妇女被压迫的历史情景是虚构的政治神话,内中包含着相当明显的反现代化立场。但是就其后现代的研究策略而言,其对妇女社会生活细致准确的把握能力,仍可弥补现代化男性视角观察的不足。①

对后现代研究方法予以同情性的了解,就是要试图把现代性附加于我们身上的支配痕迹与历史原有的痕迹区分开来,这不是说要在抱有复原历史希望的同时,放弃自己现代化的立场,而是把个人的现代性经验放在历史的具体场景中重新加以验证,如能运用得当,后现代理论无疑会给中国学术界带来巨大冲击,这与文学界某些"后学"票友们的即兴"玩票"姿态是完全不一样的。

后现代叙事的一个重要特点是,它企图用历史考古的眼光去解构由现代化的逻辑创构出来的群体经验,特别是从某些个人经验出发拼接起来的"群体经验"。依凭如此的解构方式,我们可以对许多现代性问题重新发问。比如我们可以设问:对"文革"痛苦的反思为什么总是超越不了个人痛苦的层面?我们当然不能说这些"痛苦"都是虚构的,但问题

---

① 参见 Dorothy Ko, *Teachers of the Inner Chambers*: *Women and Culture in Seventeenth Century China*, Stanford University Press, 1994.

是我们如何超越这种痛苦的感受语境？有些中国学者长期满足和局囿于个人经验的价值评判，而没有在多元历史的考古层面定位这种评判的合理性标准。对"文革"的反思，基本上是基于现代性价值理性支持的个人痛苦的直观咀嚼式反应，而要复原众多历史人物的体验，恰恰需要与个人的痛苦表述保持间距感，这就是后现代方法有可能做出的启示和贡献。

目前，中国学者在面临后现代的挑战时，很少能从学理上反思其优劣，而是急于标示出其反现代化的立场，然后予以抨击。其实，从论域上而言，"后现代性"问题是与"现代化"问题纠结在一起的，二者很难严格加以区分，然而有些学者却仍是把对现代化的应然诉求与学术问题中某些策略的有效运用，包括后现代方法的运用价值混淆起来，仿佛采取了后现代的视角，就理所当然地应该被贴上"后现代主义者"的标签，这个人自然就无可救药地成为一个"反现代化论"者，就会自绝于奔向小康大道的中国人民。这种"站队心理"成为90年代主义标签爆炸横飞的最明显表征。

基于现代化情结的"常识性批评"的另一重要表现，就是把对现代化的应然诉求通过个人经验予以信念化，并以此为标准裁定其他学术理念的合法性。由此而观，"现代化论"就仿佛变成了学者占据知识领域优位的身份证，采取现代化立场和是否用现代化论分析研究变成了同一个常识性问题，包括成为衡量一个学者是否站错队的标志。这样一来，对现代化的信念认同往往使之忽略许多现代化过程中出现的冲突和问题，仅就中国历史而言，我们一直沉迷于对现代化过程凯歌行进的合理化描述中，而没有打算对这一过程中出现的细微冲突予以关注，所以中国近代史的图像是显得那样苍白单调，变成了干巴巴的几条线索。后现代把历史碎片化后尝试构造出的新颖图像，虽然仍使人觉得多有疑点，但落实到具体的细节研究则无疑会校正及丰富被现代化叙事扭曲的历史图景，同时也并不妨碍我们对"后现代"观念持同样激烈批评的态度。

笔者这里并不打算为"后现代论"者当辩护师，以上观点也并不说明作者就完全同意其中后现代的理论预设。笔者所希望的是学界摒弃虚骄的"乾嘉心态"，正视当代思潮中所隐蔽的核心论域，而不是以"常识性批判"为名回避实质性问题的交锋和讨论。在 90 年代流行主义和泡沫思想的时尚里,笔者愿重申那始终不合时尚的观点,谈规范比谈主义要难,比急于"站队"要难,这个盛产文化明星的喧嚣时代始终需要"多研究些问题,少谈些主义"的默默耕耘和拓荒者。

主要参考文献

中文

艾尔曼：《中国文化史的新方向：一些有待讨论的意见》，载《学术思想评论》第 3 辑，辽宁大学出版社 1998 年版。

艾恺：《世界范围的反现代化思潮——论文化守成主义》，贵州人民出版社 1991 年版。

安东尼·吉登斯：《民族—国家与暴力》，胡宗泽等译，生活·读书·新知三联书店 1998 年版。

安东尼·吉登斯：《社会的构成——结构化理论大纲》，生活·读书·新知三联书店 1998 年版。

波林·罗斯诺：《后现代主义与社会科学》，上海译文出版社 1998 年版。

布莱克编：《比较现代化》，上海译文出版社 1996 年版。

曹树基：《中国村落研究的东西方对话——评王铭铭〈社区的历程〉》，载《中国社会科学》1999 年第 1 期。

陈来：《有无之境——王阳明哲学的精神》，人民出版社 1991 年版。

陈支平：《近五百年来福建的家族社会与文化》，上海三联书店 1991 年版。

程农：《重构空间：1919 年前后中国激进思想里的世界观念》，载《二十一世纪》（香港）1997 年 10 月号。

程农：《吉尔茨与 20 世纪的中国文化话语》，载《中国社会科学季刊》（香港）1994 年秋季卷。

程美宝：《区域研究取向的探索——评杨念群〈儒学地域化的近代形态——三大知识群体互动的比较研究〉》，载《历史研究》2001 年第

1 期。

程美宝：《地域文化与国家认同——晚清以来"广东文化"观的形成》，载《中国社会科学季刊》（香港）1998 年夏季卷。

R. V. 戴福士：《中国历史类型：一种螺旋理论》，刘东等译，《走向未来》第 2 卷第 1 期（1987 年 3 月）。

德里克：《革命之后的史学：中国近代史研究中的当代危机》，载《中国社会科学季刊》（香港）1995 年春季卷。

邓晓芒：《后现代状态与后现代主义》，载《中华读书报》1999 年 3 月 10 日。

邓正来：《台湾民间社会语式的研究》，载《中国社会科学季刊》（香港）1993 年冬季卷。

邓正来、亚历山大编：《国家与市民社会——一种社会理论的研究路径》，中央编译出版社 1999 年版。

E. 迪尔凯姆：《社会学方法的准则》，商务印书馆 1995 年版。

范仄：《90 年代 VS 80 年代——汪晖论》，载《中国图书商报·书评周刊》2000 年 9 月 19 日。

费孝通：《乡土中国》，生活·读书·新知三联书店 1985 年版。

费孝通：《费孝通选集》第 4 卷，群言出版社 1999 年版。

费正清（JohnKingFairbank）：《美国与中国》，世界知识出版社 1999 年版。

冯客：《近代中国之种族观念》，杨立华译，江苏人民出版社 1999 年版。

冯耀明：《儒家传统与本质主义》（近代中国历史的社会学阐释讨论会论文）。

格尔茨：《文化的解释》，纳日毕力格等译，上海人民出版社 1998 年版。

沟口雄三：《中国与日本"公私"观念之比较》，载《二十一世纪》（香港）1994 年 2 月号。

沟口雄三：《中国前近代思想史的曲折与展开》，中华书局 1997 年版。

郭湛波：《近五十年中国思想史》，山东人民出版社 1991 年版。

郭沫若：《中国古代社会研究》，人民出版社 1954 年版。

哈耶克：《自由秩序原理》，邓正来译，生活·读书·新知三联书店 1997 年版。

哈耶克：《个人主义与经济秩序》，贾湛等译，北京经济学院出版社 1991 年版。

哈贝马斯：《关于公共领域问题的答问》，载《社会学研究》1999 年第 3 期。

哈贝马斯：《公共领域的结构转型》，曹卫东等译，学林出版社 1998 年版。

哈贝马斯：《交往行动理论——论功能主义理性批判》第 2 卷，洪佩郁等译，重庆出版社 1994 年版。

哈贝马斯：《合法性危机》，陈学明译，时报文化出版公司 1994 年版。

何怀宏：《一个问题的变迁——从"中国封建社会长期延续"的问题谈起》，载《学术思想评论》第 2 辑，辽宁大学出版社 1997 年版。

何顺果：《社会形态不等于生产方式》，载《读书》1999 年第 6 期。

何伟亚：《档案帝国与污染恐怖：从鸦片战争到傅满楚》，载《视界》第 1 辑。

贺跃夫：《晚清士绅与近代社会变迁——兼与日本士族比较》，广东人民出版社 1994 年版。

黑格尔：《历史哲学》，王造时译，上海书店出版社 1999 年版。

侯且岸：《当代美国的"显学"——美国现代中国学研究》，人民出版社 1995 年版。

黄东兰：《近代中国地方自治话语的形成与演变》（未刊稿）。

黄东兰：《清末地方自治制度的推行与地域社会的反应——川沙"自治风潮"的个案研究》（未刊稿）。

黄兴涛：《文化怪杰辜鸿铭》，中华书局 1995 年版。

黄兴涛编：《旷世怪杰——名人笔下的辜鸿铭 辜鸿铭笔下的名人》，东方出版中心 1998 年版。

黄宗智：《中国农村的过密化与现代化：规范认识危机及出路》，上海社会科学院出版社 1992 年版。

黄宗智：《华北的小农经济与社会变迁》，中华书局 2000 年版。

黄宗智：《长江三角洲小农家庭与乡村发展》，中华书局 2000 年版。

黄宗智：《学术理论与中国近现代史研究——四个陷阱和一个问题》，载《学术思想评论》第 5 辑，辽宁大学出版社 1999 年版。

吉尔伯特·罗兹曼：《中国的现代化》，中国社会科学基金“比较现代化”课题组译，江苏人民出版社 1988 年版。

翦伯赞：《翦伯赞史学论文选集》第 3 辑，人民出版社 1980 年版。

蒋庆：《再论政治儒学》，见刘军宁等编：《经济民主与经济自由》，生活·读书·新知三联书店 1997 年版。

金耀基：《从传统到现代》，中国人民大学出版社 1999 年版。

金耀基：《中国人的“公”、“私”观念》，载《中国社会科学季刊》（香港）1994 年春季卷。

金重远编：《现代西方史学流派文选》，上海人民出版社 1982 年版。

景军：《定县实验——西医与华北农村，1927—1937》（未刊稿）。

景军：《知识、组织与象征资本——中国北方两座孔庙之实地考察》，载《社会学研究》1998 年第 1 期。

卡西勒：《启蒙哲学》，山东人民出版社 1988 年版。

柯文：《在中国发现历史——中国中心观在美国的兴起》，林同奇译，中华书局 1989 年版。

柯文：《以人类学从观点看义和团》，载《二十一世纪》（香港）1998 年 2 月号。

柯文：《理解过去的三条途径：作为事件、经验和神话的义和团》，载《世界汉学》创刊号。

克雷莫夫：《马克思主义关于社会形态的学说和对亚细亚形态说的批判》，载《史学理论》1987 年第 2 期。

J. 勒高夫等主编：《新史学》，上海译文出版社 1989 年版。

李伯重：《俨资本主义萌芽情结》，载《读书》1996 年第 8 期。

李华兴等编：《梁启超选集》，上海人民出版社 1984 年版。

李怀印：《20 世纪早期华北乡村的话语与权力》，载《二十一世纪》（香港）1999 年 10 月号。

李怀印：《20 世纪 30 年代河北获鹿县乡长制研究》（未刊稿）。

梁启超：《梁启超史学论著四种》，岳麓书社 1985 年版。

梁启超：《饮冰室合集·专集之二十三，欧游心影录》，中华书店 1989 年版。

梁元生：《史学的终结与最后的"中国通"——从现代美国思潮谈到近来的中近史研究》，载《学人》第 5 辑，江苏文艺出版社 1994 年版。

梁治平：《清代习惯法：社会与国家》，中国政法大学出版社 1996 年版。

梁治平：《梁治平自选集》，广西师范大学出版社 1997 年版。

林耀华：《柯莱论生活研究法与农村社会研究》，载《社会研究》第 4 期（1934 年 9 月 27 日）。

林毓生：《中国意识的危机——"五四"时期激烈的反传统主义》，穆善培译，贵州人民出版社 1988 年版。

林毓生：《中国传统的创造性转化》，生活·读书·新知三联书店 1988 年版。

刘禾：《语际书写——现代思想史写作批判纲要》，上海三联书店 1999 年版。

刘禾：《普遍性的历史建构——〈万国公法〉与 19 世纪国际法的流通》，载《视界》第 1 辑。

刘俊文主编：《日本学者研究中国史论著选译》第 2 卷，中华书局 1993 年版。

刘师培：《国粹与西化——刘师培文选》，上海远东出版社 1996 年版。

刘小枫：《个体信仰与文化理论》，四川人民出版社 1997 年版。

刘小枫：《现代性社会理论绪论》，上海三联书店 1997 年版。

刘志伟：《在国家与社会之间——明清广东里甲赋役制度研究》，中山大学出版社 1997 年版。

罗钢等主编：《后殖民主义与文化理论》，中国社会科学出版社 1999

年版。

罗兰·罗伯森：《全球化：社会理论和全球文化》，梁光严译，上海人民出版社 2000 年版。

罗梅君：《政治与科学之间的历史编纂——30 和 40 年代中国马克思主义历史学的形成》，山东教育出版社 1997 年版。

罗志田：《夷夏之辨与道治之分》，载《学人》第 11 辑，江苏文艺出版社 1997 年版。

罗志田：《历史记忆中忘却的五四新文化传统》，载《读书》1999 年第 5 期。

罗志田：《后现代主义与中国研究：〈怀柔远人〉的史学启示》，载《历史研究》1999 年第 1 期。

马克·布洛赫：《历史学家的技艺》，上海社会科学院出版社 1992 年版。

马克斯·韦伯：《新教伦理与资本主义精神》，于晓、陈维纲等译，生活·读书·新知三联书店 1987 年版。

马克斯·韦伯：《社会科学方法论》，朱红文等译，中国人民大学出版社 1992 年版。

牟宗三：《政道与治道》，台湾学生书局 1988 年版。

尼采：《历史的用途与滥用》，上海人民出版社 2000 年版。

南开大学历史系中国古代史教研室编：《中国封建社会土地所有制形式问题讨论集》（下），生活·读书·新知三联书店 1962 年版。

欧达伟：《中国民众思想史论——20 世纪初期至 1949 年华北地区的民间文献及其思想观念研究》，中央民族大学出版社 1995 年版。

皮埃尔，布迪厄：《实践与反思——反思社会学导引》，李猛等译，中央编译出版社 1998 年版。

钱大昕：《潜研堂文集》上海古籍出版社 1989 年版。

乔纳森·H·特纳：《社会学理论的结构》，浙江人民出版社 1987 年版。

乔治·E·马尔库斯等著：《作为文化批评的人类学：一个人文学科的实验时代》，王铭铭等译，生活·读书·新知三联书店 1998 年版。

乔志强主编:《近代华北农村社会变迁》,人民出版社 1998 年版。

全炯俊:《相同与相异——作为方法的东亚细亚论》,载《东方文化》2000 年第 1 期。

秦晖、苏文:《田园诗与狂想曲——关中模式与前近代社会的再认识》,中央编译出版社 1996 年版。

庆垄:《介绍地位学方法》,载《社会研究》第 2 期(1934 年 9 月 13 日)。

饶宗颐:《中国史学上之正统论》,上海远东出版社 1996 年版。

萨义德:《东方学》,王宇根译,生活·读书·新知三联书店 1999 年版。

史景迁讲演:《文化类同与文化利用》,北京大学出版社 1997 年版。

苏力:《法治及其本土资源》,中国政法大学出版社 1997 年版。

孙歌: 《亚洲意味着什么?》,载《台湾社会研究季刊》1999 年 3 月号。

孙立平:《"过程—事件分析"与当代中国国家—农民关系的实践形态》,载《清华社会学评论》(特辑),鹭江出版社 2000 年版。

唐纳德·特雷德戈德:《苏联历史学家对"亚细亚生产方式"的看法》,杨品泉译,载《史学理论》1987 年第 2 期。

王笛:《晚清长江上游地区公共领域的发展》,载《历史研究》1996 年第 1 期。

王笛:《街头、邻里和社区自治——清末民初的城市公共空间与下层民众》(未刊稿)。

王国斌:《转变的中国——历史变迁与欧洲经验的局限》,李伯重等译,江苏人民出版社 1998 年版。

王铭铭:《社区的历程——溪村汉人家族的个案研究》,天津人民出版社 1997 年版。

王铭铭:《社会人类学与中国研究》,生活·读书·新知三联书店 1997 年版。

王晴佳:《后殖民主义与中国历史学》,载《中国学术》第 3 辑,商务印书馆 2000 年版。

王先明：《近代绅士——一个封建阶层的历史命运》，天津人民出版社 1997 年版。

王学典：《20 世纪后半期中国史学主潮》，山东大学出版社 1996 年版。

王岳川：《后现代主义文化研究》，北京大学出版社 1992 年版。

王正毅：《世界经济、历史体系与文明——评沃勒斯坦的"世界体系论"》，载《中国书评》1996 年 5 月。

汪晖：《死火重温》，人民文学出版社 2000 年版。

汪晖：《汪晖自选集》，广西师范大学出版社 1997 年版。

汪晖：《天理之成立》，载《中国学术》第 3 辑，商务印书馆 2000 年版。

汪晖、陈燕谷主编：《文化与公共性》，生活·读书·新知三联书店 1998 年版。

魏特夫：《东方专制主义——对于极权力量的比较研究》，中国社会科学出版社 1989 年版。

魏丕信：《近代中国与汉学》，载《法国汉学》（三），清华大学出版社 1998 年版。

吴飞：《"分叉历史"中的"大写历史"》；李猛：《拯救谁的历史》，载《社会理论论坛》1997 年第 3 期。

吴晗、费孝通等：《皇权与绅权》，天津人民出版社 1988 年版。

武汉大学历史系编：《中国前近代史理论国际学术研讨会论文集》，湖北人民出版社 1991 年版。

夏明方：《生态变迁与"斯密型动力"、过密化理论——多元视野下的旧中国农村商品化问题》（1999 年 9 月南开大学"明清以来的中国社会国际学术讨论会"论文）。

《现代知识论可以为中国历史学提供什么？——〈儒学地域化的近代形态——三大知识群体互动的比较研究〉研讨会观点汇录》，载《中国书评》1998 年 2 月号。

徐贲：《走向后现代和后殖民》，中国社会科学出版社 1996 年版。

许纪霖编：《20 世纪中国思想史论》上卷，东方出版中心 2000

年版。

许明龙：《18 世纪欧洲"中国热"退潮原因初探》，载《中国社会科学季刊》（香港）1994 年春季卷。

阎步克：《士大夫政治演生史稿》，北京大学出版社 1996 年版。

杨念群：《北京"卫生示范区"的建立与城市空间功能的转换》，载《北京档案史料》2000 年第 1 期。

杨念群：《常识性批判与中国学术的困境》，载《读书》1999 年第 2 期。

杨念群：《儒学地域化的近代形态——三大知识群体互动的比较研究》，生活·读书·新知三联书店 1997 年版。

杨念群：《儒学内在批判的现实困境——余英时〈现代儒学论〉简评》，载《二十一世纪》（香港）1997 年 4 月号。

殷海光：《中国文化的展望》，中国和平出版社 1988 年版。

应星：《社会支配关系与科场场域的变迁——1895—1913 年的湖南社会》，载《中国社会科学季刊》（香港）1997 年春季卷。

余英时：《历史与思想》，联经出版公司 1977 年版。

余英时：《钱穆与中国文化》，上海远东出版社 1994 年版。

余英时：《士与中国文化》，上海人民出版社 1987 年版。

俞旦初：《爱国主义与中国近代史学》，中国社会科学出版社 1996 年版。

D. P. 约翰逊著：《社会学理论》，国际文化出版公司 1988 年版。

赵世瑜：《社会史：历史学与社会科学的对话》，载《社会学研究》1998 年第 5 期。

张广生：《从国家与社会关系的视角看康有为地方自治思想的现代品格》（中国人民大学硕士学位论文）。

张广生：《从帝国到民族国家：一个晚清村庄的冲突、控制与自治——梨园屯讼争的一种历史叙事》（未刊稿）。

张京媛主编：《后殖民理论和文化批评》，北京大学出版社 1999 年版。

张京媛编：《新历史主义与文学批评》，北京大学出版社 1993 年版。

张静主编：《国家与社会》，浙江人民出版社 1998 年版。

张立文等主编：《传统文化与现代化》，中国人民大学出版社 1987 年版。

章学诚：《文史通义》，辽宁教育出版社 1998 年版。

张仲礼：《中国绅士——关于其在 19 世纪中国社会中作用的研究》，李荣昌译，上海社会科学院出版社 1991 年版。

郑振满：《明清福建家族组织与社会变迁》，湖南教育出版社 1992 年版。

周勤：《本土经验的全球意义——为〈世界汉学〉创刊访杜维明教授》，载《世界汉学》创刊号。

周锡瑞：《义和团运动的起源》，张俊义等译，江苏人民出版社 1994 年版。

周锡瑞：《把社会、经济、政治放回 20 世纪中国史》，载《中国学术》第 1 辑，商务印书馆 2000 年版。

周锡瑞：《后现代式研究：望文生义，方为妥善》，载《二十一世纪》（香港）1997 年 12 月号。

朱德新：《20 世纪 30 年代河南冀东保甲制度研究》，中国社会科学出版社 1994 年版。

朱秋霞：《家族、网络家族和家族网络在村庄行政权力分配中的作用》，载《中国社会科学季刊》（香港）1998 年夏季卷。

朱苏力：《发现中国的知识形态——〈儒学地域化的近代形态——三大知识群体互动的比较研究〉读后》，载《学术思想评论》第 4 辑，辽宁大学出版社 1998 年版。

朱英：《转型时期的社会与国家——以近代中国商会为主体的历史透视》，华中师范大学出版社 1996 年版。

外文

Anderson，Benedict：*Imagined Communities：Reflections on the Origin and Spread of Nationalism*，Verso，New York，1983.

Chen，Xiaomei，*Occidentalism：A Theory of Counter-discourse in Post-Mao China*，New York：Oxford University Press，1995.

Cohen, Paul A. , *Between Tradition and Modernity: Wang T'ao and Reform in Late Ching China*, Cambridge, Mass: Harvard University Press, 1974.

Cohen, Paul A. , *History in Three Keys: The Boxers as Event, Experience, and Myth*, Columbia University Press, 1997.

Connerton, Patti, *How Societies Remember*, Cambridge University Press, 1989.

Crossley, Pamela Kyle, "Chaos and Civilization: Imperial Sources of Post-Imperial Models of the Polity",《思与言》第 36 卷第 1 期 (1998 年 3 月)。

Dirlik, Arif, "The Problem of Class Viewpoint versus Historicism in Chinese Historiography", In *Modern China*, Oct, 1977.

Dirlik, Arif, *Revolution and History: The Origins of Marxist Historiography in China, 1919—1937*, Berkeley, 1978.

Dirlik, Arif, *Anarchism in the Chinese Revolution*, University of California Press, 1991.

Dirlik, Arif, "Civil Society/Public Sphere in Modern China: As Critical Concepts Versus Heralds of Bourgeois Modernity", 载《中国社会科学季刊》(香港) 1993 年第三卷 (总第 4 期)。

Duara, Prasenjit, Culture, *Power, and the State Rural North China, 1900—1942*, Stanford University Press, 1988.

Duara, Prasenjit, *Rescuing History from the Nation: Questioning Narratives of Modern China*, The University of Chicago Press, 1995.

Duara, Prasenjit: "Why Is History Antitheoretical?", in *Modern China*, Vol. 24, No. 2 (April 1998).

Durkheim, Emile, *The Division of Labor in Society*, trans. by W. D. Halls, Free Press, 1984.

Elman, Benjamin A. , *Classicism, Politics, and Kinship: The Ch'ing-chou School of New Text Confucianism in Late Imperial China*, University of California Press, 1990.

Esherick, Joseph W. and Rankin, Mary Backus edited, *Chinese Local Elites and Patterns of Dominance*, University of California Press, 1990.

Foucault, Michel, "Nietzsche, Genealogy, History", *The Foucault Reader*, *Patterns of Dominance*, University of California Press, 1990.

Foucauh, Michel, "Nietzsche, Genealogy, History", *The Foucault Reader*, Pantheon House, 1984.

Habermas, Jurgen, "On the Internal Between the Rule of Law and Democracy", 载《中国社会科学季刊》：1994 年秋季卷。

Halbwachs, Maurice, *The Collective Memory*, New York: Harpers/Row, 1980.

Halbwachs, Maurice, *On Collective Memory*, Chicago University Press, 1992.

Hershatter, Gail, *Dangerous Pleasures: Prostitution and Modernity in Twentieth-Century Shanghai*, University of California Press, 1997.

Hevia, James L., *Cherishing Men From Afar: Qing Guest Ritual and the Macartney Embassy of 1793*, Durham and london: Duke University Press, 1995.

Hevia, James L., "Culture and Postwar American Historiography of China", in *Positions*, 1993.

Huang, Philip C. C., "Public Sphere/Civil Society in China? The Third Realm Between State and Society", in *Modern China*, Vol. 19, No. 2 (April 1993).

Jing, Jun, *The Temple of Memories: History, Power, and Morality in a Chinese Village*, Stanford University Press, 1996.

Ko, Dorothy, *Teachers of the Inner Chambers: Women and Culture in Seventeenth Century China*, Stanford University Press, 1994.

Knhn, Philip A., "Local Self-Govenment Under the Republic: Problems of Control, Autonomy, and Mobilization", in Wakeman

Frederic, Jr. and Grand, Carloyn eds, *Conflict and Control in Late Imperial China*, Berkeley: University of California Press, 1970.

Madsen, Richard, "The Public Sphere, Civil Society and Moral Community: A Research Agenda for Contemporary China Studies", in *Modern China*, Vol. 19, No. 2 (April 1993).

Merton, Robert K. , "On Sociological Theories of the Middle Range", in *On Social Structure and Science*, edited and introduced by Piotr Sztompka, The University of Chicago Press, 1996.

Metzger, Thomas A. , *The Western Concept of the Civil Society in the Content of the Civil Society in the Content of Chinese History*, Hover Institution on War Revolution and Peace, Stanford University Press, 1998.

Parsons, T. , *The Evolution of Sacieties*, Prentice-Hall, Inc, 1977.

Rankin, Mary Backus, *Elite Activism and Political Transformation in China: Zhejiang Province, 1865—1911*, Stanford University Press 1986.

Rankin, Mary Backus, "Some Observations on a Chinese Public Sphere", in *Modern China*, Vol. 19, No. 2 (April 1993).

Rowe, William T. , "The Public Sphere in Modern China", in *Modern China*, Vol. 16, No. 3 (July 1990).

Rowe, William T. , "The Problem of Civil Society in late Imperial China", in *Modern China*, Vol. 19, No. 2 (April 1993).

Rowe, William T. , *Hankow: Commerce and Society in a Chinese City, 1786—1889*, Stanford: Stanford University Press, 1984.

Rowe, William T. , *Hankow: Conflict and Community in a Chinese City, 1796—1895*, Stanford University Press, 1989.

Schoppa, Keith R. , *Chinese Elites and Political Change: Zhejiang Province in the Early Twentieth Century*, Cambridge Mass: Harvard University Press, 1982.

Shils, Edward, "The Intellectuals and the Powers: Some Perspectives for Comparative Analysis", in Philip Rieff (ed), *On intellectuals: Theoretical Studies Case Studies*, Doubledey/Company, Inc. New York, 1969.

Strand, David G. , *Rickshaw Beijing: City People and Politics in 1920s China*, University of California Press, 1989.

Wakeman, Frederic Jr. , "Telling Chinese History", in *Modern China*, Vol 24, No. 2, (April 1998).

Wakeman, Frederic Jr. , "The Civil Society and Public Sphere Debate: Western Reflections in Chinese Political Culture", in *Modern China*, Vol. 19, No. 2 (April 1993).

Wang, Mingfing, "Place, Administration, and Territorial Cults in Late Imperial China: A Case Study from South Fujian", in *Late Imperial China*. Vol. 16, No. 1 (June 1995).

图书在版编目(CIP)数据

中层理论:东西方思想会通下的中国史研究/杨念群著. —增订本. —北京:北京师范大学出版社,2016.1(2024.7重印)
(新史学 & 多元对话系列)
ISBN 978-7-303-19509-1

Ⅰ.①中… Ⅱ.①杨… Ⅲ.①中国历史—研究
Ⅳ.①K207

中国版本图书馆 CIP 数据核字(2015)第 229591 号

营 销 中 心 电 话 010-58808006
北京师范大学出版社新史学策划部微信公众号 新史学 1902

ZHONGCENG LILUN
出版发行:北京师范大学出版社 www.bnupg.com
北京市西城区新街口外大街 12-3 号
邮政编码:100088
印 刷:鸿博睿特(天津)印刷科技有限公司
经 销:全国新华书店
开 本:730 mm×980 mm 1/16
印 张:18.25
字 数:280 千字
版 次:2016 年 1 月第 1 版
印 次:2024 年 7 月第 3 次印刷
定 价:48.00 元

策划编辑:谭徐锋 责任编辑:赵雯婧
美术编辑:王齐云 装帧设计:王齐云
责任校对:陈 民 责任印制:马 洁 赵 龙